카테고리	강의 주제	월	화
역사와 미래	마이너리티 리포트 조선	남녀가 평등했던 조선의 부부 애정사	물도사 수선이 말하는 조선의 일상생활사
	천 년을 내다보는 혜안	암흑의 시대를 뚫고 피어난 르네상스의 빛	프랑스, 르네상스의 열매를 따다
	차茶로 읽는 중국 경제사	인류 최초로 차를 마신 사람들	평화와 바꾼 차, 목숨과 바꾼 차
심리와 치유	치유의 인문학	내가 나를 치유하다	다 타서 재가 되다 : **번아웃 신드롬**
	동양 고전에서 찾은 위로의 한마디	나이 들어 실직한 당신을 위한 한마디	자꾸 비겁해지는 당신을 위한 한마디
	내 마음 나도 몰라	호환·마마보다 무서운 질병 : **비만**	F코드의 주홍글씨 : **우울증**
예술과 일상	미술은 의식주다	단색화가 뭐길래	김환기의 경쟁자는 김환기뿐이다
	창의력의 해답, 예술에 있다	미술, 그 난해한 예술성에 대하여	이름 없는 그곳 : **사이·뒤·옆·앞·안**
	예술의 모티브가 된 휴머니즘	보편적 인류애의 메시지 : **베토벤의 〈합창〉**	함께, 자유롭게, 꿈을 꾸다 : **파리의 문화살롱**
천체와 신화	지도를 가진 자, 세계를 제패하다	고지도의 매력과 유혹	한눈에 보는 세계지도의 역사
	동양 신화의 어벤져스	동양의 제우스, 황제	소머리를 한 농업의 신, 염제
	천문이 곧 인문이다	별이 알려주는 내 운명, 점성술	동양의 하늘 vs. 서양의 하늘

수	목	금
야성의 화가 최북이 말하는 조선의 그림문화사	장애인 재상 허조가 말하는 조선 장애인사	이야기꾼 전기수가 말하는 조선의 스토리문화사
계몽주의와 프랑스대혁명	신은 떠났다. 과학혁명의 도달점, 산업혁명	문화의 카오스, 아무도 답을 주지 않는다
아편전쟁과 중국차의 몰락	차는 다시 나라를 구할 수 있을까?	차의 혁신, 현대판 신농들
분노와 우울은 동전의 양면이다 : **분노조절장애**	불청객도 손님이다 : **불안**	더 나은 나를 꿈꾸다
언제나 남 탓만 하는 당신을 위한 한마디	불운이 두려운 당신을 위한 한마디	도전을 주저하는 당신을 위한 한마디
인생은 아름다워 : **자존감과 자기조절력**	알면서 빠져드는 달콤한 속삭임 : **중독**	나는 어떤 사람일까? : **기질과 성격**
컬렉터, 그들은 누구인가	세상에서 가장 비싼 그림	화가가 죽으면 그림값이 오른다?
용기와 도발	슈퍼 모던 맨, 마네	먹느냐 먹히느냐, 모델과의 결투
슈베르트를 키운 8할의 친구들 : **슈베르티아데**	형편없는 시골 음악가처럼 연주할 것 : **말러의 뿔피리 가곡과 교향곡**	절대 잊지 않겠다는 다짐 : **쇤베르크의 〈바르샤바의 생존자〉**
탐험의 시작, 미지의 세계를 향하다	지도상 바다 명칭의 유래와 우리 바다 '동해'	〈대동여지도〉, 조선의 네트워크를 구축하다
창조와 치유의 여신, 여와	불사약을 지닌 여신, 서왕모	동양의 헤라클레스, 예
불길한 별의 꼬리, 혜성	태양 기록의 비과학과 과학	죽어야 다시 태어나는 별, 초신성

퇴 근 길
인 문 학
수 업 ●

일러두기

• 외래어 표기는 국립국어원 외래어 표기법을 따르되 일부 널리 쓰이는 관용적 표현에는 예외를 두었습니다.
• 중국어 표기는 외래어 표기법을 따르되 신해혁명 이전의 고유명사는 한자 발음으로, 이후의 고유명사는 현지 발음을 따랐습니다.
• 본문에 삽입된 QR코드를 스캔하시면 관련 그림이나 동영상을 보실 수 있습니다.

퇴근길 인문학 수업 : 전환

초판 1쇄 발행 2018년 9월 28일
초판 12쇄 발행 2019년 11월 15일

편저 백상경제연구원

펴낸이 조기흠
편집이사 이홍 / **책임편집** 송지영 / **기획편집** 최진 / **기획** 박선영, 장선화
마케팅 정재훈, 박태규, 김선영, 배태욱 / **디자인** 석운디자인 / **제작** 박성우, 김정우

펴낸곳 한빛비즈(주) / **주소** 서울시 서대문구 연희로2길 62 4층
전화 02-325-5506 / **팩스** 02-326-1566
등록 2008년 1월 14일 제 25100-2017-000062호

ISBN 979-11-5784-286-5 04300
ISBN 979-11-5784-288-9 (세트)

이 책에 대한 의견이나 오탈자 및 잘못된 내용에 대한 수정 정보는 한빛비즈의 홈페이지나
이메일(hanbitbiz@hanbit.co.kr)로 알려주십시오. 잘못된 책은 구입하신 서점에서 교환해드립니다.
책값은 뒤표지에 표시되어 있습니다.
홈페이지 www.hanbitbiz.com / **페이스북** hanbitbiz.n.book / **블로그** blog.hanbitbiz.com

지금 하지 않으면 할 수 없는 일이 있습니다.
책으로 펴내고 싶은 아이디어나 원고를 메일(hanbitbiz@hanbit.co.kr)로 보내주세요.
한빛비즈는 여러분의 소중한 경험과 지식을 기다리고 있습니다.

퇴근길 인문학 수업

전환

지금과는 다른 시선으로
나를 돌아보기

백상경제연구원

HB 한빛비즈
Hanbit Biz, Inc.

퇴근길 인문학 수업을 열며

'욕망은 우리의 불완전함에 대한 표시인가'
'정의가 무엇인지 알기 위해 불의를 경험하는 것이 필요한가'
'존 스튜어트 밀의 《논리학 체계》 발췌문을 읽고 평하라'

질문만 읽어도 머리가 아프겠지만 2018년 과학계열 대학을 지망하는 프랑스 고등학생들이 치른 대입자격시험 '바칼로레아'의 시험문제다. 프랑스는 매년 6월 고등학교 졸업시험이자 대학진학의 관문인 이 시험을 치른다. 나폴레옹 시대부터 200년 넘게 이어졌다.

인문·경제사회·과학계열로 나눠 일주일간 10여 개 과목을 치르는 이 시험은 계열에 관계없이 철학, 역사·지리, 외국어1, 수학 등은 공통과목이다. 2018년 일반 바칼로레아 과학계열 응시자는 철학과목에 출제된 위 세 개 문제 중 한 개를 선택해 네 시간 동안 풀었다.

인문과 경제사회계열에 나온 철학문제도 당혹스럽긴 마찬가지다. '문화는 우리를 더 인간답게 만드는가' '우리는 진실을 포기할 수 있는가' '모든 진리는 결정적인가' '우리는 예술에 대하여 무감각할 수 있는가' 등이다. 이 문제 중 하나를 선택해 답을 써본다면 우리는 과연 얼마나 써 내려갈 수 있을까. 철학 전공자도 쉽지 않을 터다.

그렇다고 지레 겁먹을 필요는 없다. 20점 만점에 10점 이상이면 통과 한다. 합격률이 80퍼센트에 달한다. 역사적인 사실과 논증 등을 활용해 자신의 주장을 얼마나 설득력 있게 적어나가는지를 평가하는데, 불합격 자에게는 재도전의 기회를 줘 합격률을 높인다.

이런 시험을 치르려니 관리에만 1조 원이 넘게 든다. 그래서 다각적 인 개혁이 추진되고 있지만, 반발도 만만치 않다. 교육에서 무엇보다 중 요한 게 생각하는 힘을 기르는 것이고, 그 바탕이 철학, 즉 인문학이라고 판단하기 때문이다. 바칼로레아가 치러지는 날 프랑스 국민들은 '올해는 어떤 시험문제가 나올까' 궁금해하고 토론회장에는 학자와 시민들이 모 여 시험문제에 대한 자신의 생각을 말한다. 그들은 인문학에서 삶의 답 을 찾고 있다.

인문학에서 답을 찾으려는 시도는 정보통신기술(ICT) 등 첨단산업에서 도 활발하다. 인문학과 예술은 특히 4차 산업혁명 시대에 창의융합형 인 재를 육성하기 위한 필수과목으로 꼽힌다. 아이폰 신화를 일으킨 스티브 잡스의 인생을 바꾼 강의는 엉뚱하게도 캘리그라피(서체학) 수업이었다. 아름다운 서체를 연구하는 이 수업에 빠진 잡스는 캘리그라피를 컴퓨터 에 접목해 오늘날의 애플을 있게 한 매킨토시 컴퓨터를 히트시켰다. 잡스 는 생전에 "애플은 언제나 인문학과 기술이 만나는 지점에 존재했다"고 말했다. 마이크로소프트의 빌 게이츠는 "인문학이 없었다면 나도 없었고 컴퓨터도 없었을 것"이라고 얘기한다. 테슬라의 일론 머스크는 아예 자신이 읽은 공상과학소설을 현실 세계로 옮기는 중이다. 전기자동차 개발에 이어 우주개발업체 스페이스X를 설립하고 화성에 미래도시를 세우겠다는 꿈을 추진하고 있다.

미국의 경제주간지 〈포브스〉의 기자 조지 앤더스는 《왜 인문학적 감각인가》라는 저서에서 인문학은 일반인들의 생각과 달리 돈이 되고 고용을 창출하며 혁신의 중심이라고 주장한다. 브루킹스연구소가 통계청 자료를 바탕으로 산출한 미국의 전공별 고소득자를 살펴보니 철학·정치학·역사학 전공자들이 주류를 이뤘다는 것이다. 증권·금융은 물론이고 가장 큰 성공을 거둔 스타트업 설립자의 3분의 1이 인문학 전공이라는 분석이다. 페이스북의 마크 저커버그, 알리바바의 마윈, 미국 대선 경쟁에까지 나섰던 칼리 피오리나 전 HP 회장 등도 인문학 전공자들이다.

《퇴근길 인문학 수업》을 펴내게 된 것은 이런 이유들 때문이다. 빡빡한 삶에 지친 직장인이나 학생들에게 인문학을 통해 자기성찰과 치유의 기회를 마련해주면서 동시에 인문학에 대한 지적 갈증도 해소하기 위해서다. 근로시간 단축을 계기로 인문학에 대한 관심이 높아졌으면 하는 바람도 작용했다.

《퇴근길 인문학 수업》은 교과과정처럼 커리큘럼을 정해 매주 한 가지 주제를 읽고 성찰할 수 있도록 구성했다. 인생을 항해할 때 '멈춤/전환/

전진'이라는 과정을 거치듯 1권은 '멈춤'이라는 테마로 바쁜 걸음을 멈추고 나를 둘러싼 세계와 마주할 수 있는 내용들로 꾸몄다. 2권의 테마는 '전환'이다. 지금까지와는 다른 시선으로 나를 돌아볼 수 있는 주제들이다. 3권은 '전진'이다. 다시 일상의 시간으로 돌아가 세상 밖으로 성큼성큼 나아가자는 의미다.

《퇴근길 인문학 수업》에는 문학·역사·철학은 물론 신화·음악·영화·미술·경제·과학·무기·심리치유 등 다양한 분야가 포함되어 있다. 사고의 영역을 넓히기 위해서다. 그래서 필진도 다양하다. 문화창작부 교수에서부터 정신과 전문의, 한문학자, 소설가, 영화평론가, 경제학자, 군사전문기자, 철학자, 중국차※ 전문가 등 각 분야의 전문가들이 참여했다.

이 책은 2013년부터 서울경제신문부설 백상경제연구원이 서울시교육청과 함께 진행하고 있는 인문학 아카데미 '고인돌(고전 인문학이 돌아오다)'을 바탕으로 한다. 주제에 맞게 강연내용을 새로 쓰고 다듬었다. 독자들에게 필요하다고 판단해 특별히 모신 필진도 있다. 고인돌은 지금까지 8만여 명의 중고등학생과 시민들이 들을 정도로 인기를 끌고 있는 강연이다. 올해도 서울시교육청 산하 공공도서관과 학교에서 성황리에 진행 중이다.

《퇴근길 인문학 수업》은 아리스토텔레스와 소크라테스로 서양철학 공부를 시작하라고 강요하지 않는다. 다만 살아가는 데 철학이 왜 필요한지 설명하고, 정서적으로 불안하다면 이를 벗어날 수 있는 자신만의 방법을 찾는 노하우를 전하기 위해 노력했다. 아울러 서양 중심의 스토리 산업에 밀려 사라져가는 동양 신화를 환생시키고, 동물의 생태를 통해 인간과 남녀평등의 문제를 고민해볼 수 있도록 했다. 딱딱한 경제학으로도 영역을 넓혀 경제학자들이 남긴 명언의 배경과 시대 상황 등을 소개해 경제사의 조류를 쉽게 이해할 수 있도록 꾸몄다. 프랑켄슈타인, 뱀파이어, 지킬박사와 하이드 등 괴물의 탄생과 기원을 소개하고, 내 안에 그런 낯선 이방인이 있을 수 있음을 같이 고민하게 했다.

마음을 다잡을 수 있는 글쓰기 기술도 소개했다. 박완서의《나목》, 카프카의《변신》, 헤르만 헤세의《데미안》을 해부하고, 근대로의 전환기에 영국, 프랑스, 러시아에서 벌어진 혁명이 던지는 의미도 살폈다. 동성애와 사이코패스 같은 논란의 주제도 다뤘다.

칼리 피오리나 전 HP 회장은 "중세가 르네상스로 이행하는 데서 디지털시대가 도래할 것이라는 영감을 얻었다"고 말한다. 삶이 피곤할 때 잠시 멈춰 서서 자기성찰과 재충전의 시간을 갖는 데《퇴근길 인문학 수업》이 도움이 되기를 바란다. 한발 더 나아가 불확실한 미래에 대한 영감까지 얻을 수 있다면 더 바랄 게 없겠다.

백상경제연구원장
이용택

PART2 | 심리와 치유

PART3 | 예술과 일상

PART4 | 천체와 신화

PART 1

역사와 미래

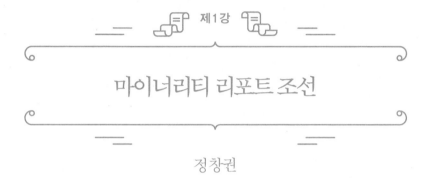

제1강

마이너리티 리포트 조선

정창권

역사 속 소외 계층의 스토리를 발굴하는 인문학자. 고려대학교 문화창의학부 초빙교수. 주로 여성, 장애인, 기타 하층민 등 역사 속 소외 계층을 연구해 널리 알리는 데 힘쓰고 있다. 저서로 《정조처럼 소통하라》《홀로 벼슬하며 그대를 생각하노라》《세상에 버릴 사람은 아무도 없다》《역사 속 장애인은 어떻게 살았을까》《기이한 책장수 조신선》《소설로 장애 읽기》 외 다수가 있다.

남녀가 평등했던
조선의 부부 애정사

흔히 조선시대 여성사라고 하면 완고한 가부장제와 한 맺힌 여성사만을 떠올린다. 하지만 이러한 여성상은 17세기 이후, 특히 18세기 중반 이후에야 비로소 형성됐다. 다시 말해 5천 년 한국사에서 비교적 최근의, 게다가 짧은 기간의 일이라는 얘기다.

16세기인 조선 중기까지만 해도 남자가 여자 집으로 가서 혼례를 올리고 그대로 눌러사는 장가와 처가살이가 일반적이었다. 한마디로 딸이 사위와 함께 친정 부모를 모시고 살았다. 가족관계에서 아들과 딸을 가리지 않았고, 친족관계에서 본손과 외손을 구별하지 않았다. 이른바 부계와 모계의 비중이 대등한 구조였다. 재산도 아들과 딸이 균등하게 상속받았고, 조상의 제사도 서로 돌려가며 지내는 윤회봉사를 했다. 남녀의 권리와 의무가 동등했던 셈이다. 여성의 바깥출입도 비교적 자유로웠을 뿐 아니라 학문과 예술 활동도 장려됐다. 이렇게 여자들이 시집살이가 아니라 친정 생활을 했기 때문인지, 당시 부부들은 후대에 비해 상대적으로 대등하게 살았을 뿐 아니라 부부관계도 더욱 돈독할 가능성이 컸다. 여자가 친정 생활을 하면 아무래도 자유롭고 애정 표현에도 좀 더 수월했기 때문이다.

우린 친구 같은 부부였다

조선 전기와 중기의 부부는 상하관계가 아닌 대등한 관계를 유지했다. 이는 16세기 미암 유희춘과 송덕봉의 부부관계를 보면 잘 알 수 있다. 미암과 덕봉은 어느 한쪽으로 기울지 않고 서로 대등한 관계를 유지하며 마치 친구 같은 부부생활을 했다. 특히 덕봉은 지금까지 우리가 생각해왔던 전통적인 여성상과는 매우 달랐다. 그녀는 자신의 감정을 자유롭고 적극적으로 표현했다. 또 남편이 옳지 못한 태도를 보이면 거침없이 꾸짖기도 했다.

선조 3년(1570) 미암이 한양에서 홀로 벼슬살이를 하고 있을 때였다. 하루는 "3~4개월 동안 독숙하면서 일절 여색을 가까이하지 않았으니, 당신은 갚기 어려운 은혜를 입은 줄 알라"는 편지를 고향에 있는 아내에게 보냈다. 그러자 덕봉은 장문의 편지를 보내 호되게 나무랐다.

엎드려 당신의 편지를 보니 갚기 어려운 은혜를 베푼 양 했는데 감사하기가 그지없소. 단 군자가 행실을 닦고 마음을 다스림은 성현의 밝은 가르침인데 어찌 아녀자를 위해 힘쓴 일이겠소. 또 중심이 이미 정해지면 물욕이 가리기 어려운 것이니 자연 잡념이 없을 것인데 어찌 규중의 아녀자가 보은하기를 바라시오. 3~4개월 동안 독숙을 하고서 고결한 체해 은혜를 베푼 기색이 있다면, 결코 담담하거나 무심한 사람이 아니오. 안정하고 결백해 밖으로 화채를 끊고 안으로 사념이 없다면, 어찌 꼭 편지를 보내 공을 자랑해야만 알 일이겠소. 곁에 지기의 벗이 있고 아래로 권속과 노복들이 있어 십목이 보는 바이니 자연 공론이 퍼질 것이거늘, 꼭 힘들게 편지를 보낼 것까지 있겠소. 이로 본다면 당신은 아마도 겉으로 인의를 베푸는 척하는 폐단과 남이 알아주기를 서두르는 병폐가 있는 듯하오. 내가 가만히 살펴보니 의심스러움이 한량이 없소.

편지를 읽은 미암은 "부인의 말과 뜻이 다 좋아 탄복을 금할 수 없다"라고 일기에 기록하며 자신의 어리석음을 순순히 인정했다. 이는 평소 부인을 동등하게 생각하고 서로의 마음을 잘 알고 있었기 때문에 가능했을 것이다.

사실 미암은 자상하고 개방적인 남편이었다. 예컨대 덕봉이 먼 길을 다녀오면 다과를 준비해 십 리 밖까지 마중을 나갔으며, 몸이 아프면 휴가를 내어 곁에서 직접 간호했다. 그리고 나라에 특별한 구경거리가 있으면 딸을 데리고 나가서 구경하도록 했고, 아들이나 사위를 미리 보내 방을 따뜻하게 해놓고 기다리도록 했다. 또 말년에는 그동안 덕봉이 지은 시와 문을 모아《덕봉집》이란 문집을 내주기도 했다.

미암이 세상을 떠난 지 8개월 뒤인 선조 11년(1578) 1월 1일 덕봉도 향년 58세를 일기로 생을 마감한다. 그녀가 갑자기 생을 마감한 이유는 여러 가지가 있겠지만, 서로 '지우知友(나를 알아주는 친구)'라고 여길 정도로 금실 좋게 지내던 동반자를 잃어버린 슬픔 때문 아니었을까 한다.

17세기, 변화하는 여성 현실

하지만 17세기 이후 조선 후기에 이르자 상황은 완전히 달라졌다. 혼인 제도는 이전과 정반대로 친영과 시집살이로 바뀌고, 재산 상속도 남녀균분에서 아들 중심으로 변했다. 가족 제도 역시 부계 적장자 위주로 변하고, 친족 제도도 모계와 처계를 배제한 부계만으로 한정했다. 자연히 여성의 사회적 지위도 하락했는데, 그래서인지 시간이 흐를수록 남자는 높고 귀하며 여자는 낮고 천하다는 남존여비 의식이 팽배해졌다.

또한 결혼 전의 남녀유별과 외출 금지, 결혼 후의 이혼과 재혼 금지, 출가외인 등 각종 제도와 이념으로 여성의 행동을 단속하기도 했다. 한마디로 조선 후기에는 가부장제가 실질 사회에까지 정착했던 것이다. 그 결과 부부관계도 상하관계로 변하고, 여자들은 '여필종부'니 '부창부수'니 하면서 가급적 남편들의 말에 따르고자 했다. 물론 어두운 시대상황

속에서도 가부장제를 뛰어넘어 양성평등을 실현한 부부들도 적잖이 있었다. 대표적인 사례가 바로 서유본 - 이빙허각 부부였다.

이빙허각은 영조 35년(1759) 이창수와 문화 유씨 사이에서 막내딸로 태어났다. 그녀의 집안은 대대로 명망 높은 소론 가문이었으며, 외가도 실학과 고증학 분야에서 일가를 이룬 집안이었다.

빙허각은 15세에 세 살 연하의 서유본과 결혼했다. 시댁 역시 유명한 실학자 집안으로 명물학에 조예가 깊었으며, 특히 농학 연구에서 일가를 이루었다. 시아버지 서호수는 농학 연구서인《해동농서》를 저술했고, 시동생 서유구는 박물학서인《임원경제지》를 저술했다.

남편 서유본은 어려서부터 침착하고 과묵했으며, 다방면에 걸쳐 재주가 있었다. 글을 잘 지어 22세에 생원시에 합격했으나, 아쉽게도 대과에는 급제하지 못했다. 이후 43세에야 음보로 종9품의 동몽교관이 됐다. 그러나 이듬해에 중부 서형수가 옥사에 연루돼 유배를 당하자 위풍당당하던 집안은 한순간에 몰락하고 말았다. 서유본은 후환을 피하려고 동호 행정으로 내려가 아내와 함께 차밭을 일구며 오로지 독서와 저술로 세월을 보내야 했다.

동호 행정 시절, 이들 부부는 물질적으로는 가난했지만 정신적으로는 인생에서 가장 풍요로운 시간을 보냈다. 특히 빙허각은 살림하는 틈틈이 사랑방에 나가 책을 읽고 글을 썼다. 그 유명한 최초의 가정백과서《규합총서》를 저술한 것이다.

순조 9년(1809) 가을에 내가 농호 행정에 집을 삼아, 집 안에서 밥 짓
고 반찬 만드는 틈틈이 사랑방에 나가 옛글 중에서 일상생활에 절실
한 것과 산야에 묻힌 모든 글을 구해 보며 견문을 넓히고 심심풀이
를 할 뿐이었다. 어느 날 문득 "총명이 무딘 글만 못하다"는 옛사람의
말이 떠올랐다. 글로 적어두지 않으면 어찌 잊어버리지 않으리오.
그래서 모든 글을 보며 가장 요긴한 말을 가려내고, 따로 내 소견을
덧붙여 《규합총서》 5편을 만들었다.

몰락한 집안을 말없이 꾸려나가는 아내에 대한 미안함과 고마움 때문
이었을까. 서유본은 정말 최선을 다해 아내를 외조했다. 평소 그는 아내
와 함께 책을 읽고 토론하는 걸 매우 좋아했다. 아내가 저술할 때에도 곁
에서 자료를 찾아주었고, 궁금한 것을 실험할 때에도 많은 조언을 해주
었다. 또 자신이 모르는 것은 남들에게 물어서라도 알려주었다. 아내가
지치고 힘들어할 때는 애정으로 독려해주기도 했다. 심지어 《규합총서》
의 집필이 끝난 뒤에는 책의 제목까지 지어주었다. 조선 후기에는 여성
이 책을 읽는 것은 그나마 용인했으나 글을 짓는 일은 탐탁지 않게 여겼
다. 하지만 서유본은 개의치 않고 물심양면으로 아내의 저술 작업을 힘
껏 도왔다.

그런 남편에 대한 고마움일까. 빙허각은 해마다 중양절이면 백화주를
담아 대접했다. 백화주는 사시사철 피어나는 100가지 꽃잎을 따서 빚은
것으로, 온갖 정성을 기울여야만 얻을 수 있는 아주 귀한 술이었다.

　아직도 우리나라 부부들 사이에는 '나'가 존재하지 않는다. 다시 말해 개성, 즉 자신을 내세우면 안 된다. 특히 우리나라에선 아내가 자신을 내세우면 마치 성격적으로 문제가 있는 것처럼 여겨지기도 한다. 하지만 부부란 원래 서로를 키워주는 인생 동료라는 점을 잊지 않았으면 한다. 더 나아가 서유본-이빙허각 부부처럼 서로를 완성시켜주는 관계인 '학문적 동료'가 됐으면 싶다.

물도사 수선이 말하는
조선의 일상생활사

물을
신성시하던 나라

세계의 여러 나라에서는 예로부터 물을 아주 고귀하게 인식했다. 특히 우리나라에서는 고대부터 물을 아주 신성하게 여겼다. 실제로 우리나라 신화는 물과 밀접한 관련이 있다. 고구려의 시조 동명왕의 어머니 유화는 웅심연이라는 우물 출신, 신라의 시조 박혁거세의 왕비 알영도 알영정이라는 우물 출신이다. 이밖에도 연못이나 샘처럼 물이 나는 곳에는 어김없이 고귀함을 상징하는 일화가 깃들어 있다.

뿐만 아니라 우리나라 사람들은 물에 신비한 능력이 있다고 생각했다. 이른 새벽 첫 번째로 길은 정화수에 소원을 빌면 뭐든지 이루어진다고 믿었고, 각종 약도 깨끗한 물로 달여야 효험이 있다고 생각했다. 심지어 물의 흐름에 따라 사람의 건강이나 수명, 재물운이 달라진다고 믿기도 했다.

현대인들도 물을 매우 중시한다. 약수를 뜨기 위해 아침마다 물통을 들고 동네 뒷산에 오르고, 생수나 정수기로 깨끗한 물을 마시려 한다. 또 값비싼 생수를 수입해서 마시기도 한다.

그럼에도 현대인들은 '물'하면 거의 수돗물 한 가지밖에 모른다. 하지만 우리 선조들은 물도 종류가 다양하다고 생각해 각각 구분해서 마시곤 했다. 허준도 《동의보감》의 〈수품론〉에서 물의 종류를 33가지로 나누어 성질과 쓰임새를 자세히 기록했다. 그중 대표적인 몇 가지만 살펴보자.

국화수 : 국화로 덮인 연못의 물. 성질이 온순하고 맛이 달며 독이 없다. 중풍으로 마비된 몸과 어지럼증을 다스리며, 풍기를 제거하고 몸이 쇠약해지는 것을 막아준다. 또 안색을 좋게 하며, 오래 마시면 수명이 길어지고 늙지 않는다.

납설수 : 동지가 지난 뒤 납일(조상이나 종묘와 사직에 제사 지내던 날)에 오는 눈이 녹은 물. 성질이 차고 맛이 달며 독이 없다. 유행성 감기, 폐렴, 급성 열병, 황달 등을 다스리며 일체의 독을 풀어준다.

춘우수 : 정월의 빗물. 그릇에 담아두었다가 약을 달여 먹으면 기운이 솟는다. 이 물을 부부가 한 잔씩 마시고 합방하면 신기하게도 부인이 아기를 갖는다.

추로수 : 가을 이슬. 성질이 부드럽고 맛이 달며 독이 없다. 입안이나 목이 마르는 조갈증을 그치게 하고 몸이 가볍고 살결이 고와진다.

　이렇게 선조들은 물의 종류가 다양하고 성질과 효능도 제각기 다른 것으로 보았다. 또한 조선시대 사람들의 주요한 식수원은 우물이었는데, 우물의 물맛도 제각기 다르고 효능도 다르다고 얘기했다. 당시 한양에는 1만여 개가 넘는 우물이 있었고, 그중 물맛이 좋기로 유명한 우물도 많았다. 조선시대 한양의 대표적인 우물을 몇 가지만 소개하면 다음과 같다.

　　삼청동 성제우물 : 삼청동 칠성당 제사 때 쓰던 우물로 물맛이 깊고 부드러우며 마시면 속이 편안해졌다. 다른 우물물은 많이 마시면 배앓이를 하지만, 이 우물물은 많이 먹을수록 몸에 이로웠다. 그래서 사람들이 반찬을 싸가지고 와서 함께 먹어가며 배를 채우곤 했다.

　　중부 정선방 쫄쫄우물 : 낮에도 쫄쫄, 밤에도 쫄쫄, 가뭄에도 쫄쫄, 장마에도 쫄쫄, 사시사철 한결같이 쫄쫄 흐른다고 해서 쫄쫄우물이다. 이 우물물은 눈병 치료에 특효가 있었다.

　　동대문 밖 낙산 아래 자주동 샘 : 옛날 단종비 송 씨는 영월로 귀양 간 임금을 애타게 기다리며 낙산의 정업원에서 은둔 생활을 했다. 그녀는 명주 깃과 댕기, 옷고름, 끝동 같은 것들을 만들어 여인시장에 내다 팔아 생활했다. 그러던 어느 날 정업원에서 조금 떨어진 바위 밑에서 샘물이 흘러나오는 것을 우연히 발견했다. 그 물에 명주를 담갔더니 희한하게도 자줏빛으로 변하더란 것이다.

물도사 수선

조선시대 사람들은 물의 무게를 달아서 무거운 물을 마시곤 했다. 조선시대 장수한 명재상인 황희, 김수동, 상진 등은 늘 물의 무게를 재어 무거운 물임을 확인하고 마셨다고 한다. 또 율곡 이이는 좋은 물은 무겁다고 했고, 도학자 우남양은 암물과 숫물을 가려 숫물만 먹었다고 한다. 암물은 물빛이 어두워 속이 보이지 않고, 숫물은 물빛이 맑아 속이 훤히 들여다보인다고 했다.

조선시대에는 물맛을 잘 구별하는 '물도사'가 존재하기도 했다. 유재건의 《이향견문록》에 나오는 수선水仙이란 실존 인물로, 그는 19세기 경기도 과천의 한 농가에서 일하는 머슴이었다. 특이하게도 그는 물의 성질을 연구해 물맛을 감별할 줄 알았는데, 그래서 사람들이 그를 수선, 즉 물도사라 불렀다.

과천 사는 수선은 가족이라고는 없고 남의 집에서 머슴살이를 했다. 순조 14년(1814) 큰 기근이 들어 쌀값이 한 섬에 2천 냥이나 되니 수선은 이렇게 말했다.

"죽을 것이 분명하다. 죽어도 깨끗한 귀신이 되리라."

관악산 동쪽 기슭에 샘이 두 개 있었는데, 물이 아주 명품이었다. 수선은 날마다 샘을 찾아가 샘물을 움켜 마셨다. 배가 부르면 햇볕을

쐬며 산 아래에 누워 있고, 밤이 되면 주막의 빈방에서 잠을 자곤 했다. 간혹 사람들이 밥을 갖다 주면 받지 않고 말했다.

"남의 은혜는 받지 않겠다."

그러고는 또 샘으로 달려가 샘물을 마셨다. 이렇게 두 샘물을 번갈아 마셨는데 굶주림과 피곤함을 몰랐다. 이듬해에는 큰 풍년이 들었다. 사람들이 다시 수선을 불러 머슴을 시키려 하자 그가 거절하며 말했다.

"예전에는 배고픔 때문에 내 몸을 수고롭게 했지만, 이제 곡기를 물리치는 방법을 알아 마음이 편안하다. 어찌 다시 몸뚱이를 수고롭게 하겠는가?"

이후 수선은 몇 해 동안 물의 성질을 연구해 물의 맛을 깊이 깨닫게 됐다. 샘물, 우물물, 강물, 시냇물을 분별하면 조금도 틀리지 않았다. 이에 동리 사람들이 모두 그를 물도사 수선이라 불렀다.

상서 벼슬을 지낸 공公이 수선을 서울로 불렀다. 그러고는 서울의 이름난 샘물을 모두 길어오게 해 그에게 품평을 시켰다. 수선은 삼청동의 성제우물을 으뜸으로 치고, 훈련원의 통정과 무악재의 옥폭정을 세 번째로 쳤다. 두 번째는 없었다. 그가 말했다.

"물의 가벼움과 무거움으로 알 수 있습니다."

저울로 달아보니 과연 그러했다. 훗날 그는 명산을 유람하러 떠나고는 다시 돌아오지 않았다.

요즘 우리는 물을 너무 함부로 대하고 있다. 평소 물을 낭비하는 습관은 물론이고 산이나 계곡에 가서 쓰레기를 아무렇게나 버리며, 심지어 강을 정치적으로 이용해 토목공사장으로 만들기까지 했다. 이는 물에 대한 이해가 부족하기 때문이다.

원래 우리는 우물이나 계곡물, 강물을 마시며 살아왔다. 그러다 인구가 늘고 도시가 발달하면서 먼 곳에서 물을 끌어다 쓰는 수도가 생겨났다. 수도는 우리에게 안전한 물을 풍부하게 제공해주었다. 인간의 삶은 더욱 윤택해지고 평균수명도 늘어나게 됐다. 하지만 반대로 우리는 수도 때문에 본연의 물과 물리적으로 점점 멀어지면서 정작 물에 대해 잘 모르게 됐다.

현대인들은 물이 어떻게 생겨나서 분배되는지 잘 모른다. 그저 수도관을 통해 집 안으로 들어온 물이 배수구로 빠져나가는 것만 볼 수 있을 뿐이다. 이렇게 물의 흐름을 잃어버린 탓에 물을 함부로 쓰고 심지어 파괴하기까지 한다. 마시고 사용하는 것 이상으로 물을 보지 않게 됐고, 물을 신성시했던 전통적 문화도 사라지고 말았다.

야성의 화가 최북이 말하는
조선의 그림문화사

최북을 아는 사람은 많지 않을 것이다. 겸재 정선, 호생관 최북, 단원 김홍도 등 조선을 대표하는 화가들의 생몰 시기로 보면 최북은 정선보다 후배요 김홍도보다 선배 화가였다. 최북은 그들보다 덜 알려졌지만 조선 후기에는 '한쪽 눈의 괴짜 화가'로 수많은 일화를 남겼다.

중인 출신인 최북은 평생을 저잣거리에서 그림을 그려 먹고살던 조선 최초의 직업화가였다. 또한 술을 좋아해 늘 취해 있었다. 뿐만 아니라 성격이 워낙 괴팍해서 신분과 관계없이 마음대로 행동하거나 원치 않는 그림은 결코 그릴 수 없다며 스스로 한쪽 눈을 찔러버리는 등 광기 어린 행동을 일삼았다. 그래서 '동양의 반 고흐'라 불리기도 한다. 하지만 반 고흐가 정신적 문제로 생계에 대한 막막함과 그림에 대한 압박감을 이기지 못해 자신의 귀를 잘랐다면, 최북은 권력에 굴하지 않고 자신의 그림에 대한 자긍심으로 눈을 찌른 것이다. 이러한 괴짜 화가 최북을 통해 조선시대 그림문화사에 대해 살펴보자.

신분에
구애받지 않는 삶

최북의 어릴 적 이름은 식이고, 자는 성기 혹은 유용이었다. 나중에는 이름을 북으로 바꾸고, 자도 역시 북北을 둘로 나누어 칠칠ㄴㄴ이라 했다. 그래서 많은 작품에 칠칠이란 인장을 찍기도 했다. 또한 최북은 호생관(붓으로 먹고 산다)을 비롯해서 거기재(거기에 살고 있다), 삼기재(시서화 세 가지에 기이한 재주가 있는 사람) 등 호를 다양하게 썼다.

최북의 아버지 최상여는 중인 출신으로 국가 회계를 담당하는 산원이었다. 오늘날의 회계사와 같은 사람이다. 비록 신분은 양반에 비해 낮았으나, 전문직 하급관리로서 생활 형편은 풍요로웠다. 어머니에 대한 기록은 남아 있지 않은데, 아마도 기녀나 여종 등 노비 출신이 아닌가 싶다. 그렇기 때문에 최북의 이름이 족보에도 기록되지 않은 것이다.

최북이 지은 시 〈추회秋懷〉를 보면, 그는 창의문 밖 북악산 아래의 성벽 주변에서 살았던 듯하다. 현재 경복궁을 지나 자하문 밖 종로구 부암동이 바로 그곳이었다. 그의 집에서 멀리 떨어지지 않은 창의문 안쪽의 인왕산과 백악산 아래에는 당대의 유명한 화가인 정선과 심사정, 조영석 등도 살고 있었다.

최북은 중인 출신이지만 사대부들과 활발하게 교유했다. 특히 경기도 안산에 사는 재야 선비인 이익과 이용휴, 이들의 제자인 이현환, 이맹휴, 이철환 등 성호학파와 가까이 지냈다. 최북은 이들과 더불어 시서화를 나누며 식견을 쌓아갔고, 남종문인화 중심의 화풍을 정립하는 데에도 많은 영향을 받았다. 이밖에도 그는 이광사, 강세황 등 당대 최고의 서화가들과도 교유했다.

직업화가의 길

최북은 평생 길거리나 주막, 집 안 등에서 산수화나 민화 같은 그림을 그려 파는 전형적인 직업화가였다. 저잣거리에서 종이를 펼쳐놓고 붓을 든 채 약간 엎드려서 그림을 그렸다. 붓통에는 붓들이 꽂혀 있고, 벼루에는 먹이 갈려 있었으며, 접시에는 붉고 푸른 안료가 개어 있었다. 그가 종이 위로 붓을 놀릴 때마다 울긋불긋한 꽃들이 그려지기도 하고, 나비와 새가 그려지기도 했으며, 산과 바다가 그려지기도 했다. 최북은 바람처럼 소매를 휘둘러 순식간에 그림을 완성했지만, 그림 속의 모습들은 마치 물 흐르듯이 자연스러웠다고 한다.

그는 30대에 이미 화가로서 명성을 떨칠 정도로 사람들 사이에서 인기가 많았다. 실제로 그는 그림 솜씨가 뛰어나 36세 때 조선통신사의 수행화원으로 뽑혀 일본을 다녀오기도 했다. 한때는 생활에 여유가 있어 젊은 아내와 살기도 했는데, 그는 특히 '미인도'를 잘 그린다는 소문이 있었다.

하지만 최북은 그림값을 받는 족족 술값으로 날려버렸다. 눈만 뜨면

술을 마실 정도로 당시 조선팔도에서 으뜸가는 술꾼이었다. 심지어 집에 있는 책이나 종이, 비단 등을 손에 잡히는 대로 술값으로 내주었다. 게다가 그는 술이 석 잔만 들어가면 거리낌 없이 행동했다. 그래서 다음과 같은 여러 가지 기행을 벌이기도 했다.

그는 사람됨이 격양하고 돌올해 조그마한 예절에는 얽매이지 않았다. 일찍이 어떤 집에서 한 달관을 만났는데, 그 달관이 최북을 가리키면서 주인에게 물었다.

"저기 앉아 있는 사람은 이름이 무엇인가?"

이에 최북은 얼굴을 치켜들고 달관을 보면서 말했다.

"먼저 묻노니, 그대의 이름은 무엇인가?"

그 오만함이 이와 같았다.

금강산을 유람하다가 구룡연에 이르러 갑자기 크게 부르짖으며,

"천하 명사인 내가 천하 명산에서 죽는 것이 족하다"라 하고 못에 뛰어들어 거의 구할 수 없을 뻔했다.

한 귀인이 최북에게 그림을 요구했으나 이루지 못하자 장차 위협하려 했다. 최북이 분노해 말했다.

"남이 나를 저버리는 것이 아니라 내 눈이 나를 저버리는구나!"

곧 자신의 한쪽 눈을 찔러 멀게 했다. 늙어서는 한쪽에만 안경을 낄 뿐이었다. 나이 49세에 죽으니 사람들이 '칠칠'의 징조라고 했다.

호산거사는 말한다.

"최북의 풍모가 매섭구나. 왕공귀족의 노리갯감이 되지 않으면 그만
이지 어찌하여 자신을 이처럼 괴롭힌단 말인가?"

— 조희룡 《호산외기》

조희룡은 《호산외기》에서 최북이 49세에 죽은 것으로 썼으나 실제로
는 75세경에 사망한 것으로 추정된다. 그렇다면 그는 왜 스스로 자기 눈
을 찔렀을까? 자기 뜻에 맞지 않는, 다시 말해 자기 마음에 내키지 않는
그림은 절대 그리지 않겠다는 예술적 자유의지의 발로였다. 이로써 최북
은 한쪽 눈이 멀게 됐고, 늙어서는 다른 쪽마저 제대로 보이지 않아 안경
을 끼고 그림을 그렸다.

독특한 화풍

최북은 중인 출신이자 직업화가임에도 남종화
를 구사했다. 남종화란 북종화와 함께 중국 회화의 2대 계보로, 주로 문
인들이 학문하는 사이사이 여가에 그렸기 때문에 남종문인화라 부르기
도 했다. 눈에 보이는 그대로를 그리는 것이 아니라 마음속의 느낌을 표
현하는 것을 말했다.

그는 남종화를 구사했지만 일탈적 성격만큼이나 다양한 회화적 시도
를 계속하며 자신만의 독특한 화풍을 정립했다. 우선 그는 그리지 않는

소재가 없을 정도로 다양한 그림을 그렸다. 현재까지 남아 있는 작품만 보더라도 산수와 화조花鳥, 초충草蟲, 인물 등을 비롯해 총 137여 점의 다양하고 방대한 그림을 그렸다. 그중에서도 산수화를 잘 그려 사람들은 그를 '최산수'라 불렀으며, 유독 메추라기를 잘 그려서 '최메추라기'라 부르기도 했다.

최북은 기본적으로 붓의 강약이나 먹의 농담 같은 기법만이 아니라 점으로 찍는 미점, 후춧가루와 같은 호초점, 손가락에 먹을 찍어 그리는 지두화법 등 다양한 화법을 구사했다.

최북의 대표작으로는 금강산의 경치뿐 아니라 그 본질까지 드러냈다는 〈표훈사도〉, 모든 규범으로부터 초탈한 선의 경지에 나아갔다는 〈공산무인도空山無人圖〉, 마치 최북의 저승길을 보여주는 듯한 〈풍설야귀도風雪夜歸圖〉 등을 들 수 있다.

객사

최북의 말년은 가난이 뼈에 사무쳤을 뿐 아니라, 심지어 죽기 직전까지도 그림을 그려 팔았다고 한다. 실제로 신광수는 〈최북설강도가〉라는 시에서 최북의 말년을 이렇게 표현했다.

"한양에서 그림 파는 최북,

오막살이 신세에 내 벽 모두가 텅 비었네.

유리안경과 나무필통 옆에 두고 하루 종일 문 닫고 산수화 그려

아침에 한 폭 팔아 아침 끼니 때우고, 저녁에 한 폭 팔아 저녁 끼니

때우네."

최북은 75세인 정조 10년(1786)경 열흘을 굶고 그림 한 폭을 팔고는 술에 취해 밤늦게 집으로 돌아오다가 성곽 모퉁이에 쓰러져 결국 얼어 죽고 말았다. 신광수의 아우인 신광하는 그 소식을 듣고 안타까움을 이기지 못해 다음과 같은 추모시를 남기기도 했다.

그대는 보지 못했소?

최북이 눈 속에 얼어 죽은 것을.

갓옷 입고 백마 탄 너희는 대체 어느 집 자식들이냐?

너희 거드름 피우느라 그의 죽음 슬퍼할 줄도 모르리라.

최북의 한미한 처지 참으로 애달픈 일이었다.

최북 그이의 사람됨 정갈하고 매서우니

그 스스로 칭호하길 화사 호생관이라고

체구는 작달막하고 눈은 한 짝이 멀었지만

술이 석 잔을 넘어서면 꺼리는 것이 도무지 없었더니라.

북으론 숙신으로 올라가서 흑삭까지 거쳐 돌아왔고
동으론 바다를 건너 일본을 다녀왔다지.
대갓집 병풍에 산수 그림 안견 이징을 무색케 만들었으니
술을 찾아 미친 듯 부르짖다가 비로소 붓을 드는데
대낮의 대청마루에 강호 풍광이 살아난다.

열흘이나 굶주리던 끝에 그림 한 폭을 팔아서
술을 사 마시고 돌아오다 대취해 성 모퉁이에 쓰러졌다네.

물어보자, 북망산에 진토된 만인의 뼈다귀
세길 눈 속에 파묻혀 죽은 최북 그와 견주어 보면 어떠하냐?

슬프다, 최북이여!
그의 몸은 비록 얼어 죽었으되 그의 이름은 길이 지워지지 않으리!

　이렇게 최북은 잘 알려지지 않았지만, 18세기에는 여러 가지 기이한
행동으로 겸재 정선이나 단원 김홍도보다 더욱 유명한 화가였다.

장애인 재상 허조가 말하는
조선 장애인사

우리는 모두 예비 장애인이다. 언제 어떻게 불의의 질병이나 사고로 장애를 입을지 모르며, 나이 들어 중풍이나 뇌졸중, 기타 노화 등으로 인해 장애를 입을 가능성도 얼마든지 있다. 실제로 우리나라 인구 중 10분의 1 이상이 장애인이란 통계가 나와 있고, 일가친척 중 한두 명씩은 장애가 있는 경우가 많다. 게다가 100세 장수 시대가 다가오면서 노년층 장애문제는 더욱 심각해질 전망이다.

그럼에도 우리는 장애를 나와는 상관없는 그저 남의 일로만 여기고 있다. 더 나아가 우리 시대의 장애인상이 아주 오랜 옛날부터 뿌리 깊게 전해져온 것처럼 여기고 있다. 하지만 조선시대만 해도 장애인 복지정책과 사회적 인식은 대단히 선진적이었다. 이는 장애에 대한 용어에서부터 확인할 수 있다.

조선시대
장애인 복지정책

　　　　　　　조선시대 장애인은 '잔질' '독질' '폐질' '병신'처럼 몸에 병이 있는 사람, 다시 말해 몸이 아픈 사람으로 보았다. 그래서 사람들은 장애인을 불쌍하고 측은하게 여기면서 어떻게든 도와줘야 한다고 생각했다. 하지만 근대에 이르러 일본의 영향으로 불구자, 즉 뭔가 갖추지 못한 사람이요, 몸의 기능이 결여된 사람으로 여겼다.

　조선시대의 장애인 복지정책은 상당히 선진적이었다. 먼저 장애인에게도 직업을 갖고 자립생활을 하도록 했다. 예컨대 조선 후기 실학자 최한기는 《인정》에서 "어떤 장애인이라도 배우고 일할 수 있어야 한다"고 강조했다. 북학파의 선구자 홍대용도 《담헌서》에서 "소경은 점치는 데로, 궁형 당한 자는 문 지키는 데로 돌리며, 심지어 벙어리, 귀머거리, 앉은뱅이까지도 모두 일자리를 갖게 해야 한다"고 주장했다. 실제로 조선시대의 장애인은 자신의 처지에 맞는 다양한 직업을 갖고 자립적인 삶을 살았다.

　당시 정부도 해당 가족에게 모든 책임을 지우고 마냥 수수방관만 하지는 않았다. 조선시대 장애인 복지정책은 현대에 비해 결코 뒤떨어지지 않은, 아니 오히려 더 합리적이라고 생각될 정도로 체계적이었다. 조선 정부는 장애인을 자립 가능한 사람과 자립하기 어려운 사람으로 나누어 지원정책을 펼쳤다. 예컨대 정종 2년(1400) 임금이 정전에 나아가서 "환과고독과 노유老幼, 폐질자(장애인) 가운데 산업이 있어 스스로 살아갈 수 있는 자를 제외하고, 궁핍해 스스로 살아갈 수 없는 자는 소재지 관아에서 우선적으로 진휼해 살 곳을 잃지 말게 하라"라고 지시했다.

자립 가능한 사람은 대표적으로 소경, 봉사, 맹인 등으로 불린 시각장애인을 들 수 있다. 요즘에는 이들이 주로 안마업에 종사하지만, 당시에는 점을 치는 점복, 경을 읽어 질병을 치료하는 독경, 악기를 연주하는 악사 같은 다양한 직업을 갖고 자립했다. 그리고 이런 직업들은 조선 중기까지만 해도 상당한 대우를 받았다. 특히 정부는 시각장애인을 위해 별도로 명과학이나 관현맹인 같은 관직제도를 두어 정기적으로 녹봉과 품계를 올려주었다. 또 태종과 세종 대에 세계 최초의 장애인 단체인 명통시明通寺가 있었는데, 이는 서울 5부의 시각장애인이 모여서 조직적으로 활동하던 곳이었다. 명통시는 조선 정부가 시각장애인을 위해 특별히 설립한 기관으로, 국가 지원을 받는 엄연한 공기관이었다.

다음으로 자립하기 어려운 사람은 거동이 힘든 중증장애인을 들 수 있는데, 이들은 구휼이나 진휼, 진제 등의 명목으로 국가에서 직접 구제했다. 예컨대 다산 정약용은 《목민심서》에서 이렇게 주장했다.

> 듣지 못하는 사람과 생식기가 불완전한 사람은 자신의 노력으로 생계를 이어갈 수 있으며, 보지 못하는 사람은 점을 치고, 다리를 저는 사람은 그물을 떠서 살아갈 수 있지만, 오직 중환자와 불구자는 구휼해주어야 한다.

이러한 구휼의 전통은 고대로부터 조선에 이르기까지 지속적으로 이어져 왔다. 특히 당시 임금들은 왕위에 오를 때나 흉년이 들어 먹고 살기 어려울 때, 그리고 평상시에도 자주 환과고독鰥寡孤獨과 함께 장애인을 우선적으로 구휼하도록 신하들에게 당부했다.

그밖에도 정부는 장애인을 위한 다양한 지원정책을 펼쳤다. 장애인에겐 조세와 부역 및 잡역을 면제하고, 죄를 범하면 형벌 대신 포佈를 받았으며, 연좌제도 적용하지 않았다. 또한 시정, 곧 부양자(오늘날의 활동보조인)를 제공하고, 때때로 노인과 함께 잔치를 베풀어주며 쌀과 고기 같은 생필품을 하사했다. 기타 동서활인원이나 제생원 같은 구휼기관을 설치해 위기에 처한 장애인을 구제했다.

유명한
장애인 정승들

조선시대에는 장애 유무보다 능력을 더욱 중시했다. 그래서 장애가 있어도 능력이 뛰어나면 오늘날의 장관에 해당하는 판서나 국무총리에 해당하는 정승에까지 오를 수 있었다. 그중 유명한 장애인 정승을 살펴보자.

세종조의 정치사에서 황희와 더불어 빼놓을 수 없는 중요한 인물이 있다. 바로 조선 건국 후 예악을 정비하고 국가의 기틀을 마련하는 데 큰 공을 세운 허조였다. 허조는 좌의정에 오를 만큼 세종의 신임을 받았는데, 그는 어려서부터 체격이 왜소하고 어깨와 등이 구부러진 곱사등이, 즉 척추장애인이었다. 그는 등이 굽었지만 마음은 대쪽같이 곧아서 모든 일에 빈틈이 없는 사람이었다.

권균은 중종반정에 참여해 정국공신 4등에 녹공되고 영창군에 봉해진 인물이었다. 이후에도 그는 좌찬성, 이조판서, 우의정에 임명되고 영창부원군에 봉해졌다. 이러한 권균에게도 한 가지 고질병이 있었으니 바로 간질, 즉 뇌전증이다. 권균은 뇌전증을 치료하기 위해 백방으로 노력했지만 별다른 효험을 보지 못하다가 결국 중종에게 사직을 요청한다. 하지만 중종은 "사직은 허락하지 않겠다. 휴가만 더 주도록 하겠다!"고 답했다.

조선 중기의 문신이자 충신인 심희수는 어린 시절 기녀 일타홍과의 사랑 이야기로 유명하다. 선조 25년(1592) 임진왜란이 일어나자 도승지 심희수는 선조를 의주로 호송했고, 중국어에 능통해 명나라 사신을 영접하기도 했다. 이후 심희수는 대제학에 올랐으며, 이조판서를 거쳐 우의정과 좌의정이 됐다. 하지만 선조가 죽고 광해군이 즉위한 60세 이후에는 다리에 중병이 들어 절뚝거리는 지체장애를 입었다.

영부사 심희수가 입시했으나 앉은뱅이병 증세가 있었으므로, 왕이 중관에게 명해 그를 부축해서 오르내리도록 했다.

이렇게 심희수는 주변 사람의 부축 없이는 거동조차 힘들었다. 그리하

여 무려 104번씩이나 상소하며 사직을 요청했으나, 광해군은 계속 받아
들이지 않고 속히 조리하고 나와서 공무를 보도록 했다.

윤지완은 숙종 대의 문신이자 소론의 영수로, 기개와 도량이 뛰어날
뿐 아니라 청렴하고 검소해 사람들의 신망을 받았다. 일찍이 중국의 점
복가에게 자신의 운명을 물었더니, 점복가는 다른 말 없이 그저 '무족가
관無足可觀(다리가 없으니 볼 만하다)'이란 네 글자만 써 주었다. 당시에 윤지
완은 점괘가 틀렸다고 여겼으나 숙종 8년(1682) 통신사로 일본에 다녀온
후 풍증으로 한쪽 다리를 잃고 말았다. 점복가의 점괘는 맞았지만 그 후
로 그는 우의정이 되고 청백리에 뽑혔다. 사람들은 그를 '일각정승 一脚政丞
(한쪽 다리의 정승)'이라 불렀다.

영조 때의 문신 김재로는 키가 크고 얼굴이 파리했으며 곱사등이, 즉
척추장애인이었다. 그럼에도 영조 16년(1740)부터 네 차례에 걸쳐 10여
년간 영의정을 지냈다. 개화기 풍자소설《병인간친회록》에 의하면 선조
와 광해군, 인조를 잇달아 모시며 우의정과 영의정까지 지냈던 오리 이
원익은 키가 아주 작은 왜소증 장애인에 가까웠다고 한다. 나아가 영조
와 정조 때의 명재상 채제공은 초상화와 〈황성신문〉의 기록을 보면 한쪽
눈이 사시이면서 동시에 시각장애인이었다고 한다.

이처럼 조선시대에는 좌의정과 우의정, 영의정 등 정1품 정승에까지 오
른 장애인 정승이 많았다. 오늘날 장애에 대한 편견과 차별로 장애인 장
관, 차관이나 국무총리 등은 생각하기조차 힘든 상황과는 너무도 다르다.

더불어 살자

조선시대 장애인 복지정책은 공동체 지향적이었다. 장애인과 비장애인이 함께 살 수 있도록 했고, 자립할 수 있는 자는 그 속에서 스스로 먹고살 수 있도록 했다. 조선시대에는 장애인에 대한 사회적 인식이 상당히 높은 편이었던 것이다. 장애인과 비장애인이 희로애락을 함께하며 상생의 길로 나아가고자 했다.

물론 당시에도 장애인에 대한 차별은 엄연히 존재했다. 제도적으로는 공동체를 지향했지만, 백성 개개인의 인식과 태도에는 차이가 있었다. 장애인을 업신여기기도 했으며, 그들을 제대로 돌보지 않기도 했다.

그렇다고 오늘날처럼 심한 차별을 받은 건 아니었다. 현대의 장애인이 사회의 음지에서 살아가는 것과는 달리, 조선시대 장애인은 비교적 양지에서 떳떳한 생활을 했다. 장애인이라 할지라도 학식이 뛰어나면 그에 맞는 존경과 대우를 받았다. 그리하여 양반층 장애인은 과거를 보아 높은 관직에까지 오르기도 했다. 일반적인 장애인도 사회에서 멀리 이탈하는 법 없이 일자리를 찾을 수 있었다. 장애인은 항상 사람들이 있는 곳에서, 그들에게 필요한 일을 하며 살아가고 있었다. 그들은 아주 가까운 이웃이었던 것이다.

이야기꾼 전기수가 말하는
조선의 스토리문화사

　우리 조상은 이야기를 통해 삶의 지혜를 배우곤 했다. 특히 어렸을 때 신화나 전설, 민담 같은 재미있는 이야기를 들으면서 세상을 살아가는 데 꼭 필요한 지혜를 배우고, 또 그것들을 다른 방식으로 바꾸어 퍼트리면서 이야기를 지어내는 힘을 길러왔다.

　이야기는 상상의 놀이터이기도 했다. 이야기꾼은 이야기 속에서 세상 사람들이 치열하게 살아가는 모습을 그리는가 하면, 저 멀리 구름 너머의 자유로운 환상세계를 만들기도 했다. 이야기를 듣는 사람들을 때로는 슬프게 울리기도 하고, 때로는 통쾌하게 웃게 하면서 재미와 감동을 주었다.

　따지고 보면 우리 역사도 이야기를 통해 전해져왔다. 문자가 발명되기 전에는 마을 어른들이 입에서 입으로 씨족이나 부족의 역사를 후대에 전했고, 문자가 발명된 뒤에는 민족이나 국가의 역사를 이야기 형태로 기록해서 남겼다. 삼국시대의 역사를 기록한 《삼국유사》나 《삼국사기》, 조선시대의 역사를 기록한 《조선왕조실록》 같은 역사책도 모두 이야기 형태로 쓰여 있다.

거리의 이야기꾼, 전기수

조선 후기에는 거리에서 사람들에게 이야기를 들려주며 먹고사는 전문적이고 직업적인 이야기꾼들이 상당히 많았다. 대표적으로 강담사, 강독사, 강창사 등이 있었다.

강담사는 민간에 전해지던 이야기를 많이 기억하고 있다가 남에게 들려주는 사람으로, 흔히 이야기꾼, 이야깃주머니, 이야기보따리 등으로 불렸다. 대표적인 인물로 김인복, 민옹, 김옹(김중진) 등을 들 수 있다.

강독사는 거리에서 사람들을 모아놓고 소설을 전문적으로 읽어주는 사람으로, 흔히 전기수傳奇叟라 했다. 이들은 소설을 읽는 전후에 짧은 옛 이야기를 들려주기도 했다. 소설만 읽는 것이 아니라 옛이야기도 들려주는 이야기꾼이기도 했던 것이다. 이들은 문장에 가락을 붙여 유창하게 낭독했을 뿐 아니라 내용에 따라 온갖 표정과 몸짓을 섞어가며 아주 실감 나게 읽어주었다. 조선후기 유명한 전기수로는 이자상, 이업복, 김옹(김중진) 등을 들 수 있다.

강창사는 이야기를 '창唱'에 얹어 구현하는 사람으로, 흔히 판소리 광대, 판소리 소리꾼이라 불렸다. 대표적으로 고수관, 송흥록, 염계달, 모홍갑 등이 있다.

이들 가운데 특히 강독사, 즉 전기수는 18세기에 아주 인기 있는 직업이었다. 전기수가 거리에서 자리를 잡고 소설을 낭독하면 어느새 사람들이 구름처럼 모여들었다. 요즘의 연예인 못지 않았다. 심지어 부유한 아낙네들은 남편 몰래 전기수를 집 안으로 불러들여 소설을 낭독시키기도 했다. 전기수는 비록 지체 높은 임금이나 큰 공을 세운 장수는 아니었지만, 이 무렵 백성 사이에서 없어서는 안 될 중요한 사람이었다.

그렇다면 왜 전기수라는 독특한 직업이 생겨났을까? 조선 후기에는 소설이 매우 유행했다. 남자와 여자, 어른과 아이, 양반과 상민 할 것 없이 누구나 소설을 읽고 싶어 했다. 그래서 책을 빌려주는 세책가가 성행하고, 싼값에 찍어낸 방각본 소설까지 나왔다. 또 날마다 한양 거리를 뛰어다니며 책을 파는 조신선 같은 책장수도 많았다.

하지만 문맹자가 많았고, 책값이 워낙 비싸서 책을 빌리거나 사서 보기는 쉽지 않았다. 그리고 이야기 투로 된 고전소설은 눈으로 읽는 것보다 입으로 소리 내어 읽는 게 훨씬 재미있었다. 김홍도의 풍속화에도 시골 사랑방에서 목청 좋은 사람이 부채를 살랑살랑 부치며 소설을 낭독하고, 동네 사람들이 일하면서 흥겨운 표정으로 그 소리를 듣는 모습이 나온다. 그러다 보니 소설을 전문적으로 낭독해주는 전기수라는 새로운 직업이 등장했다.

당시 전기수의 활동과 생계 모습은 추재 조수삼의 작품집 《추재기이》에 잘 나타나 있다.

전기수는 동대문 밖에 살고 있었다. 한글로 된 소설을 잘 읽었는데, 《숙향전》《소대성전》《심청전》《설인귀전》 같은 것들이었다.

매달 1일은 초교(종로 6가) 아래에서, 2일은 이교(종로 5가) 아래에서, 3일은 이현(배오개) 시장에서, 4일은 교동(나원동) 입구에서, 5일은 대사동(인사동) 입구에서, 6일은 종가(보신가) 앞에 자리 잡고 소설을 읽곤 했다. 7일부터는 다시 거슬러 올라갔다가 내려오기를 반복해 한 달을 마쳤다. 달이 바뀌면 전과 같이 했다.

전기수는 워낙 재미있게 소설을 읽기 때문에 사람들이 겹겹이 담을 쌓고 들었다. 그는 소설을 읽다가 가장 절정인 대목에 이르면 갑자기 읽기를 뚝 멈췄다. 그러면 사람들은 뒷이야기가 궁금해서 다투어 돈을 던졌는데 이것을 '요전법'이라 했다.

전기수 탄압 사건

전기수의 이야기책 낭독 솜씨는 정말 대단했다. 한번은 낭독을 듣던 청중이 전기수를 살해하는 사건까지 발생했다. 정조 때 어떤 전기수가 종로의 담뱃가게 앞에서 《임경업전》을 낭독하고 있었다. 그런데 간신 김자점이 임경업에게 누명을 씌워 죽이는 대목에 이르자 청중 가운데 한 남자가 눈을 부릅뜨고 입에 거품을 물고는 담배 써는 칼을 들고나와 소리쳤다.

"네가 김자점이더냐?"

그러고는 칼로 찔러 전기수는 그 자리에서 죽고 말았다. 이야기책을 너무 실감 나게 낭독한 탓에 그 남자가 순간 전기수를 김자점으로 착각해버린 것이었다. 이 사건을 전해 들은 정조는 이렇게 말했다.

"세상에 이런 허무맹랑한 죽음도 있으니 가소롭다!"

이처럼 전기수의 활약상이 늘자 조정에서도 가만히 두고 볼 수만은 없었다. 어떤 방식으로든 전기수를 탄압할 수밖에 없었던 것이다. 우선 고지식한 양반 남성들은 소설을 아주 못마땅하게 여겼다. 여자들이 소설에 빠져 집안일을 게을리하고, 세책가에서 돈을 주고 소설을 빌려보며 재산을 축낸다고 비판했다.

당시 전기수의 주요 고객은 무지한 서민과 규방의 여성이었다. 이들은 전기수의 이야기를 들으면서 의식을 각성했고, 부정한 현실을 비판하기도 했다. 보수적인 양반의 입장에선 그게 곱게 보일 리 없었다. 어떤 전기수는 여자로 변장해 규방에 들어가 소설을 낭독해주기도 했는데, 이 와중에 아녀자들과 불미스러운 사건이 일어나기도 했다.

영조 때의 한 전기수는 10여 세부터 눈썹을 그리고 얼굴에 분을 바르며 언문(한글)을 배웠다. 또 소설을 잘 읽었는데 목소리조차 여자와 똑같았다. 어느 날에는 홀연히 집을 나가 어디로 갔는지 알 수가 없었다. 이후 그는 양반 사대부가에 출입하면서 진맥을 볼 줄 안다고 하고, 혹은 방물장수라고도 하고, 혹은 소설을 읽어주기도 했다. 비구니들과 함께 불공과 기도를 드려주기도 하니, 사대부 부녀자들이 한번 그를 보기만 하면 좋아할 수밖에 없었고, 때로는 함께 잠을 자며 음행을 저지르기도 했다. 판서 장붕익이 이를 알고 그 입을 막고자 그를 몰래 죽였다. 만약 그가 입을 열면 난처한 일이 벌어질까 두려워서였다.

길거리 선생님 또는 조선판 인기 연예인

조선시대 전기수는 역사적으로 의의가 있었다. 먼저 그들은 문맹자나 규방에서 무료하게 살던 여성들에게 소설을 읽어주었다. 그러면서 조선시대 소설의 독자층을 확대하는 데 크게 기여했다.

전기수는 조선시대 민중 교육자이기도 했다. 당시 민중은 전기수의 이야기를 들으면서 세상을 살아가는 지식을 습득할 뿐만 아니라 울고 웃으며 정서를 순화했다. 다시 말해 전기수는 일종의 '길거리 선생님'이자, 조선의 '인기 연예인'이었다.

지금 우리 시대에도 전기수가 다시 등장해 이야기책을 낭독해주면 어떨까. 여러 사람이 빙 둘러앉아 전기수의 실감 나는 낭독을 듣는다. 악한 인물이 나오면 함께 야유를 보내고, 주인공이 고난을 헤쳐 나갈 때는 함께 손뼉 치고 환호한다. 전기수가 가장 결정적인 부분에서 이야기를 뚝 그쳤을 때는 '아!' 하고 아쉬워하기도 한다. 초등학교 교과과정에서 영어만 중시할 것이 아니라 이야기책 낭독 시간도 가져봤으면 좋겠다.

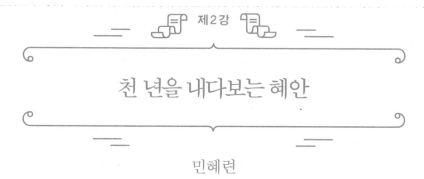

제2강

천 년을 내다보는 혜안

민혜련

'르네상스적인 인간'을 인생의 모토로 삼고 살아가는 프랑스 문화예술 전문가. 프랑스 캉대학교에서 불문학 박사 수료, 서경대학교 와인발효공정공학 전공으로 공학박사를 마쳤다. 호기심과 열정이 가득해 번역과 글쓰기, 강의는 물론 레스토랑 '작은 프랑스' 등을 운영했다. 현재 기획사 엘리온느 대표를 맡고 있다.

지은 책으로 《게스트하우스 France》《일생에 한 번은 파리를 만나라》《장인을 생각한다 이탈리아》《민혜련의 파리 예술 기행》《관능의 맛, 파리》《르네상스: 빛과 꽃의 세기》《와인 양조학》(공저) 등이 있으며, 옮긴 책으로 《와인 디바의 와인 이야기》, 장 그르니에 전집 중 《거울 계단》 등이 있다.

암흑의 시대를 뚫고 피어난
르네상스의 빛

476년, 게르만족의 대이동으로 서로마가 멸망하고 난 후 로마제국은 급속도로 쇠퇴하기 시작했다. 식민지 도시는 폐허가 되고 제국의 운영체계가 무너지면서 한순간 혼란이 찾아왔다. 불행 중 다행이라면 로마제국 말기에 기독교가 국교로 공인되면서 서유럽의 게르만족도 광범위하게 개종했기 때문에 교회 행정망은 숨을 쉬고 있다는 정도였다. 서유럽은 광대한 숲으로 뒤덮인 내륙 지방이 됐으며, 화폐제도와 식민도시는 사라지고 행정은 부족국가 정도로 후퇴했다. 상업이 줄어들고 농경사회가 되면서 '토지'가 가장 중요한 생산기반이 된 것이다. 숲이나 황무지를 두고 멀리 떨어진 각 촌락은 독립된 자급자족의 경제체제가 되어 소유하는 토지의 넓이로 사회적 신분이 결정됐다. 각각의 촌락은 관습적으로 세습되며 영주가 다스리는 장원莊園이 됐다. 장원 안에서의 생활은 교회를 중심으로 이루어졌고, 주민 생활을 통제하는 틀이 됐다.

위태롭게 쌓아 올린
힘의 사다리

이런 상황에서 북해의 강인한 바이킹족과 헝가리의 마자르족이 배 혹은 말을 타고 바다와 숲을 가로질러 약탈을 일삼았다. 결국 자신을 지킬 힘이 없는 농민들은 군사를 모을 힘이 있는 사람, 즉 기사 밑으로 들어가 보호를 요청하고, 기사는 더 힘이 센 영주를 주군으로 모시며 보호를 받아야 했다. 이렇게 힘의 사다리를 올라 영주 위에는 대영주 그리고 제일 꼭대기에는 국왕이 자리하는 일종의 계약체계인 봉건제도가 완성됐다.

하지만 국왕은 여러 대영주의 대표일 뿐 국토 전체를 통제할 힘은 없었다. 즉, 봉건제도는 일종의 느슨한 연방제였다. 국가라는 틀을 유지하기 위해서는 지방마다 사유지를 다스리는 대영주의 군사력에 절대적으로 의지해야만 했다. 이 제도는 충성과 보호라는 주종관계지만 쌍방에 대해 의무를 갖는 갑과 을의 계약이었고, 이 계약은 언제나 깨질 수 있다는 취약점이 있었다. 상속이나 결혼으로 영지가 다른 나라의 소유가 되는 일도 허다했다.

또한 큰 나라를 운영해본 경험이 없는 게르만족이 지배하는 땅에 국가를 세우려면 교회 행정망에 절대적으로 의지할 수밖에 없었다. 당연히 로마 교황의 권위가 강력해지면서 서유럽 모든 나라에서는 교황이 대관식을 거행했다. 그러니 행정의 틀을 이루는 주교구마다 성직자를 임명하는 서임권 때문에 벌어지는 권력 투쟁은 불가피했다. 중세 후기 유럽 각 지역이 국가의 틀을 잡아가자 세속 왕들은 교황의 권위에 반기를 들기 시작한다. 신성로마제국의 하인리히 4세가 교황 그레고리우스 7세와 벌인 '카노사의 굴욕'*이 대표적인 예다.

　교회의 힘이 막강했으므로 중세 내내 어둡고 무거운 기독교 교리가 강요됐다. 인간의 자유의지를 중시하던 고대 헬레니즘시대의 찬란했던 문화예술은 모두 잊혀졌고, 성경의 내용에서 조금이라도 벗어나는 고전은 금서가 됐다. 인간은 오직 사후세계인 천국을 위해 현세의 삶에서는 금욕과 청빈으로 인내해야 했다. 농촌에서의 생활은 무겁고도 답답했을 것이다. 그래서 흔히 중세를 '암흑 시대'라고 한다.

이슬람의 부상, 십자군전쟁의 시작

　　　　　　한편 7세기 중엽 마호메트의 후계자들은 소아시아에서부터 유럽, 북아프리카에 걸쳐 거대한 사라센 대제국을 건설한다.

---

* 1077년 1월 28일 신성로마제국 하인리히 4세가 자신을 파문한 교황 그레고리우스를 만나기 위해 이탈리아 북부 카노사성으로 찾아가 관용을 베풀어 달라고 요청하며 무릎 꿇은 사건이다. 성직자의 임명권인 서임권을 둘러싸고 분쟁하던 신성로마제국 황제와 교황의 대립이 정점에 이르렀던 시기에 벌어진 사건으로 세속의 권력이 기독교에 굴복한 대표적인 사건으로 남았다. 이날은 하인리히 4세가 무릎을 꿇었으나 이는 싸움의 시작일 뿐이었다.

사막의 모래바람 속에 말을 타고 달리던 이 호전적인 부족은 마호메트의 교리대로 한 손에는 코란, 다른 한 손에는 칼을 들고 이교도들을 정복해 나갔다. 서로마 이후에도 비잔틴제국으로 로마의 명맥을 이어가던 동로마는 이미 수세에 몰려 아나톨리아반도 끝 콘스탄티노플 부근과 발칸반도 쪽으로 밀려났고 기독교의 세력권 아래에 있던 이집트, 북아프리카, 스페인도 이슬람의 점령지가 돼버렸다. 그 옛날 헬레니즘 문화로 번성했던 지역들이 이슬람의 수중에 떨어진 것이다.

이는 또한 유럽이 장악했던 지중해의 해상권에 위협이 가해짐을 의미했다. 이탈리아를 거쳐 들어오던 중국과 동방의 교역품도 아랍인들이 장악했다. 기독교인들이 사후에 천국으로 가기 위해 필수적으로 거쳐야 하는 성지순례길이 막혀버린 것은 더 큰 문제였다. 순례의 목적지인 예루살렘이 이들의 영역 안에 있었기 때문이다.

10세기경이 되자 호전적인 튀르크의 셀주크 왕조*가 이슬람의 주 세력으로 떠올랐다. 강성인 셀주크 왕조는 동유럽의 비잔틴제국을 본격적으로 압박하기 시작했다. 이에 다급해진 동로마 황제 알렉시오스 1세는 당시의 교황이던 우르바누스 2세에게 서신을 보내 서유럽 세계에 참전을 촉구했다. 이교도인 이슬람을 몰아내고 성지 예루살렘을 탈환하자는

---

* 11세기 중반부터 12세기 중반까지 중앙아시아와 중동 일대를 다스린 수니파 무슬림 왕조를 말한다. 셀주크 제국이라고도 한다. 중앙아시아에서 부족연합체로 생겨난 튀르크 세력의 시조로 제1차 십자군의 공격 대상이기도 했다.

것이었다. 이는 곧 온 유럽인들의 열렬한 신앙심을 자극했고, 각 나라의 국왕들은 참전을 결행했다. 그리하여 시작된 십자군전쟁은 아랍 세계와 서유럽 사이에 씻을 수 없는 깊은 골을 남기게 된다. 11~14세기까지 여덟 차례에 걸쳐 벌인 이 지루한 전쟁은 서유럽에는 성전聖戰이었지만 이슬람에는 엄연한 침략 전쟁이었기 때문이다. 게다가 시간이 지나자 신앙에서 시작한 순수한 열정과는 달리 교황은 교황대로, 참전한 영주들은 영주들대로 정치적·경제적 이권을 노골적으로 추구하기 시작했고, 전쟁은 무자비한 침략과 약탈로 변질되고 말았다.

인간이 세계의 중심이 되다

기독교의 광기 같던 십자군전쟁은 많은 상처를 남겼지만 서유럽에 예기치 않은 선물도 주었다. 전쟁이 일어나는 곳은 비참했지만, 아이러니하게도 그 주변에서는 경제적 이득을 보았기 때문이다. 일찍이 동로마와 교류하며 에게해와 지중해의 해상무역을 통해 상업이 발달한 이탈리아의 항구도시들이 다시 활기를 띠기 시작했고, 부를 축적한 상공업자들이 의식을 가진 시민계급으로 성장한 것이다.

이슬람의 땅에 도착한 십자군은 그 옛날 그리스와 로마가 건설했던 고대 헬레니즘의 찬란한 빛을 재발견하게 된다. 기독교 사상에 반대되는 모든 사고를 죄악시한 서유럽과 달리 이슬람의 술탄들은 고대 사상을 잘 보존하고 이를 더욱 발전시키고 있었다. 자신들의 뿌리를 발견한 서유럽은 놀라움에 매료됐고, 수백 년간 금지됐던 고대의 서적들이 서유럽으로 유입되기 시작했다. 이는 틀에 박힌 기독교적인 세계관과는 너무도 달랐다. '인간은 만물의 척도'라 생각하는 그리스의 인본주의 세계관이었다.

유럽으로 스며들어온 서적에는 물질세계와 인간의 이성을 중시한 아리스토텔레스나 지동설을 주장한 아리스타코스 등 기독교 교리와 반대되는 사상서도 대거 섞여 있었다. 숫자와 0의 개념, 10진법 등은 수학·천문학 등의 실용과학이 발달했던 아라비아와 인도로부터, 화약과 종이, 나침반 등은 중국으로부터 전해졌다. 이 모든 것이 서로 시너지 효과를 일으켜 서유럽의 사회·경제·문화의 패러다임을 급격히 변화시켰고 유럽을 중심으로 세계 질서가 재편되는 계기가 되었다.

구텐베르크가 인쇄술을 발명했을 때 중국에서 종이가 전해지지 않았다면 인쇄술이 그토록 발전할 수 있었을까? 종이에 인쇄된 수많은 서적과 팸플릿이 없었다면 여론을 모아 종교개혁이 이루어질 수 있었을까? 콜럼버스가 신대륙을 향해 갈 때 중국에서 나침반이 전해지지 않았다면 장거리 항해에 성공할 수 있었을까? 중국에서 화약이 전해지지 않았다면 근대 유럽의 무기가 그토록 발달할 수 있었을까? 아라비아 숫자와 0의 개념이 전해지지 않았다면 금융자본주의와 컴퓨터로 이루어진 현대 문명이 발달할 수 있었을까?

기독교의 신 중심적 세계관에 억눌려 있던 인간이 이성을 깨우치면서 자아를 성찰했다. 이러한 자아성찰이 사상으로 발전하면서 '인간이 우주의 중심'이라는 휴머니즘이 시작됐다. 이렇게 시작된 르네상스는 인문학과 예술을 찬란하게 꽃피웠고, 결국 부패한 교회에 반해 다시 성경과 신앙 자체로 돌아가자는 종교개혁을 탄생시킨 원동력이 됐다.

또한 도시국가에서 경험한 상업경제는 이후 신대륙과 함께 대규모 자본이 유럽으로 유입되며 교육받은 부르주아 계층이 사회의 중심이 되는 세상의 원동력이 됐다. 깨어난 이성은 자연 안에 붙박이처럼 고정된 수동적인 삶에서 벗어나 적극적으로 자연을 연구하고 개척하는 서양의 도전 정신을 일깨웠다. 일련의 모든 변화는 수 세기가 지나며 과학혁명과 계몽주의로 귀결돼 프랑스대혁명을 통한 근대민주주의와 산업혁명을 예고했다.

프랑스, 르네상스의 열매를 따다

　17세기를 지나 20세기 초까지의 '예술' 하면 파리가 떠오르지만, 르네상스를 거론할 때면 파리는 한참 뒤로 밀려난다. 당연하다. 15세기까지 프랑스는 봉건주의의 심연에 잠겨 있었기 때문이다.

　16세기 프랑스 르네상스의 아버지라 불리는 프랑수아 1세는 "짐 이전의 파리는 모든 것이 거칠고 촌스럽고 무식했도다"라며 당시를 표현했다. 명목상 왕조 가문에서 선출된 프랑스 국왕이 존재했고 나라의 국경선도 있었지만, 각 지방은 행정·사법적으로 공작이나 백작이 독립적으로 다스리는 영지였다. 국왕도 자신의 영지에서만 힘을 쓰는 봉건영주에 불과했을 뿐이다. 국왕은 영주들에게 충성서약을 받아 프랑스를 대표하면서 유사시를 위해 나라의 형태를 유지하는 역할만 하고 있었다. 일종의 연방제였다. 조국이나 민족이라는 공통적인 공감대는 아직 존재하지도 않았던 시대였다.

　14세기와 15세기에 이탈리아에서 르네상스가 화려한 꽃을 피우는 동안 프랑스는 아직도 중세의 때를 벗지 못하고 있었다. 선대의 정략결혼으로 영국에 넘어간 보르도를 되찾기 위해 백년전쟁을 치르고 난 후에는 이탈리아 북부를 침략하는 한편 지방 영주들을 중앙정부에 편입하기 위한 내전에 여념이 없었다. 문화적인 면에는 눈 돌릴 여유가 없었다.

　중앙정부로 간신히 끌어들인 지역들조차 왕의 행정에 고분고분할 리 없었다. 이들은 여전히 왕권을 위협하고 각자 프랑스 지배를 꿈꾸었다. 돈을 주고 용병을 사서 싸우는 이탈리아의 우아한 군주나 귀족들과는 그 성격이 다른, 뼛속까지 전투로 물든 기사들이었다. 1483년 왕위에 오른 샤를 8세를 필두로 프랑스의 왕들은 16세기 중반까지 내내 이탈리아 원정을 업으로 삼았다. 이탈리아는 문화 수준은 높지만 중앙정부가 존재하지 않는 도시국가들이라는 취약점이 있었던 것이다. 이는 르네상스시대를 정점으로 16세기부터 유럽의 중심이 지중해에서 대서양으로 바뀌면서 이탈리아가 침체되는 이유가 됐다.

국가, 국민,
영토의 발견

　　　　　　　　16세기경 유럽의 판도는 서서히 바뀌기 시작한다. 이탈리아나 독일은 도시의 자치권 때문에 오히려 중앙집권적 왕정국가로 나아가지 못했지만, 프랑스나 영국은 국왕이 봉건귀족들의 세력을 견제하고 중앙정부의 지배권을 효율적으로 장악하게 됐다.

　장원의 농노가 영주에게 내는 세금 외의 모든 세금을 중앙정부가 거둬들이고, 성직자의 기부를 부추겨 교회의 권력까지 제어했다. 국왕이 경제권을 쥐자 서서히 '국가'라는 개념이 생활의 기본 틀을 이루었다. 물론 근대국가의 기틀을 다지려면 아직 몇 세기를 더 기다려야 했지만, 분열된 권력이 강력한 절대군주에게 집중되며 국가와 국민이라는 의식이 싹트기 시작했다는 데 의미가 있다.

　중세시대에는 상하 군신의 관계를 맺었지만 결속력이 단단하지 못했다. 국민, 국가, 영토에 대한 개념 자체가 없다 보니 계약은 언제나 깨질 수 있었고, 영토도 유동적이었다. 게다가 한 지역의 영주가 죽기라도 하면 땅은 곧 상속 문제로 발전해 그곳은 전쟁터가 되어버려 국토의 개념을 정립하기 어려웠다. 그러나 상공업이 발달하면서 시장을 확보하고 단일한 법체계와 화폐가 필요했기 때문에 이를 집행하려면 법과 화폐가 통용되는 국경선과 민족의식, 강력한 중앙집권적 관료제도가 필수였다.

　16세기 후반 프랑스의 법학자이자 사상가였던 보댕Jean Bodin은 최초로 이러한 시대적 요구를 '주권이론idea of sovereignty'으로 전개하기에 이른다. 프랑스는 전쟁 중이었지만 오랫동안 이탈리아와 접촉하며 이탈리아의 새로운 문화와 사상에 조금씩 눈을 떴다. 절대왕정의 틀이 서서히 잡히자 이탈리아의 학자들과 예술가들을 초대해 문화예술을 발전시키려 노력했다. 그중 가장 뛰어난 업적을 이룬 국왕은 프랑수아 1세였다.

　1515년 9월 프랑스의 새 국왕이 된 그도 선왕들의 열망이던 이탈리아

원정에 불타올랐다. 하지만 그는 뛰어난 감각의 소유자였다. 아마 교육
이 한몫했을 것이다. 이탈리아에서 초빙해온 스승들에게서 어릴 때부터
철학과 라틴어를 배우며 인본주의적 사고를 키운 그는 국가가 강대해지
려면 문화가 근본이 돼야 한다는 사실을 깨달았다. 왕권을 잡은 이듬해
인 1516년 밀라노를 정복한 그는 평생 존경하며 모실 스승을 한눈에 알
아본다. 바로 레오나르도 다빈치였다. 이렇게 시작된 인연으로 훗날 다
빈치가 노후에 의탁할 곳이 없자 프랑스로 모셔와 자신이 어린 시절을
보낸 작은 성, 클로 뤼세^{Clos Lucé}를 내준다. 문화 후진국이던 프랑스에 최
초로 예술가를 후원하는 파트롱^{patron}이 탄생한 것이다. 아낌없이 후원하
며 극진히 대접한 덕분에 〈모나리자〉〈세례자 요한〉〈성 안나와 성 모자〉
등 다빈치의 걸작 세 작품을 루브르 박물관에 걸 수 있었다.

프랑스어를 공용어로 선택한 것은 그의 중요한 문화 업적 중 하나다.
이는 다른 유럽 권력층이 라틴어를 쓰던 시대에 자국어의 위상을 드높인
계기가 됐다. 이후 현재 프랑스학술원인 '콜레주 드 프랑스'의 전신인 왕
립학술원을 설립해 국어를 연마하는 데 전념했다. 그는 당시 신성로마제
국의 황제로 전 유럽을 지배하던 카를 5세나 영국의 헨리 8세와 겨룰 정
도로 정치력을 키웠다. 정치적인 앙숙이었지만 이들을 공식적으로 초대
해 퐁텐블로성에 수집한 르네상스시대 작가들의 작품을 보여주곤 했다.
라파엘로의 태피스트리, 미켈란젤로의 조각, 티치아노의 회화, 피오렌티
노 로소가 장식한 갤러리, 벤베누토 첼리니의 금은 세공품 등이 거기 있

었다.

백년전쟁으로 파리가 황폐해지자 그는 루브르 궁전을 웅장한 성으로 개조하기 시작했다. 중세의 어둠침침한 요새 형태로 지어져 주거하기에 적합하지 않았기 때문이다. 이렇게 시작된 루브르는 이후 몇 대를 거치며 증축되어 프랑스 왕가의 상징으로 변모한다.

이탈리아 며느리들의 프랑스 계몽기

프랑수아 1세는 훗날 그의 뒤를 이을 앙리 2세를 문화선진국 피렌체의 메디치가와 혼인시켜 프랑스 문화의 초석을 놓았다. 이탈리아 며느리 카테리나 데 메디치Caterina de' Medici가 가지고 올 지참금에 선진 이탈리아의 문화가 포함돼 있으리라는 것을 알았기 때문이다. 위대한 로렌초 데 메디치가 증조할아버지이며 교황 레오 10세를 작은할아버지로 둔 카테리나 아니던가. 기대를 저버리지 않은 카테리나는 중세의 틀을 벗지 못하던 프랑스 궁정에 이탈리아의 찬란한 르네상스 문화를 들여왔고, 오늘날 프랑스 요리와 예술의 산파 역할을 했다.

또한 튀일리궁Palais des Tuileries을 신축하고, 야만스러운 중세의 궁정에 예법을 도입했으며, 포크와 나이프를 사용하도록 했다(그때까지 프랑스인은 손으로 음식을 먹었다). 속옷이란 존재를 모르던 프랑스 여인들에게 속옷을 입히고, 뛰어난 승마술로 갈채를 받았다. 불꽃축제와 무도곡, 궁정연회 등도 모두 그녀가 세련된 피렌체의 문화를 도입한 것이었다. 뒤이어 앙리 4세도 메디치가의 마리아 데 메디치를 왕비로 맞이하면서 프랑스는 피렌체의 선진문화를 뿌리째 프랑스 왕가로 이식했다.

세련되게 포장된
인간의 욕망

이후 프랑스는 전쟁에 휘말리고 정치적으로 문제가 있었지만, 내부는 탄탄대로를 달린다. 우선 지정학적으로 유럽에서 가장 좋은 땅을 차지했고, 온화한 기후에 너른 평야와 산, 강, 바다, 호수 등 자연 조건을 골고루 갖췄다. 19세기 말까지 도시국가로 분열된 이탈리아나 독일보다 일찍 중앙집권체제를 확립했다.

17세기가 되면서 프랑스는 내부적으로 도약을 앞둔 단계에 이른다. "하늘 아래 왕 이상은 없다"는 왕권신수설이 교황의 권력을 앞지르자 아무도 왕의 권위에 의문을 제기하지 못했다. 교황을 이긴 프랑스 왕은 인간의 욕망을 세련되게 드러내며 찬란한 궁중 문화를 꽃피우게 된다. 그 절정의 중심에는 태양왕 루이 14세가 있었다.

5세에 왕위에 즉위해 성년이 될 때까지 어머니의 오랜 섭정을 견뎌야 했던 루이 14세는 왕권을 쥐자마자 철권을 휘둘렀다. 그는 파리를 끔찍이도 싫어했다. 어린 시절 귀족들의 반란을 겪은 기억(프롱드의 난) 탓에 루브르궁에는 어둡고도 음울한 기억만이 감돌았다. 당시의 파리는 우리가 알고 있는 파리와 전혀 달랐다. 좁은 길 양쪽으로 집이 다닥다닥 붙어 햇볕도 잘 안 들고 거리에는 오물이 넘쳐나던 지저분한 도시였다.

루이 14세는 파리에서 30킬로미터쯤 떨어진 베르사유에 지상 최고로 화려한 궁전을 짓기로 한다. 이곳은 원래 조부인 루이 13세의 사냥터가 있던 광활한 숲이었다. 이곳의 숲을 개간하고, 센강에서 물을 끌어들여 호수를 만들고, 꿈의 왕궁을 지었다. 밤마다 화려한 불꽃놀이와 무도회, 연극, 오페라, 발레 등 갖가지 문화행사가 벌어졌다. 향락적인 삶은 곧 전 유럽에 소문이 났다. 세상의 미인과 풍운아들이 모두 모여든 베르사유는 곧 유행의 메카가 됐고, 이곳의 패션과 헤어스타일은 곧 유럽 전 왕실에 퍼졌다. 지방 귀족도 왕을 알현하고자 베르사유에 왔다가는 눌러앉았다. 이는 중앙집권체제와 관료제도의 안정을 가져왔다. 베르사유의 화려한 삶에 빠진 귀족들이 시골 영지를 매물로 내놓으면 국가가 사들였고, 귀족들에게는 녹을 주어 관료로 흡수한 것이다.

전국의 귀족들과 엘리트, 귀부인들이 모여들어 하루하루가 축제 같던 베르사유는 그야말로 프랑스 궁중문화의 꽃이었다. 특히 귀부인들이 자신의 집에서 운영하던 사교 모임인 살롱salon 은 고도의 지식과 문화를 교류하며 우아한 몸가짐과 예절을 중시하던 장소였다. 프랑스의 고급스럽고 풍성한 문화는 모두 이 시대의 사치 속에서 태어났다 해도 과언이 아니다. 날고 긴다는 인간 군상들이 모여 갖가지 계략을 꾸미고 짓밟고 올라서던 좁은 사회 속에서 고도의 화술과 인간 심리에 대한 깊은 탐구심을 발전시켜 프랑스 문학과 사상의 기반을 이루었다.

계몽주의와 프랑스대혁명

프랑스인들이 '구체제 Ancien Regime'라 부르는 17~18세기의 절대왕정
은 프랑스를 유럽 최고의 강대국으로 만들고 화려한 문화를 탄생시켰지
만 극소수 계층의 전유물에 불과했다. 국왕 밑의 제1신분인 성직자, 제
2신분인 귀족을 다 합쳐도 프랑스 전체 인구의 2퍼센트 정도였다. 이들
은 프랑스 국토의 대부분을 무상으로 소유했지만, 세금도 내지 않고 부
와 권세를 누리며 밤낮으로 사치와 향락에 빠져 살았다. 나머지 98퍼센
트의 민중을 제3신분이라 했는데, 이들에겐 참정권은 없고 노동과 납세
의 의무만 있었다.

르네상스를 거치며
견고하게 완성된
정신적 유산

얼핏 보면 봉건제도의 사회구조였던 중세도 귀

족과 성직자가 전 국토를 차지하고, 나머지 95퍼센트의 민중은 소작농으로 납세의 의무만 있던 시스템과 비슷해 보인다. 하지만 문제는 세상이 변했다는 것이다. 중세의 민중은 문맹의 농노들이었고, 기독교라는 강력한 종교공동체에 소속됐지만 18세기의 사회구조는 완전히 달랐다. 정치적 발언권은 없는데 죽도록 일해서 세금만 내는 제3신분 안에는 법률가나 대상인, 지식인층이 두터웠다. 이 엘리트 지식인층에서 '계몽사상'이라는 근대적인 혁명의 불씨가 타오르고 있었다.

계몽사상은 어떤 한 사람의 철학이라기보다 르네상스시대부터 시작돼 16~17세기를 거치며 수많은 정신적 유산이 쌓여 단단해진 인본주의라 볼 수 있다. 그중 세 사람이 가장 큰 영향을 끼쳤다.

먼저 프랑스 철학자이자 수학자인 데카르트는 "나는 생각한다. 고로 존재한다"라는 유명한 명제를 남겼다. 이는 생각하는 주체로서 내가 이 세계와 운명의 주인이며, 개조하고 개척한다는 근대사상의 정수를 담고 있었다.

이어서 영국의 존 로크는 전제주의에 반대했다. 그는 자신의 저서인 《시민 정부론》에서 "국가는 개인의 생명·재산·자유를 보호해야 한다"는 자유주의를 주장했다. 이는 입법권과 집행권의 이권분립에 기초해 국민과 권력이 계약하는 근대국가를 의미한다. 또한 미국 독립의 기초가 됐으며 프랑스대혁명에 지대한 영향을 주었다.

이 시대는 아이작 뉴턴의 시대이기도 했다. 뉴턴이 완성한 고전역학*은 코페르니쿠스에서 시작해 케플러와 갈릴레이를 거치며 기독교적인 세계관을 허물고 현대과학의 초석을 다졌다. 뉴턴의 사고체계는 대단히 정교해서 지구를 포함한 전 우주를 그의 공식으로 규명할 수 있을 것만 같은 믿음을 주었다. 마치 그가 주장하는 기계론적인 운동법칙에 전 우주가 지배받고 있는 듯이 보였다.

이 같은 과학체계와 논리가 혁명을 의미하는 것은 아니었다. 하지만 인간이 이성과 과학의 힘으로 우주를 이해하고 사회를 개선할 수 있다는 믿음을 주었고, 시대적인 부조리에 대한 비판의식이 싹트는 계기가 됐다.

계몽사상이 전파되면서 무지에서 깨어나기 시작한 시민들이 늘어나자 중간 계층이 두터워졌다. 교육받은 엘리트 계층은 문인, 자유기고가, 저널리스트로 활동하고, 젊은 귀족 청년 중에 새로운 사상을 받아들이는 사람들도 생겼다. 여기에 이들을 따르는 노동자들이 생기며 그들이 직면한 문제에 관심을 두기 시작했다. 이로써 민주주의의 최초 밑그림이 그려진 것이다.

이들은 참정권을 외쳤고, 법 앞에 만인이 평등하다는 사실과 고문이나 종교재판을 금지하는 일련의 의식을 바탕으로 '인간의 권리(인권)'를 부르짖었다. 여기에 노예를 수출하고 부를 착취하는 식민지로만 여기던 미

---

* 물질로 이뤄진 하나의 사물에 작용하는 힘과 운동 관계를 설명하는 물리학. 운동법칙을 만든 뉴턴의 이름을 따 '뉴턴 역학'이라고도 한다.

국이 독립을 선언하자 유럽의 제3신분은 충격을 받았다. 이는 프랑스대혁명에 결정적인 영향을 끼쳤다.

　이 시기에는 전 시대의 위대한 정신을 이어받은 사상가들이 동시대의 민중에게 큰 영향을 주기 시작한다. 몽테스키외는 파리 고등법원장을 지낸 귀족 출신이지만 인간의 존엄성에 관해 이야기하고 전제 왕정을 비판하는 《법의 정신》을 쓰기도 했다. 그는 책에서 존 로크의 이권분립에 행정을 더한 삼권분립을 주장해 근대 민주주의의 초석을 마련했다.

　볼테르도 뉴턴과 존 로크의 영향을 많이 받았는데, 군주론 옹호자였음에도 불구하고 비판과 풍자로 당대 사람들에게 큰 영향을 주었다. 당시 벌어진 칼라스 사건*을 계기로 볼테르는 사제를 털어 종교적으로 핍박받는 사람들을 변호하고 도왔다.

　"나는 당신의 말에 동의하지 않는다. 하지만 당신이 그런 말을 할 권리를 위해 목숨 걸고 싸우겠다"**라는 말을 남긴 볼테르는 관용의 상징적인 인물로 평가받고 있다. 관용은 '나와 타인과의 차이를 인정하고 존중한다'는 프랑스 정신을 상징한다.

---

* 1761년 한 개신교 청년이 자살한 후 가톨릭교도들의 모함으로 가족이 시련을 겪은 사건. 당시 볼테르가 적극적으로 변호하면서 사건이 세상에 알려졌다. 볼테르가 칼라스 가족을 변호하고 종교적 불관용을 철학적으로 고찰해 《관용론》을 쓰는 계기가 됐다.
** 1770년 2월 6일, 볼테르가 극우파였던 르 리슈le Riche 주교에게 "주교님, 저는 당신이 쓴 글을 혐오합니다. 하지만 저는 당신이 계속 글을 쓸 수 있도록 하는 데에 제 인생을 걸겠습니다"라고 쓴 편지를 계기로 관용의 상징적 인물로 평가받고 있다.

이어서 루소는 노동자계급 출신으로 직접 구체제와 사회 모순을 신랄하게 비판하고 아래로부터의 완전한 사회 변혁, 즉 사회주의적 혁명을 촉구했다. 그는 없는 자들과 고통받는 자들의 입장에서 새로운 사회를 염원하며 인간의 존엄에 관한 문제를 다루었다. "모든 인간은 평등하며, 인간의 존엄성을 훼손하는 사회체제에 저항해야 한다"는 그의 주장은 민중에게 계층 간 불평등을 극복하고 사회를 변화시킬 수 있다는 각성과 희망을 주어 프랑스대혁명에 직접적인 영향을 주었다.

운명의 날은
예고됐다

깨어나기 시작한 민중이 대혁명이라는 큰 불길로 일어나는 데는 몇 가지 도화선이 있었다. 때마침 일어난 미국독립전쟁에 프랑스가 참전하면서 사치로 파산 직전이던 프랑스 왕실의 국고는 바닥을 보이기 시작했다. 국민이 짊어져야 하는 세금은 점점 늘어갔다.

1776년 미국이 독립을 선언하자 이는 프랑스 민중에게 큰 영향을 주었다. "모든 인간은 평등하며, 인간의 존엄성을 훼손하는 사회체제에 저항해야 한다"는 루소의 가르침이 뼛속 깊이 파고든 것이다.

이미 제3신분은 정부가 상상할 수 없을 정도로 의식이 깨어 있었다. 여기에 개혁적인 젊은 귀족들이 합세해 국민의회를 결성하고 제1신분, 제2신분, 제3신분이 모두 모인 삼부회의를 소집했다. 이때부터 제3신분인

국민의회는 '좌파', 귀족과 성직자로 이루어진 제1신분, 제2신분의 왕당
파는 '우파'라는 이름으로 불렸다. 여기에서 진보는 좌파, 보수는 우파라
는 등식이 생긴 것이다. 그러나 온 국민이 염원하는 사회개혁 의지에도
불구하고 루이 16세의 왕실은 안일했다.

1789년 7월 14일, 파리 민중은 자유, 평등, 박애를 상징하는 3색 깃발
을 들었고 무기 탈취를 위해 바스티유 감옥을 공격했다. 왕정에 반대한
수많은 정치범이 바스티유 감옥에 갇혀 있었기 때문이다. 공격에 성공한
이후 혁명은 일사천리로 진행됐다. 프랑스가 대혁명 기념일을 7월 14일
로 정한 이유다. 곧이어 프랑스 국민의회는 귀족과 성직자의 특권이 폐
지됐음을 선언하고, 8월 26일에 프랑스 인권선언을 채택했다. 왕과 왕
비, 귀족은 모두 처형되거나 망명길에 올랐다. 이 혁명으로 프랑스는 근
대국가로의 첫발을 내디뎠다.

프랑스대혁명은 전 세계 민주주의 발전에 하나의 변곡점이 됐다. 중
세 말 이후, 느리지만 조금씩 안착해온 영국의 의회민주주의와 달리 왕
정의 불합리에 대한 혐오가 계몽사상과 융합해 민중이 자발적으로 사회
개혁 의지를 표명했기 때문이다. 어떤 조직이 조종하거나 계획한 것이
아니다. 민중이 직접 자신들을 통치하던 왕과 왕비를 처형하며 혁명을
이룬 것이다. 이로써 정치적인 힘이 소수 귀족에서 시민으로 옮겨지는
범지구적 역사 과정의 전환점을 맞이했다.

신은 떠났다.
과학혁명의 도달점, 산업혁명

과학기술의 혁신은 르네상스를 거치면서 혁명에 이르렀다. 이 과학혁명기로 인간은 로마시대 말부터 지켜왔던 세계관과 완전히 결별하게 된다. 전지전능한 하느님이 우주를 창조했다고 믿으며 '왜 사는가?'라는 질문만 해오던 인간이 이제 신을 배제한 자연과 마주하게 된 것이다.

뉴턴이나 데카르트는 관찰과 실험을 통해 자연을 지배하는 원리를 수학 공식으로 정리하기에 이르렀다. 이를 '기계론적인 우주관'이라 한다. 즉 우주는 커다란 기계와 같아서 이미 존재하는 법칙으로 동작 원리를 찾을 수 있다고 생각했다.

그들은 생물이나 인간도 자연의 일부이므로 예외가 될 수 없다고 보았다. 이제 과학은 그리스시대 철학자들이 형이상학적으로 그 이유why 만을 캐묻던 과학철학에서 벗어나 관찰과 실험을 통해 '어떻게how'라는 공식을 연구하는 현대과학의 길로 들어서게 됐다.

이 시대의 돌발적인 사고는 동시대 지성인을 광신도로 바꿔놓았으며,

과학은 물론 정치·경제·사회 등 전 분야가 기계론적 세계관으로 편입
됐다. 이로 인해 인간은 과학과 기술로 자연을 정복하고 발전시킬 수 있
다고 믿었다. 현재까지 서구 중심의 과학문명이 자연과의 합일보다는 대
립에 서 있는 것과 일맥상통한다고 볼 수 있다.

하지만 기계론적 우주관에는 큰 오류가 있었다. 데카르트와 뉴턴은 이
세상이 절대적인 시공간 안에 위치해 법칙에 따라 결정되기 때문에 미래
도 예측할 수 있다고 보았다. 즉 고정된 공간 안에서 시간은 과거에서부
터 현재를 지나 미래를 향해 무한히 흐르고 있다고 생각했다. 따라서 역
사는 발전하며 미래는 물리적 제약 없이 무한히 뻗어간다고 믿었다.

그들은 과학의 힘을 적용할수록 세상이 혼란에서 질서로 진보한다고
보았으며, 같은 척도를 무생물과 천체뿐만 아니라 동식물과 인간에게까
지 적용했다. 그러나 뉴턴의 고전역학과 기계론적 우주관은 수 세기도
지나기 전에 도전에 직면했다.

철을 지배하는 자,
하늘을 찌르다

17세기 과학혁명 시대를 지나 인간은 획기적으
로 철을 제련하게 됐다. 이는 인류가 진정한 철기시대로 진입한다는 것
을 의미했다.

고대 철기시대에는 청동보다 조금 강한 무쇠로 무기를 만드는 정도의

기술이 있었을 뿐이며, 당시 철은 귀금속만큼이나 귀한 금속이었다. 인류가 녹이 슬지 않는 스테인리스를 발명하고, 도시를 건설할 정도로 대량의 철을 마음대로 사용하기까지는 수천 년을 더 기다려야 했다. 19세기에 인간에게 철이 없었다면 산업혁명이 일어날 수 있었을까? 수많은 고층건물과 자동차, 기계를 대체할 물질이 있었을까?

자연 상태에 돌로 존재하는 철광석에 열을 가해 금속 상태의 철을 뽑아내는 공정을 제철이라 한다. 이때 처음 만들어진 철은 선철pig iron, 즉 무쇠라 한다. 고대 히타이트인은 대장간에서 이 선철을 얻어 무기나 간단한 농기구를 만들었을 것이다. 하지만 불완전 연소된 4퍼센트의 탄소 때문에 당시의 선철은 생각보다 단단하지 않았다. 물론 청동보다는 월등했으니 역사에 철기시대라고 기록했을 것이다. 그런데 과학혁명의 시대를 지나며 인간은 신석기시대 이후 겪어본 적이 없는 도약을 하게 된다.

영국의 발명가 헨리 베서머Henry Bessemer는 1850년경 용광로 바닥에 산소를 불어 넣어 선철에 함유된 탄소를 완전히 연소하는 방법을 개발했다. 이로써 인간은 철에 함유된 탄소를 대부분 제거해 단단한 강철을 만들 수 있게 됐다.

인간이 철을 지배하자 기계부터 무기, 건축에 이르기까지 일대 혁명이 일어났다. 프랑스는 1889년 파리에 만국박람회를 유치했는데, 때마침 프랑스대혁명 100주년을 맞아 기념탑을 건설하기로 했다. 기념탑 제작의 적임자를 찾기 위해 공개 경연을 개최했고, 최종적으로 귀스타브 에

펠이 시공하게 됐다. 7천300톤의 철로만 탑을 시공한다는 에펠의 계획은 당시 사람들로서는 상상할 수 없는 혁신이었다. 당시만 해도 탑이나 건물을 지을 때 대부분 돌이나 나무를 사용했기 때문에 철을 사용한다는 발상이 생소하고 불안했던 것이다. 어쨌든 그의 혁신적인 디자인은 실현됐다. 하지만 불안했던 일부 시민은 에펠탑이 물질을 상징하는 산업혁명의 부산물이라며 혐오감을 숨기지 않았다. 오늘날 파리의 상징이 된 에펠탑은 제철기술의 혁신 없이는 탄생할 수 없었다.

이후 인간은 하늘을 향해 더 높이 바벨탑을 쌓는 데 열광했다. 내연기관이 발달하고 유리를 다루는 기술이 합세한 결과였다. 유리를 가공해서 유리섬유와 강화플라스틱을 만들게 되면서 더 가볍고 단단한 자동차와 비행기를 만들 수 있게 된 것이다. 레오나르도 다빈치가 하늘을 날기 위해 그토록 연구하고 실험했던 노력이 비로소 현실이 되었다.

이로써 인간이 신석기시대의 정착 생활로 일대 변화를 경험한 이후 거의 1만 년간 지속해 온 문명사에 상상할 수 없는 변화가 일어났다. 농경사회와는 완전한 결별을 선언하고 도시가 인간 삶의 주요 터전으로 떠올랐다. 산업혁명의 파고를 겪으며 부르주아 계층은 상류 지주계급과 함께 자본가계급이 되어 권력을 쥐었고, 수공업자나 농부들은 공장에서 일하는 노동자가 됐다. 자본가에게 자신의 시간을 판 대가로 급여를 받는 노동의 상품화시대가 된 것이다. 자본가들은 정해진 시간에 더 많은 이윤을 내기 위해 노동력을 착취했고, 노동자들은 자신의 권익을 보호하기 위해 노동조합을 결성했다.

신은 죽고
인간은 남았다

현대는 정치적 이데올로기의 시대가 됐다. 약소국의 노동력을 착취하는 자본제국주의의 불합리성이 민족주의와 맞물리면서 마르크스는 그 대안으로 사회주의 경제체제를 제시하며 세상을 소용돌이 속으로 끌어들였다. 마르크스의 대안이라는 것도 따지고 보면 자본주의와 마찬가지로 어떤 국가체제와 합쳐지느냐에 따라 코에 걸면 코걸이 귀에 걸면 귀걸이였다.

이런 소용돌이에 기름을 부은 사람은 찰스 다윈이다. 그는 진화론을 주장하며 인간이 하나님으로부터 부여받은 특별한 영적 지위를 박탈해 버렸다. 기독교 세계관에서 인간은 하나님이 당신의 모습을 본떠 흙으로 빚은 '아담'이라는 완전체이므로 우주의 주인이었다. 하지만 다윈의 진화론은 이를 조롱하는 듯했다.

진화론은 종種의 다양한 개체 중 환경에 적응하려고 노력하는 생물체가 생존할 기회가 높다는 '적자생존'과 특수한 환경 아래에서 생존에 적합한 형질을 지닌 종이 격리된 환경에 적응하면서 변이가 생긴다는 '자연선택론'으로 요약된다. 이 세상의 다양한 생물은 천지창조와 동시에 하루아침에 창조된 것이 아니라 수억만 년 동안 적자생존과 자연선택을 통해 진화해온 결과이며 진화는 계속된다고 본 것이다. 인간도 태초에는 원숭이와 같은 종족이었는데 우수한 유전자가 선택돼 진화한 결과 현세의 인류가 됐다는 것이다.

다윈의 진화론과 함께 동물계로 내려온 인간은 이제 광활한 자연과 마주 서게 되었다. 이후 인간의 정신 작용이 단지 두뇌의 전기적 화학적 작용뿐이라는 주장이 더해져, 우주에 영혼 같은 것은 없고 물질만이 존재한다는 과학적 무신론과 유물론에 이르게 되었다. 이는 격동의 시대에 생물학적 영역을 넘어 사회적으로 널리 통용됐다.

다윈의 진화론은 사회 전반에 퍼지면서 왜곡되기도 했다. 진화론은 적자생존의 법칙이 인간 사회도 지배한다는 '사회적 다위니즘Social Darwinism'으로 발전했고, 히틀러는 나치와 같이 우수한 자가 열등한 자를 정복한다는 주장을 펼치며 맹목적 광신으로 변질시켰다.

또 진화론은 '부를 획득한 자가 살아남는다'는 자본주의사회의 불평등과 식민지 정복을 합리화하는 이론을 뒷받침하기도 했다. 그러나 이는 진화론을 왜곡한 자기도취에 지나지 않았다. 부를 획득한 자가 반드시 유전적으로 우성이라는 보장은 없을뿐더러 하나의 민족에 우열이 있을 수 없기 때문이다.

과학혁명에서부터 산업혁명에 이르기까지 현대문명은 숨 가쁘게 변해왔다. 이 과정에서 교회는 남았지만 천지창조의 세계관으로 서구문명을 떠받치던 신은 떠나버렸다. 오만함으로 바벨탑을 쌓아 올리며 현대문명을 건설한 인간은 철과 돌, 유리로 만들어진 삭막한 세계 속에서 자신의 본모습과 가식 없이 마주해야 했다. 그러면서 인간은 자신들이 무슨 짓을 저질렀는지를 알아차렸다. 신이 보여주던 세계를 부수고 마주한 현실은 '자유'라기보다 '존재의 두려움'이었던 것이다.

19세기 말 인간은 '세기말 병le mal du siècle'이라는 권태와 종교적 박탈감, 우울에 빠졌다. 신이 떠나버린 빈자리를 채울 길이 없자 불안이 엄습했다. 삶과 자유에 대한 사유를 개인이 스스로 짊어져야만 했던 것이다. 이 시대에 철학자 니체는 "신은 죽었다"라고 외쳤다. 지난 세기까지 신은 인간이 만들어낸 최고의 가치였고, 신의 죽음은 신앙의 종말과 최고 가치의 상실을 의미했다. 인간은 깊은 허무주의에 빠졌고 "삶의 최고 가치가 상실된 상태에서 개인은 어떻게 살아야 할 것인가?"라는 화두를 붙들게 됐다. 이는 실존주의의 탄생을 알리는 계기가 됐다.

문화의 카오스,
아무도 답을 주지 않는다

과학혁명과 산업혁명의 소용돌이를 거쳐 20세기에 도달한 인간은 물질만이 존재하는 세계에 내동댕이쳐졌다. 구체제인 왕정이 무너지면 모두가 잘사는 평등한 시대가 오리라던 믿음은 무너지고 또 다른 불평등이 시작됐다. 계급은 교묘히 존재했고, 특권층은 성직자와 귀족 대신 대자본가들로 대체됐다. 마르크스는 자본주의의 대안으로 사회주의를 제시하며 이데올로기의 시대를 열었다.

인간 내면,
무의식으로의 무한 탐구

신의 부재와 이데올로기적 갈등 속에 세기말적인 병을 앓던 인간을 더욱 심란하게 만든 사람은 지그문트 프로이트였다. 과학은 산업과 기계를 떠나 인간의 심리라는 영역을 파헤치기 시작했다.

프로이트는 인간이 의식하는 '자아ego'는 빙산의 일각에 지나지 않으며 나머지는 '초자아super ego'라는 사회적 가면 아래 눌려 있다고 보았다. 이 깊은 곳의 무의식은 억압된 본능으로 '이드id'라 했다. 이드 안에는 영혼 같은 고귀함 따위가 존재하지 않는다. 오직 어린 시절의 상처와 트라우마, 억압된 욕망만이 꿈틀대며 눌려 있을 뿐이다. 프로이트는 인간의 정신 영역을 성적 콤플렉스 덩어리로 만들어버렸다. 기독교적 시각에서 보면 인간의 무의식 속에 꿈틀대는 것은 선이 아니라 악에 가깝다. 이로써 선악과를 따먹은 아담은 자신의 행위에 대한 원죄에서 벗어나 정당성을 주장하게 됐다.

이어서 구스타프 융은 본능에 지나치게 치중한 프로이트적인 인간의 무의식을 좀 더 섬세하게 분석해 현대심리학의 기초를 다졌다. 융은 의식 위에 떠올라 있는 자아와 잠재의식 사이에 페르소나persona라는 '또 하나의 나'를 제시했다. 페르소나는 그리스시대의 연극에서 쓰던 가면을 의미하는데, 의식하고 있는 자아와 달리 사회적 요구로 만든 가면을 쓴 자신 정도로 이해하면 된다.

흔히 인간은 에고와 페르소나를 혼동하기도 하지만, 페르소나 아래에는 잠재의식적인 과거의 다양한 기억들이 묻혀 있고, 그 밑에는 자아와 페르소나 잠재의식의 억압으로 만들어진 그림자가 있다고 보았다. 이 그림자 안에는 선악을 넘어 인간의 양면성인 남성적 아니무스animus와 여성적 아니마anima가 공존한다. 즉 무의식의 뿌리는 남녀 양성이라는 것이다. 생물학적인 성은 생각보다 단순해서 XX(여성)나 XY(남성)는 내면의 양성 중 하나의 성이 51퍼센트가 되면 그 성으로 표출된다. 자신 속에 여성성이 51퍼센트이고 남성성이 49퍼센트인 경우에도 정체성은 여성이다. 전통적 시각에서 보면 너무도 감성적이어서 공주님 같은 여성도 있고, 기계를 좋아하거나 과학적 두뇌를 지닌 여성도 있다. 온몸이 근육인 터미네이터 같은 남성도 있고, 긴 머리칼을 휘날리는 테리우스 같은 남성도 있다. 하지만 불행하게도 내면의 아니무스와 아니마가 뒤바뀌면 정체성이 아주 모호해진다. 터미네이터가 드레스를 입고 하이힐을 신고 싶을 수도 있으니 말이다.

융은 이 시대에 벌써 젠더gender(사회적으로 정의된 성정체성) 문제를 고민했던 것 같다. 그는 이런 여성성과 남성성의 뿌리 밑에 집단무의식이라는 원형이 존재한다고 보았다. 민족과 문화권에서 더 나아가 하나의 종이 지닌, 어디에서 왔는지 모를 무의식 말이다. 어찌 보면 융은 프로이트의 체계보다 훨씬 더 깊은 무無의 영역까지 인간의 의식을 열어놓았다고 볼 수 있다.

상대성 이론으로도 넘지 못한 미시의 세계

이런 혼란의 20세기에 한술 더 떠서 아인슈타인

은 우리가 존재한다고 '믿는' 현실 자체를 낯설게 만들었다.

뉴턴의 고전역학Classic mechanics은 인간의 의식과 상관없이 텅 빈 시공간이 절대적으로 존재하며, 시간의 흐름이나 물체의 길이 등은 누구에게나 절대적으로 같다고 보았다. 그리고 중력, 관성, 가속도 등의 운동법칙을 통해 모든 운동을 수학적으로 정확히 예측할 수 있다는 절대적인 믿음으로 천체와 지상의 운동법칙을 합쳤다.

하지만 아인슈타인은 공간이 고정된 것이 아니요, 시간도 흐르는 것이 아니라 어떤 좌표에 있느냐에 따라 모든 것이 상대적이라는 이론으로 뉴턴의 체계를 완전히 뒤집어놓았다.

사실 아인슈타인 이전에 이런 생각을 한 사람이 있었다. 17세기 독일 철학자이자 수학자인 라이프니츠는 자연에 지각의 기준이 되는 절대적인 것은 없다고 했다. 모든 것은 물체 사이의 상대적인 순서나 관계 그 자체이며 공간을 차지하는 것이 없다면 시간과 공간도 없다는 것이다. 우주여행을 시도하기도 전, 점성술로 하늘의 별을 헤아리던 시대에 어떻게 이런 엄청난 생각을 했을까 놀라울 따름이다.

이어서 초음속비행기의 속도를 나타내는 단위의 어원이 된 에른스트 마하Ernst Mach가 "시공간이란 물체가 변하는 것을 보고 인간이 생각해낸 추상적인 개념이며 절대적 시공간은 형이상학적인 개념에 불과하다"고 주장했다. 아무것도 없는 우주 공간에 인간이 홀로 떠 있다면 자신의 움직임도 시간도 알 수 없다는 말이다. 인간은 주변의 사물로 좌표가 정해져 있기 때문에 시공간에서만 의미가 있다는 말이다.

이 모든 이론을 'E＝MC²'이라는 간결하고 아름다운 공식으로 요약한 사람이 바로 아인슈타인이다. 그는 1905년 특수상대성이론을 통해 라이프니츠와 마하의 상대적 시공간을 수학적으로 밝혀냈고, 인간이 기계론적 세계관을 통해 모두 알게 됐다고 생각하던 우주관을 다시 뒤집었다. 그는 고정된 공간에 시간이 흐르는 것이 아니라, 시간과 공간을 구별하지 않는 시공간이라는 일체로 보았다. 그 공간 안에 있는 물체의 속도에 따라 흐르는 시간이 변하고 중력에 의해 공간이 휜다는 상대적 시공간을 증명했다.

그런데 상대성이론은 거시적 세계인 우주와는 잘 들어맞는데, 미시적인 분자의 세계에서는 모순이 있었다. 이 세계의 물질이 눈에 보이지 않는 원자의 집합체로 이루어졌다는 생각은 그리스 철학자들도 했다. 하지만 현대문명은 눈에 보이지 않는 초미시 세계를 증명하고 제어하면서 산업에 적용하기 시작했다. 가장 흔한 예가 첨단무기 산업이었다.

20세기에 발달한 양자역학Quantum mechanics은 아인슈타인의 상대성이론과 마주쳤다. 원자 내부에 존재하는 더 작은 단위의 입자 세계인 빛이나 전자는 고정된 운동이라기보다 파동성과 입자성을 동시에 지니고 있어 어디로 튈지 모르는 '확률'만이 존재한다. 아귀가 잘 들어맞지 않는 미시와 거시 세계라는 숙제를 현대과학에 남긴 것이다. 우주의 불확실성에 내던져진 인간은 문명이 얼마나 덧없으며 얼마나 미약한가에 관해 사유할 수밖에 없었으리라.

우주는 생각만큼
정교하지도
정연하지도 않다

　　　　　　　　산업혁명의 소용돌이 후 유럽은 제1차 세계대전
까지 안정과 평화를 이루며 세기말적인 퇴폐가 이데올로기와 뒤섞인 묘
한 자유를 누리게 된다. 다소 관념적이던 19세기와 달리 20세기에 마주
한 실존의 허탈함이 여기에 더해졌다. 그중에서도 파리는 그야말로 인간
정신의 모든 것이 모여 들끓는 용광로 같았다. 농업 기반이 탄탄하다 보
니 영국이나 독일 등에 비해 산업혁명의 충격이 덜했고, 왕정을 무너뜨
린 대혁명과 나폴레옹, 대통령제까지 모두 겪고 난 후라 안정적으로 번
영했기 때문이다. 이탈리아나 독일이 19세기에 정치·경제적으로 엄청
난 변화를 겪은 것과는 대조적이다. 게다가 대혁명 이후 귀족들이 이룬
찬란한 문화가 대중에게 퍼져 도시 전체에 스며들었다.

　중세 이탈리아는 법학이나 의학이 발달했다. 반면 스콜라철학의 중심
지였던 파리는 신학과 인문학이 발달했다. 관념철학이 발달해온 독일과
달리 프랑스는 17세기부터 실용철학과 문학이 발달했다. 여기에 자유와
평등 그리고 관용을 외치던 대혁명의 정신은 프랑스를 '예술과 사상의
보호구역'으로 만들었다. 마르크스와 엥겔스, 레닌 등도 파리에서 혁명
을 논했음은 말할 것도 없다.

　이런 역사적인 배경을 바탕으로 20세기가 되자 출판이나 전시에 제약

을 받던 전 세계 문학가들과 예술가들이 표현의 자유를 찾아 파리로 모여들었다. 헨리 밀러의《북회귀선》, D. H. 로렌스의《채털리 부인의 사랑》, 블라디미르 나보코프의《롤리타》등 본국에서 외설적이라는 이유로 출판이 거부됐던 작품들이 파리에서 출간됐다. 19세기 고전적인 화단에 반기를 들고 새로운 화풍을 개척한 인상파를 필두로 입체파, 실존주의, 다다이즘, 초현실주의 등 다양한 실험적 화풍이 파리를 중심으로 화려한 창조의 세계를 펼친다.

세상은 고대의 인간들이 추구하던 완벽한 수학적 아름다움이나 중용과는 완전히 멀어졌다. 이제 인류의 문명은 메소포타미아, 이집트, 인더스, 황하를 중심으로 지속된 지난 문명과는 별개로 진화 중이다. 우리가 생각했던 대로 우주가 정교하고 질서 정연하지만은 않다는 사실을 깨달았기 때문이다. 다윈과 마르크스, 프로이트, 아인슈타인이 제시한 세계관은 인류가 이룬 찬란한 고대 문명에 마침표를 찍었다. 자의식이 강해진 인간은 존재와 죽음 사이에 신이라는 장막을 거두었지만, 자유와 함께 책임이라는 커다란 짐을 스스로 짊어져야 함을 깨달았다. 질서 저편에는 진리가 무엇인지 모를 카오스가 있고, 그 앞에서 자신의 실존에 관해 아무도 답해주지 않는 '개인'으로 살아가야만 하는 것이다.

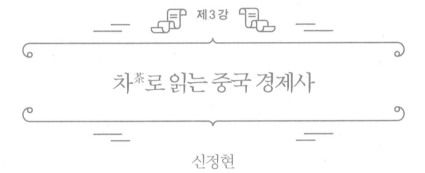

제3강

차茶로 읽는 중국 경제사

신정현

중국차의 매력에 빠져 차를 업으로 삼고 있는 차 전문가. 이화여대 중문학 학사를 마치고 차를 본격적으로 연구하기 위해 중국 운남농업대 다학과 대학원에서 석사학위를 마쳤다. 차의 화학 성분과 재배, 가공 등을 공부하는 한편, 해마다 봄이면 보이차가 생산되는 산으로 내려가 차를 직접 만들기도 한다. 현재 중국차 전문점 죽로재를 운영하고 있다. 저서로《보이차의 매혹》, 역서로《운남 보이차 과학》등이 있다.

인류 최초로 차를 마신 사람들

그는 갑작스러운 두통과 복통을 느끼며 땅바닥에 쓰러졌다. 창자가 끊어질 것 같은 고통이 밀려왔다. '아, 결국 이렇게 죽는구나.' 희미해지는 의식 끝에 죽음을 보았다. 그의 이름은 신농神農이다.

그와 동시대를 살던 사람들은 아직 농사를 짓지 않았다. 큰 짐승을 피해 나무 위에 살며 야생의 식물을 채취하고 동물을 잡아서 먹었다. 그러나 자연에 대한 정보가 부족해 독풀과 약풀을 구별하지 못했다. 무엇을 먹으면 죽고, 무엇을 먹으면 피와 살이 되는지 몰랐다. 독이 든 식물을 먹고 죽는 사람들이 부지기수였다. 신농은 그것이 안타까웠다. 그래서 한 가지 결심을 한다. '세상 모든 풀을 먹고 독이 있는지 없는지 알아보겠다. 그 결과를 불쌍하고 어리석은 사람들에게 알려 그들의 목숨을 구하겠다.'

그는 결심한 대로 실천했다. 그러나 신농은 불사신이 아니었다. 그도 독을 많이 먹으면 죽을 수밖에 없었다. 목숨을 건 작업이었다. 그날은 운이 나빴다. 어쩌다가 치사량의 독을 먹고 땅바닥에 쓰러졌다. 신농은 키가 3미터나 됐다. 몸은 사람, 머리는 소였다. 평소 멋진 몸으로 걸어 다닐 때는 위용이 대단했다. 배가 유리처럼 투명해서 온갖 풀이 소화되는 모습이 훤히 보이는 것도 멋스러웠다. 그러나 이 순간 그는 땅바닥에 웅크린 채 죽어가는 가련한 사내에 불과했다. 문득, 바람이 불어 옆에 있던 나뭇가지를 흔들었다. 가지가 흔들릴 때 떨어진 나뭇잎이 그의 입으로 들어갔고 잠시 후 그가 눈을 떴다.

'내가 죽은 걸까? 아니구나. 몸이 다 나았구나.'

그는 놀랐다. 분명 죽어가고 있었는데 어떻게 살아났을까? 주변을 둘러보았다. 그리고 옆에 있던 나무를 발견했다. 나무는 봄을 맞아 연두색 잎을 한창 틔우고 있었다. 생명력이 가득한 차*나무였다.

신농은 중국 고대 신화에 등장하는 삼황오제三皇五帝 중 삼황*의 한 명이다. 죽음의 문턱까지 갔다 살아난 신농은 사람들에게 여러 가지를 가르쳤다. 불을 사용하는 법과 농사짓는 법을 가르치고, 그릇 만드는 법도 알려주었다. 중국인들은 신농 덕분에 어둠의 세계에서 여명의 세계로 한 발 들어섰다고 믿는다.

---

* 원나라 학자 증선지가 중국 고대사를 서술한 역사서 《십팔사략》에 등장한다. 삼황은 태호 복희伏羲, 신농 염제炎帝, 황제 헌원軒轅이다.

야생의 차를
심고 가꾸다

차에 관심 있는 사람이라면 한 번쯤 신농의 이
야기를 들어봤을 것이다. 당나라 때 세계 최초로 차에 관한 백과사전 《다
경茶經》을 쓴 육우陸羽는 "차를 마시는 일은 신농 때부터 시작됐다"고 했
다. 오늘날 출간되는 차에 관한 책에는 "신농이 72가지 독(70가지 독이라고
하는 책도 있다)에 중독됐다가 차로 해독하고 살아났다"는 이야기가 반드
시 기록돼 있다. 그러나 이 이야기는 아무리 봐도 신화적인 색채가 너무
짙어서 사실로 받아들이기는 힘들다. 그래서 신농을 특별한 능력을 갖춘
한 사람으로 보지 않고, 자연을 이해하기 위해 노력했던 까마득하게 먼
과거의 여러 사람이라고 생각하자는 학자들도 있다.

신농 시대의 차는 야생이었다. 누구도 가꾼 적이 없는데 저 혼자 숲에
서 자랐다. 지금 우리가 마시는 차는 야생이 아니다. 그렇다면 과거 어느
때에 본래 야생에서 자라던 차나무를 자기 집 마당 혹은 밭에 심고 가꾼
시기가 있었을 것이다.

중국의 옛 책*에 그 일을 한 남자 이야기가 나온다. 그의 이름은 오리
진吳理眞이다. 그는 한나라 때 사천성 야안 명산현에 살았다. 아버지가 일

---

* 청나라 때 황정규黃廷桂가 편찬한 《사천통지四川通志》에는 오리진이 차나무를 심은 이야기가 나온다. 이 책은
사천 지역의 토지세, 토사土司 제도, 군사 제도 등을 자세하게 기록하고 있다.

찍 죽고 어머니가 고생을 많이 하다 병에 걸리자 효자였던 오리진은 새
벽닭 울음소리에 일어나 몽산蒙山에 가서 나무를 해왔다.

어느 날 목이 너무 말라서 바로 옆에 있는 초록 나뭇잎을 따서 씹었는
데 희한하게도 갈증이 가시고 몸이 개운해졌다. 하도 신기해서 잎을 따
다가 어머니께 끓여드렸더니 어머니의 건강이 회복됐다. 그 후 마을 사
람들이 병에 걸리면 오리진은 늘 그 초록 잎을 따다가 끓여 먹었다. 마을
사람들에게도 똑같이 효과가 있었다. 바로 차나무였다.

다만 차나무가 많지 않았다. 그러다 보니 아픈 사람은 많은데 잎을 구
하지 못해 병을 못 고치는 경우도 있었다. 그러자 그는 차나무 씨를 받아
심기로 한다. 나무 씨를 심을 좋은 장소를 찾느라 몽산 곳곳을 누비고 다
녔다. 그러다 마침내 한 곳을 찾았다. 그곳은 비가 충분히 오고 땅도 비
옥했다. 운무와 구름도 가득해 식물이 자라기에 더없이 좋은 환경이었
다. 오리진은 우물을 파고 거친 땅을 갈아 씨를 심었다. 그리고 마침내
건강하고 튼튼한 나무로 키워냈다. 이제 그는 차나뭇잎 끓인 물을 마을
사람들에게 충분히 나눠줄 수 있게 됐다.

이 이야기를 액면 그대로 믿으면 오리진은 세계 최초로 야생 차나무를
순화馴化한 사람이다. 정말 오리진이라는 사람이 살았고 그가 차나무를
심었을까? 이것도 전설이라고 의심하는 사람이 있을지 모른다. 오리진의
이야기를 기록한 책이 많긴 해도 오리진이 언제 태어나서 언제 죽었는지,
어디에 살았는지 등 구체적인 정보는 없다. 사람 모양을 갖추었을 뿐 정

체를 알 수 없다는 점에서는 신농과 다를 바 없다. 오리진이 평범한 백성
이었기 때문이다. 오리진이 고관대작이었다면 그에 대한 구체적인 정보
가 있었을 것이다(그러나 오리진이 고관대작이었다면 차나무를 심는 데 열중하지
않았을지도 모른다).

2000년 전
이미 차를 사고팔다

이번에는 왕포王褒라는 사람 이야기를 보자. 오
리진과 같은 한나라 때 사람이다. 벼슬하던 사람이라 출생 연도, 이력 등
이 정확하게 기록돼 있다.

한나라의 왕포라는 이는 글을 매우 잘 썼다. 어찌나 글을 잘 썼던지 황
제가 글재주를 보고 벼슬을 내릴 정도였다. 어느 날 그가 양혜楊惠라는 여
자 집에 놀러 갔다. 양혜는 얼마 전 남편이 죽은 과부였다(그와 양혜가 애인
사이였다는 말도 있다). 왕포는 양혜가 사는 집에 가서는 그 집의 하인인 편
료便了에게 밖에 나가 술을 사오라고 심부름을 시켰다. 술 핑계로 하인을
멀리 보내고 둘이 오붓한 시간이라도 보내려던 것이었을까? 그런데 이
맹랑한 하인이 싫다고 했다. 눈치가 없는 걸까? 얼마 전에 남편을 보내
고 벌써 바람피우는 마님이 꼴 보기 싫어서 그랬을까? 하인은 죽은 주인

의 무덤에 올라가 이렇게 말한다.*

"내 주인이 나를 사올 때 외간 남자를 위해 술을 받아오라고 시키지 않았소."

왕포는 편료의 버르장머리를 고치고야 말겠다고 생각했다.

"그렇다면 내가 너를 사마. 앞으로 넌 내 말을 들어야 할 거야."

하인은 계속 깐죽댄다.

"그렇게 하시오. 그러나 노동계약서를 작성해야 하오. 당신 하인이 돼도 계약서에 없는 일은 절대 하지 않겠소."

왕포는 붓을 들고 황제가 벼슬까지 내린 그 좋은 글솜씨로 거침없이 노동계약서를 작성하기 시작했다.

신작神爵 3년(BC 59년) 정월 15일, 자중資中에 사는 남자 왕자연王子淵(왕포의 자)이 성도成都 안지리安志里 여자 양혜에게서 죽은 그녀의 남편이 남긴 종을 동전 1만 5천 문文에 사기로 한다. 종은 이로부터 각종 잡무를 맡아야 하며 이에 대해 두말할 수 없다.

이제부터 편료가 새 주인을 위해 해야 할 일들이다.

---

* 한나라 때는 집 안에 무덤을 두는 경우가 있었던 것으로 추정된다. 왕포가 살던 시대보다 조금 뒤의 일이긴 하나 집 안에 있는 모르는 사람의 무덤에 날마다 차를 올리고 후에 큰 복을 받았다는 미담이 당나라 때 육우가 쓴 《다경》에 기록돼 있다.

새벽에 일어나 마당을 쓸고, 밥 먹고 나면 그릇을 깨끗이 씻는다. 평소에 방아를 찧고 빗자루를 맨다. 우물을 파고 도랑을 치고 울타리를 고치고 밭의 김을 맨다. 밭고랑 사이에 길을 내고 움푹 파인 길을 메운다. 탈곡하고 대나무를 구부려 갈퀴를 만든다. 나무를 깎아 물동이를 만들고, 나가고 들어올 때 말과 마차를 타지 않는다. 두 다리를 벌려 앉거나 시끄럽게 하지 않는다. 잠잘 때를 빼고는 바삐 움직인다. 낫을 만들어 풀을 베고 갈대를 엮어 돗자리를 만들고 모시를 삼는다. 물을 길러오고 유락乳酪을 만들며 더불어 맛있는 음료수도 만든다. 각종 신발을 짓고 참새를 잡고 그물을 놓아 까마귀를 잡는다. 그물로 물고기를 잡고 날아가는 기러기를 잡고 야생오리를 쏜다. 산에 올라 사슴을 잡고 물에 들어가 거북이를 잡는다. 뒷마당의 못을 정리하고 물고기, 거위, 오리, 자라를 풀어 키운다. 매를 쫓아내고 대나무 작대기를 내저어서 돼지를 쫓아낸다. 생강과 고구마를 심고 새끼 돼지와 강아지 먹이를 준다. 당옥堂屋과 곁방을 청소하고 소와 말을 먹인다. 4경에 일어나 앉아서 분부를 기다리고 한밤중까지 모이를 더한다. 무양武陽에 나가 좋은 차를 사 온다.

이렇게 왕포는 편료가 할 일을 일일이 적는다. 이 정도가 끝이 아니다. 이 뒤로도 편료가 할 일은 너무나 많이 열거돼 있다. 왕포는 편료가 1분이라도 쉬는 꼴을 못 보겠다는 듯 그 좋은 글솜씨로 붓을 놀렸다. 혹자는 왕포가 이 글을 장난스러운 필치로 썼다고 한다. 그러나 당사자인 편료에게는 전혀 장난처럼 들리지 않았는가 보다. 계약서를 다 읽고 난 후 힘껏 머리를 땅에 박아가며 절을 하고 두 손으로 번갈아 자기 뺨을 때리고 눈물을 뚝뚝 떨어뜨리고 콧물을 한 척이나 흘리면서 말했다.

"왕 어르신이 시키는 대로 하느니 차라리 일찍 죽어서 지렁이에게 골을 파 먹히는 것이 낫겠구나. 이럴 줄 알았으면 왕 어르신이 술 받아오라고 할 때 말을 들을걸. 괜히 나쁜 짓을 했구나."

이후 편료가 어찌 됐는지는 알 수 없다. 다만 왕포가 편료를 곯리고 위협하려고 이 글을 썼을 뿐, 실제로는 저렇게 가혹하지 않았기를 바랄 뿐이다. 왕포의 글에 또 한 가지 흥미로운 구절이 있다.

"무양에 나가 좋은 차를 사 온다."

무양은 지명이다. 왕포는 편료더러 무양이라는 곳에 가서 차를 사오라고 했다. 이 말은 즉, 지금부터 2000년 전에 이미 차를 만들어서 파는 사람도 있고, 그것을 사는 사람도 있었다는 뜻이다. 이때부터 이미 차는 사고파는 상품이었다.

평화와 바꾼 차, 목숨과 바꾼 차

세월이 흐르며 차는 점점 멀리까지 갔다. 처음에는 중국 남쪽으로 갔다. 중국은 남쪽과 북쪽의 생활환경과 분위기가 매우 다르다. 북쪽은 춥고, 남쪽은 따뜻하다. 남쪽은 쌀을 많이 먹고, 북쪽은 밀을 많이 먹는다. 사람 생김새도 다르다. 남쪽 사람들은 키가 작고 아담한데, 북쪽 사람들은 키가 크고 덩치가 좋다. 지역감정도 있다. 남쪽 사람들은 북쪽 사람들이 거칠다고 흉보고, 북쪽 사람들은 남쪽 사람들이 겉치레가 심하다고 욕한다. 지역감정은 갑자기 생긴 것이 아니다. 남북조시대에 북쪽 사람들은 남쪽 사람들이 겨우내 방안에서 화로를 쬐면서 오행五行이나 연구한다고 비웃었고, 남쪽 사람들은 북쪽 사람들이 야만하다고 무시했다. 남쪽 사람들은 북쪽 사람들이 고기를 많이 먹어 누린내가 난다고 욕했고, 북쪽 사람들은 남쪽 사람들이 차를 많이 마신다고 비웃었다. '차를 많이 마신다고 비웃었다고? 설마?'라고 생각할 사람도 있겠지만 정말로 그런 시절이 있었다.

고기만 먹어서 생긴
병에 특효

당나라 때에 이르면 북쪽 사람들도 더 이상 차 마시는 습관을 비웃지 않았다. 자기들도 차를 마시게 됐기 때문이다. 골목마다 돈을 내고 차를 마실 수 있는 찻집이 생겼다. 귀한 신분, 미천한 신분을 가리지 않고 차를 마셨다. 황제는 금실을 수놓은 듯한 찻그릇으로 차를 마셨고, 귀족들은 백자와 청자를 썼다. 서민들은 나무그릇이나 흙그릇에 차를 마셨다. 전 국민이 차를 마시는 시대가 열린 셈이다. 차가 잘 팔리니 쌀농사를 포기하고 차농사만 짓는 사람도 나타났다. 차를 운송하고 판매해서 부를 축적하는 상인도 등장했다.

차 산업의 성장에 기름을 부은 이들이 나타났다. 국경 너머의 유목민들이었다. 초원지대에 살던 그들은 이동하며 살다보니 농사를 지을 수 없었다. 그들은 평생 고기와 양젖, 소젖만 먹고 살았다. 이러한 식단은 심각한 영양 불균형을 초래했다. '고기만 먹어서 생긴 병'이 그들을 괴롭혔다. 요샛말로 하면 심혈관질환일 것이다.

언제부턴가 이들 지역에 중국차가 전해졌다. 차를 마시면 이상하게도 그들을 괴롭혔던 병이 완화됐다. 차의 미량원소와 비타민 때문이었지만 그들은 몰랐다. 그래도 차를 마시면 몸이 아프지 않다는 사실만은 확실히 알았다. 앞으로 차가 없으면 살 수 없을 것 같았다. 유목민들은 "사흘 동안 밥은 굶어도 사흘 동안 차를 마시지 않고는 못 산다. 차는 우리의 피요, 살이다"라고 했다. 차가 맛있고 기호에 맞아서 하는 소리가 아니었다. 정말로 그들은 차가 없으면 죽을 수도 있는 처지였다. 차는 순식간에 유목민의 필수품이 됐다.

문제는 차를 100퍼센트 수입에 의존해야 한다는 점이었다. 당시 차를 생산하는 곳은 당나라밖에 없었다. 유목민들은 당나라 정부에 말과 가축을 줄 테니 차를 달라고 부탁했다. 당나라도 거래를 반대할 이유가 없었다. 주변 국가와 크고 작은 전쟁이 계속되던 터라 말 없이는 전쟁을 할 수 없었기 때문이다. 농업과 목축업을 발전시키는 데도 말과 양이 필요했다.

그런데 유목민들은 끝도 없이 차를 요구했다. 나중에는 그들이 찻값으로 가져온 가축이 차고 넘쳐서 거리에 주인 없는 양과 소가 떼 지어 다닐 지경이었다.

게다가 차는 다른 물품보다 당나라 쪽에 싸게 먹혔다. 비단도 유목민들이 탐내는 물품이었으나 만드는 데 비용과 품이 많이 들었다. 그들이 원하는 대로 비단을 주려면 나라 경제가 흔들릴 지경이었다. 그에 비해 차는 저렴했다. 유목민들은 고급 차가 아니어도 차라면 만족했다. 낫으로 나무 밑동부터 쳐서 차로 만들어 주어도 감사하며 받아갔다.

차마무역의 명암

차와 말을 바꾸는 무역을 차마무역茶馬貿易 혹은

차마호시茶馬互市라고 한다. 차마무역은 당나라 때 시작됐고, 송나라 때는 더욱 정교해졌다. 사실 송나라는 차마호시가 절실히 필요했다. 송나라는 존립하던 내내 북쪽의 이민족들과 싸워야 했다. 거란족과 여진족은 물론, 나중에 송나라를 무너뜨린 몽골족과도 전쟁을 계속했다. 이들과의 전쟁에서 날랜 전투마는 필수였다. 상대는 나면서부터 말을 타고 초원을 달리던 사람들이다. 까마득하게 먼 곳의 적이 순식간에 눈앞까지 달려와서 창을 겨누는데, 보병만으로 이들을 상대하려면 100전 100패할 수밖에 없었다. 이들과 대적하려면 날쌘 말이 있어야 했다.

그들은 상대적으로 다루기 쉬운 서쪽 지역 유목민의 말을 사왔다. 초기에는 말을 받고 말값으로 동전을 줬지만 심각한 문제가 생겼다. 경제적으로 부담이 될 뿐만 아니라, 시중에 동전이 유통되지 못해 시장경제가 발전하지 못했다. 무엇보다 유목민들이 동전을 녹여서 무기를 만들 수 있다는 점이 걸렸다. 그들에게 무기를 수출하는 격이나 마찬가지였다. 그러나 차는 안전한 거래물품이었다. 송나라는 차 산업이 발전해 차가 풍부했고, 유목민은 차가 없으면 살지 못하니 차와 말을 바꾸는 게 서로에게 제일 좋았다.

차마무역은 명나라 때도 계속 유지됐다. 그런데 명나라 초대 황제 주원장朱元璋은 독특한 인물이었다. 한마디로 풍운아다. 젊은 시절은 불우했다. 돌림병으로 부모를 잃고 17세에 출가해서 탁발승으로 살았다. 그러다 원나라에 대항하는 운동에 뛰어들었는데 여기서 두각을 드러냈다.

그는 죽음을 두려워하지 않을 만큼 용감하고 전략에 뛰어났다. 우여곡절 끝에 몽골인들을 쫓아내고 명나라를 세웠다.

황제가 된 그는 나라를 엄격하게 다스렸다. 특히 관리의 청렴을 강조했는데 관리가 은자 60냥 이상 뇌물을 받으면 산 채로 온몸의 껍질을 벗겨서 그 가죽으로 허수아비를 만들고, 이를 사람이 많이 다니는 시장통에 세워 놓았다.

이런 주원장도 두 눈 부릅뜨고 차를 지키고 관리했다. 국경 너머 이민족들은 여전히 극단적인 육식 식단으로 질병에 시달렸다. 명나라 정부는 유목민들과 갈등이 생기면 벌로 그들에게 차를 공급하지 않았다.

나라에서 차를 취급하는 방법도 더욱 정밀해졌다. 차를 유통하는 상인의 자격을 제한하고 면허증을 발급했다. 면허증에는 상인의 이름, 나이, 용모 등 신상 정보와 어느 지역에서 차를 구입해 어디에 팔 것인지, 수량은 얼마인지 등을 세밀하게 적었다. 이 면허증은 상인이 미리 세금을 납부한 후에 발급됐으니 납세증명서도 겸했다. 세금을 납부하지 않으면 면허를 취소하고 면허를 다른 상인에게 넘겼다. 면허증 없이 차를 구입하고 판매하면 최고 사형까지 당할 수 있었다.

잘못하면 목숨을 잃으나 큰 이윤이 생기는 만큼 밀수하는 사람이 전혀 없지는 않았다. 그중 한 명이 구양륜歐陽倫이었는데 주원장의 사위였다. 주원장이 차 밀수를 근절하려고 눈을 부라리고 있었으나, 그는 '설마 장인이 나를 어떻게 하겠나', 하고 생각했다. 그는 밀수로 막대한 부를 축적했다. 그러나 좋은 날은 오래가지 않았다. 유목민에게 팔 차를 수레에 잔뜩 싣고 서북쪽으로 향해 가던 중 발각되고 말았다. 주원장은 사위에게 자결할 것을 명하고, 사위가 목을 맬 수 있게 흰 비단을 내렸다.

차를 차답게 만든 덩어리 차 금지령

주원장은 또 한 가지 중요한 일을 했다. 차의 역사에서 매우 획기적인 일이었다. 덩어리 차를 금지한 것이다. 옛날 중국차는 우리가 알고 있는 녹차나 홍차와 모양이 달랐다. 찻잎을 빻고 뭉쳐서 덩어리로 만들었다. 중국차가 역사에 등장한 후 차를 덩어리로 만드는 기술은 변함이 없었다. 다만 시대가 지나면서 점점 정교해졌다. 그 정교함의 정점이 송나라 때였다.

지금까지 남아 있는 송나라 때 차는 없지만, 그래도 차에 열중했던 사람들인 만큼 차를 만드는 법과 차의 모양새를 자세하게 기록해놓았다. 당시 기록을 보면 동그란 차에 용과 봉황이 돋을새김으로 표현돼 있다. 가장자리의 구름무늬는 물론 용의 비늘, 발톱까지 금방이라도 박차고 날아 오를 것처럼 생동감이 있다. 대체 송나라 사람들은 어떻게 이런 차를 만들었을까?

송나라 사람들은 차나무의 어린잎을 따서 수증기로 찌고, 절구에 빻아

차즙을 짜냈다. 그들은 이 과정에 굉장한 공을 들였다. 착즙기까지 만들어서 밤새도록 마지막 한 방울 즙이 나올 때까지 혼신을 다해서 짜냈다. 그렇게 남은 결과물은 차 성분이 다 빠진 섬유질 덩어리에 불과했지만 그들은 아랑곳없었다. 가장 정교하고 섬세한 차를 만들기 위해 하얀 섬유질 덩어리를 맷돌에 분처럼 곱게 갈았다. 그리고 용과 봉황이 새겨진 틀에 넣고 찍어냈다. 황제에게 바치는 차에는 황제의 고귀한 신분에 어울리는 값비싼 향료도 넣었다.

송나라 때 유행했던 찻그릇 중에 검은색 유약을 바른 것이 있다. 분명 차를 담아 마시는 그릇인데 까맣다. '검은색 그릇에 차를 담으면 차의 탕색湯色이 잘 보이지 않을 텐데?'라며 이해하지 못하는 사람도 있으나, 송나라 때는 검은 찻그릇이 정상이었다. 하얗게 만든 차를 다시 갈아서 검은 찻그릇에 담고 더운 물을 부어 대나무솔로 힘껏 저어주면 구름 같은 하얀 거품이 올라왔다. 차즙을 완벽하게 짜낼수록 구름거품이 하얗고 예뻤다. 휘종徽宗 황제는 차 거품을 멋지게 잘 올린 사람에게 벼슬도 내렸다. 그 후로 사람들은 미친 듯이 차즙을 짜내고 차 거품을 올렸다. 길을 가다가도 누가 더 차 거품을 잘 올리는지 내기를 했다. 지금 우리에게는 비정상적이고 이해할 수 없는 장면이지만 그들은 진지했다.

그런데 주원장도 이것을 이해하지 못했다. 그가 원나라에 대항해 목숨을 걸고 싸울 때 송나라 귀족 출신들은 여전히 차의 거품을 올리는 데 열중했다. 주원장은 귀족들의 행동이 의미 없는 낭비일 뿐이며 백성의 고혈을 빼는 거라고 생각했다. 그래서 특단의 조치를 취한다. 아예 덩어리

차를 만들지 못하게 한 것이다. 대신 잎차를 마시라고 했다. 잎차는 우리에게 친숙한 형태다. 잎은 하나하나 떨어져 있다. 만들기도 편하다. 찻잎을 따서 솥에 덖고 비비고 건조하면 된다. 만들기만 편한 것이 아니다. 향기도 좋고 맛도 좋아졌다. 차의 성분을 다 빼버린 송나라 차와는 달랐다. 사람들은 오히려 잎차를 더 좋아했고 찬양하고 사랑하는 사람들이 늘어났다. 문인들은 "편리하고 자연스러운 정취가 있고 차의 참맛을 알 수 있다"며 좋아했다.

주원장이 내린 특단의 조치는 참 다행스러운 일이었다. 그가 아니었으면 차 맛은 하나도 없는 허연 구름거품을 마시는 데 만족하고 살아야 할 뻔했지 않은가.

아편전쟁과 중국차의 몰락

1662년 포르투갈의 캐서린 공주가 영국의 찰스 2세에게 시집오면서 영국에 홍차 마시는 습관이 전해졌다. 당시 영국에서는 결혼할 때 신부가 리넨을 가져왔지만, 캐서린은 차를 가져왔다. 캐서린이 가져온 홍차는 왕실에서 대단한 인기를 끌었다.

영국은 유럽의 다른 나라들보다 차가 늦게 보급되었지만, 차 마시는 습관은 어느 나라보다 빨리 퍼졌다. 귀족과 부유한 상인들이 중국산 실크로 된 옷을 입고, 중국산 찻잔에 홍차를 붓고, 카리브해에서 재배한 설탕과 우유를 넣어 마셨다. 여기에는 엄청난 돈이 필요했다. 차 100그램은 직공 월급의 절반에 이를 정도였으니 말이다. 차와 설탕은 소수의 귀족들이 자신의 부를 과시할 수 있는 상품이었다. 유럽에서 홍차를 마신다는 건 부와 신분을 상징했다.

기록에 따르면 영국은 1664년에 차를 공식적으로 구매했다. 왕에게 선물할 목적으로 영국 동인도회사가 네덜란드 상인에게서 차 2파운드 2온스(약 950그램)를 샀다. 60년 후에는 연간 차 수입량이 100만 파운드(약 455.6톤)에 이르렀다. 60년 만에 약 4만 8천 배가 늘어난 것이다.

차 열풍에
휩싸인 영국

상류층의 유행은 곧 전국으로 퍼졌다. 스코틀랜드의 가장 가난한 가정에서도 차를 매일 마실 정도가 됐다. 영국인들은 차를 구입하기 위해 수입의 10분의 1에 해당하는 비용을 지불했다. 사람들이 너무 열광적으로 차를 마셨기 때문에 정부가 이를 막을 방안을 연구하기도 했다.

정부는 차가 건강을 해친다고 홍보했다. 산업혁명에 성공한 나라답게 실험으로 보여주었다. 돼지를 두 조로 나누어 한 조는 차를 먹이고 한 조는 물을 먹였다. 차를 마신 돼지들은 꽥꽥 소리를 지르다 죽었고 물을 마신 돼지들은 잘 살아 있었다. 이런 결과를 발표했지만 효과는 없었다. 차 열풍은 전혀 수그러들지 않고 영국을 뒤덮었다.

시장은 수요와 공급의 법칙에 따라 움직이는 법. 결국 가짜 차가 시중에 나돌았다. 런던에 차 가게를 여럿 운영하던 차 수입상 리처드 트와이닝(트와이닝의 창립자인 토마스 트와이닝의 손자)은 영국 내에서 매년 20톤에 이르는 위조차가 생산된다고 불평하기도 했다. 그가 남긴 위조차 제조법에 대한 기록은 가히 충격적이었다.

물푸레나무 잎에 녹반(녹색 염료를 만들기 위한 황산제1철)과 양의 똥을

넣고 구리와 함께 끓인다. 액체에서 건져낸 잎을 말린 후 사용하기

좋은 크기가 될 때까지 부스러뜨린다.*

영국은 중국에서 차와 도자기와 비단을 수입하고, 대가로 많은 양의

은을 지불했다. 중국도 영국의 물건을 사주면 좋았겠지만 그렇게 하지

않았다. 그러다 보니 영국의 무역 적자가 심각했다. 영국은 어떻게든 상

황을 만회해볼 셈으로 중국 황제에게 사신단까지 보냈다.

청나라는 건륭 황제 때 전성기를 맞았고, 건국 후 100년 정도 시간이

흐르자 나라는 안정됐다. 물산이 풍부해서 도무지 부족한 것이 없었고

국경 너머 이민족이 쳐들어올까 두려워할 필요도 없었다. 그들 자신이

그 무서운 이민족이었으니까. 한마디로 태평성대였다.

건륭 황제는 예술적 감수성이 충만한 사람이었다. 좋은 차, 아름다운

주전자를 보면 절로 감흥이 일어 시를 짓고 글을 썼다. 그의 시대에 중국

역사상 가장 아름다운 도자기를 구웠고, 《사고전서四庫全書》를 편찬했다.

건륭 황제는 자신감에 넘쳤다. 그런 그에게 영국 사신단은 하찮게만 보

였다.

그러나 영국 사신단은 미얀마에서 온 사신들처럼 고분고분하지 않았

다. 미얀마 사신들은 아무 불평 없이 두 무릎을 땅에 꿇고 이마를 땅에

---

* 《차의 세계사》, 베아트리스 호혜네거, 열린세상, 2012, p140.

찧으며 황제에게 절을 하는데, 영국에서 온 사신들은 감히 두 무릎을 꿇
지 못하겠다고 했다. 여왕에게도 한쪽 무릎만 꿇으니 중국 황제에게도
그렇게 하겠다는 게 이유였다. 황제를 만나기도 전에 절하는 문제를 놓
고 옥신각신했으니 황제의 기분이 좋을 리 없었다.

우여곡절 끝에 영국 사신단은 건륭 황제를 만나 천구의, 지구의, 달빛
을 가리키는 나침반, 날씨의 맑고 흐림을 살피는 관측기 등 천문 관측에
필요한 계기들과 각종 화포·총·칼 등의 무기, 담요와 안장, 건강 기구와
망원경, 서양 선박 모형을 선물로 바쳤다. 그러고 나서 현재 대외에 개방
한 광저우항 외에 추가로 항구를 더 개방해달라고 부탁했다. 황제는 단
칼에 거절한다. 광저우항을 열어준 것만도 하늘같은 은혜이니 감지덕지
하라는 것이었다. 그리고 영국인들에게 수십 가지 기이하고 다채로운 비
단과 정교하게 세공된 병과 합, 도자기, 차 등을 선물한다. 세상에서 가
장 값진 선물을 받았다고 영국 사신들이 감사했을 리 없다.

아편에 중독된
중국

영국 사신들은 중국인이 사지 않고는 못 배길
물건을 생각해냈다. 바로 아편이었다. 양귀비 열매에 칼로 상처를 내고
다음 날 거기서 흘러나오는 즙을 받아서 말린 것이 생아편이다. 아편은
영국이 처음으로 중국에 가져온 게 아니었다. 아편은 원나라 때 중국에

들어왔다. 원나라가 인도를 침략하고 돌아올 때 아편을 가져왔다. 이때의 아편은 마약이 아니라 귀한 약이었다. 동남아시아의 실론(태국), 자바 등지에서 생산된 아편이 귀한 약재로 황제에게 진상되기도 했다.

사실 영국이 아편을 중국에 밀반입하기 전에도 아편 수입량은 점점 늘어나고 있었다. 특히 옹정 황제 때 수입량이 급격히 늘어났다. 아편을 복용하는 법이 달라졌기 때문이다. 전에는 양귀비 열매에서 나온 즙을 말린 생아편을 그냥 삼켰는데, 생아편은 독성이 강해서 중독으로 죽기 십상이었다.

17세기에 수마트라인들은 숙아편(熟鴉片)을 개발했다. 양귀비 열매즙을 끓이고 여과해서 담뱃잎에 섞어 대나무파이프로 피웠다. 아편계에서는 신세계였다. 편안히 누워서 아편을 피우고 담배 향까지 즐길 수 있었다. 여자들도 아편을 많이 피웠다. 부부가 같이 피우기도 했다. 가장 충격적인 건 권력 있고 돈 많은 나리가 여러 부인에게서 낳은 많은 자식 중 싹수가 노란 놈에게 일찍부터 아편을 피우게 했다는 이야기다. 아편을 피우고 비실비실 누워 있으면 최소한 말썽은 안 피운다는 뜻이다.

아편 수입은 급속히 늘었다. 물론 중국 정부가 수입을 허가한 것은 아니었다. 밀수였고 아편을 공급한 것은 영국이었다. 그들은 식민지 인도에서 아편을 재배하고 중국에 팔았다. 그동안 중국인은 영국인이 만든 제품에 전혀 반응을 보이지 않았지만 아편은 샀다. 사고 또 샀다. 한번 중독되니 도저히 아편에서 벗어날 수 없었다. 아편에 중독된 중국인들은 집도 팔고 밭도 팔았다. 집과 밭을 다 팔고 나면 아내와 딸을 팔았다. 그렇게 만든 돈을 들고 아편굴로 달려가 아편을 피웠다. 아편 수입은 1767년 1천 상자, 1800년 4천 상자, 1840년 4만 상자로 늘어났다. 기하급수적이었다.

아편은 순식간에 중국 전역에 퍼졌다. 건륭 황제의 손자인 도광道光 황제는 아편이 너무 빨리 중국을 병들게 만든 것을 보고 깜짝 놀랐다. 그리고 신하들에게 대책을 생각해보라고 명령했다. 건륭 황제는 자그마치 60년간 재위에 있었다. 그가 통치하던 60년은 청나라 역사상 가장 화려하고, 멋지고, 강력한 시절이었다. 그러나 도광 황제에 이르러 나라 재정이 형편없이 어려워졌다. 도광 황제가 찢어진 옷을 꿰매 입을 정도였다. 비리로 재산을 많이 모은 신하들은 황제 앞에서 번지르르한 옷을 입을 수 없어 멀쩡한 옷을 일부러 찢어 꿰매 입고 조회에 들어가기도 했다. 나라꼴이 이렇게 된 데는 나랏일에 열정이 없었던 도광 황제의 무신경함 탓도 컸다. 범람하는 아편을 어떻게 할 것인가를 놓고 신하들과 의논할 때 한 신하가 이런 상소를 올렸다.

"지금은 아편이 불법입니다. 백성이 밀수해 온 아편을 몰래 피우는데 어차피 이들은 아편을 끊지 못하고 죽을 때까지 피웁니다. 그럴 바에야 아편을 합법화하면 세금을 많이 거둘 수 있습니다."

도광 황제는 이렇게 말한다.

"백성을 병들게 하는 아편으로 세금을 거두어 재정을 살찌울 수 없다."

도광 황제에게도 최소한의 통치철학은 있었던 듯하다.

궁리 끝에 도광 황제는 영국 상인들이 밀수로 들여오는 아편을 몰수해서 불태워버렸다. 도광 황제나 그의 신하들은 순진한 사람들이었다. 세상이 어떻게 돌아가는 줄 모르고 있었다. 여전히 중국이 세상의 중심인 줄 알았고, 영국이라는 나라가 얼마나 강한지도 몰랐다. 영국인들이 얼마나 뻔뻔한지도 몰랐다. 영국인들은 중국 정부가 자신들의 소유권을 침해했다며 전쟁을 일으켰다.

사실 중국인들은 이 전쟁에서 진다는 걸 상상하지 못했다. 황제는 출정하는 군인들에게 "가서 중국 군대의 기상을 보이라. 영국인들은 그 기상만 보고도 전쟁할 의지를 잃을 것이다"라고 말했다. 그러나 중국은 졌다. 이때부터 유럽 열강의 중국 침탈이 본격화됐다.

과거 1천500년 동안 중국인들은 차를 잘 활용했다. 유목민들은 기꺼이 최고급 전투마를 주고 차를 받아갔다. 유목민들은 차를 마시지 않으면 죽으니 전쟁이 날 뻔한 일이 있어도 참고 넘어갔다. 중국이 차를 주지 않을까 두려워했다. 차가 전쟁을 억제하고 평화를 지켰다. 그러나 차 때문에 아편전쟁이 일어났다. 그리고 중국이라는 거대한 나라가 이 전쟁을 시작으로 무너지기 시작했다.

인도에 밀려난
중국차

한편, 이즈음 영국은 완전 새로운 시도를 하고
있었다. 이 일은 로버트 브루스^{Robert Bruce}라는 상인이 1823년에 인도 아
삼^{Assam}지역으로 가면서부터 시작됐다. 아편전쟁이 일어나기 10여 년 전
이다. 그는 아삼 지역의 소수민족 두령과 친구가 됐다. 소수민족 친구는
소중히 보관해 두었던 마른 잎을 그에게 끓여주었다. 차에 조예가 깊었
던 로버트는 그가 끓여준 물에서 중국차 향을 맡았다. 중국에서만 차가
나는 줄 알았던 로버트는 깜짝 놀라 차나무가 있는 곳으로 안내해 달라
고 했다. 친구는 밀림으로 그를 데려갔고 그곳에 큰 나무가 있었다. 중국
의 차나무는 크기도 작고 잎도 작았지만 그곳의 차나무는 몇 미터나 됐
다. 그럼에도 그는 차나무라고 확신했다.

그가 야생 차나무를 발견한 것은 대단한 사건이었다. 그간 중국은 전
세계의 차 생산을 독점해왔다. 그러나 인도에서 차나무가 발견된 이상,
앞으로 인도에서 차를 재배할 수도 있겠다고 생각했다. 로버트 부르스와
상인들은 영국다엽위원회를 꾸리고 본격적으로 인도차 생산을 목표로
뛰어들었다.

그들은 중국에서 차나무 씨앗과 묘목을 수집해 인도로 보냈다. 그러나
차나무는 쉽게 자리를 잡고 살지 못했다. 2만 그루를 심어 55그루만 살
아남은 적도 있었다. 토양과 기후가 다르고 재배 기술도 형편없었다. 어

쩌다 살아남은 차나무에서 잎을 따 차를 만들어도 중국차보다 맛이 없었다. 차나무 품질이 떨어지니 중국인들이 차 씨를 삶아서 판 것이 아닌가 하는 의심까지 했다. 그러면서도 멈추지 않았다. 1834년에 영국다엽위원회가 세워지고 1848년이 될 때까지 10년이 넘는 세월 동안 이윤 한 푼 내지 못하는 상황에서도 인도차 프로젝트는 계속됐다.

이렇게 경색된 국면에 등장한 사람이 바로 로버트 포천Robert Fortune이었다. 스코틀랜드 출신으로 왕립원예학회의 식물학자이자 첼시 피직 가든Chelsea Physic Garden*의 학예사였던 그는 중국으로 가 돈 많은 중국인처럼 꾸미고 중국인 하인을 고용했다. 사실 하인들은 포천을 차 산지로 데려다 주는 안내인이었다. 포천은 그들의 도움으로 외국인의 출입을 금하는 깊은 산지까지 들어갔다. 차나무 묘목과 씨앗을 구입하고, 온갖 식물을 채집하고, 식물의 그림을 그렸다. 중국 관원에게 체포될 위기도 있었지만 무사히 임무를 완성했다.

'영국의 문익점'이었던 그는 1만 그루 이상의 차나무 묘목과 셀 수 없이 많은 품질 좋은 차 씨를 인도로 보냈다. 중국차 가공기술자를 설득해 그들을 인도로 보내는 데도 성공했다. 이런 노력이 차차 결실을 보기 시작했다. 마침내 아삼과 다르질링에 대규모 다원茶園이 조성됐다.

다원이 조성되자 영국은 차 만드는 기계를 만들었다. 기계는 빨랐다.

*1673년 약재상들이 약용식물을 재배하기 위해 런던 템스강에 설립한 식물원이다. 영국에서 가장 오래된 식물원으로 5천 종 이상의 약용, 식용, 허브 등 식물이 있다.

하루에 엄청난 양의 차를 만들어냈다. 품질도 일정했다. 중국인들은 지난 2천 년 동안 단 한 번도 차 만드는 기계를 만들 생각을 하지 않았다. 요새야 수제차가 고급이지만 당시는 기계차가 더 고급이었다. 손으로 만든 차는 품질이 균일하지 않았고 위생 문제도 있었다.

세계 시장에서 인도차는 쉽게 중국차를 눌러버렸다. 1888년에 인도차 수출액이 중국차를 앞섰다. 인도는 영국의 식민지라 영국으로 수출하는 차에 관세도 붙지 않았다. 그러나 중국차에는 35퍼센트의 관세가 붙었다. 이후 중국차는 하락세에 접어들었다.

차는 다시 나라를 구할 수 있을까?

아편전쟁 이후 100년이 지나자 중국차는 인도차에 밀려 곤두박질치고 있었다. 국비로 프랑스에 유학 가 수학을 전공하고 중국으로 돌아온 판허쥔範和鈞이라는 청년은 조국의 이러한 현실이 안타까웠다. 차는 과거 최고 인기상품으로 중국에 부와 명성을 안겨주었다. 그러나 영국이 인도에서 고급 홍차를 생산한 후부터 중국차는 인도차에 밀리기 시작했다. 영국인들이 중국에서 차나무 씨앗과 묘목을 훔치고 기술자를 몰래 데려다 차 산업을 키운 것을 생각하면 더욱 화가 치밀었다.

이런 현실을 안타까워하던 사람은 판허쥔만이 아니었다. 많은 사람이 차를 부흥시키고, 나아가 나라를 다시 일으켜 세우고 싶어 했다. 과거 중국차가 나라를 부강하게 만들었던 것처럼 말이다. 원대한 목표를 세우고 원료 수매와 가공, 운송, 수출까지 담당할 민관합작공사가 세워졌다. 중국다엽공사中國茶葉公司였다. 중앙정부와 후난성湖南省, 후베이성湖北省, 장시성江西省, 저장성浙江省, 푸젠성福建省, 안후이성安徽省 등 전통적으로 차를 생산하는 6성의 합작이었다. 판허쥔도 이 회사에서 일했다.

중국다엽공사의 시작과
두 남자의 집념

1937년 5월 중국다엽공사가 설립됐으나 7월 7일
에 일본이 중국에서 전면전을 일으켰다. 중일전쟁이었다. 일본은 파죽지
세로 중국을 공격했고, 몇 달 만에 중국 동쪽 해안의 여러 도시가 함락됐
다. 국민당 정부는 광물류와 동유桐油 등 몇몇 품목을 중점 관리품목으로
정해서 개인 거래를 금하고 이를 전략적으로 이용했다. 차도 여기에 포
함됐다. 국민당 정부는 부화공사富華公司를 세우고 여기서 차의 수출입 업
무를 담당하게 했다. 부화공사는 차를 수출해 외화를 벌었고, 국민당 정
부는 이 돈으로 군수용품을 구입했다. 소련의 차 수입도 늘었다. 소련은
중국이 세계 차 시장을 잃은 후 주요한 고객으로 떠올랐다. 1939년 중국
의 차 수출액이 3천300만 원이었는데, 그중 소련에 수출한 것이 1천500
만 원이었다.

중국다엽공사는 새로운 차 산지를 개발하고 기술을 개선해서 더 많은
차를 생산할 방법을 연구했다. 이때 보고서가 한 장 날아들었다. 〈불해다
업현황佛海茶業現況〉이라는 짧은 보고서에 쓰인 내용은 그들의 눈길을 사로
잡기에 충분했다. 이 보고서를 쓴 사람은 중국 서남쪽에 위치한 윈난성雲
南省 최남단 푸하이佛海라는 지역의 지방공무원으로 지역 역사를 연구하는

역사학자 리푸이李拂一였다. 그는 부인 명의로 차 공장을 열어 차 사업을 하고 있었다. 리푸이는 보고서에서 푸하이 지역은 예부터 조성된 다원이 많아 차나무 자원이 풍부하고, 원료 가격이 싸고, 차의 품질이 좋으니 여기서 차 산업을 발전시키면 나라가 부흥하는 데 도움이 될 거라고 역설했다.

중국다업공사는 윈난성으로 눈을 돌렸다. 중국 송나라 때까지만 해도 윈난성은 독립국가였다. 원나라 군대가 쳐들어오고 나서야 중국으로 편입됐지만 그 후에도 중국 중앙정부의 직접적인 통치를 받지는 않았다. 실질적으로 이 지역을 다스린 것은 토사土司라는 세력이었다. 토사들은 때때로 중앙에 공납을 바쳤고, 아들이 지위를 이어받으면 황제에게 보고를 올렸다. 이 정도로 느슨한 관계가 몇백 년 동안 유지됐다. 특히 리푸이가 추천한 푸하이는 이제 막 중앙정부가 비집고 들어간 곳이었다. 중국다업공사에서 이곳의 상황을 잘 알 리가 없었다.

윈난성에는 1910년에 프랑스와 중국이 합작해서 완성한 철길이 있었다. 이 철길은 윈난의 성도 쿤밍昆明에서부터 베트남의 항구도시 하이퐁까지 연결됐다. 당시에는 이 정도로 교통이 편리한 곳은 찾을 수가 없었다. 안전하고 원료도 풍부하고 교통까지 발달된 곳이니 중국다엽공사 차 공장이 들어서기에 최적의 장소였다. 중국다엽공사는 현지 조사를 위해 판허쥔을 푸하이로 보냈다.

판허쥔은 긴장과 두려움, 기대에 가득 차서 길을 떠났다. 푸하이는 당시 폐쇄적이고 중국말도 안 통하는 소수민족들이 살았으며, 풍토병도 심해서 외지인들이 많이 죽는 곳이었다. 맹수도 출몰했다. 그는 부인과 딸을 쿤밍에 남겨두고 이제 막 개통된 미얀마 – 윈난 도로를 지나 미얀마로 갔다. 미얀마에서 리푸이를 만나기로 했기 때문이다. 판허쥔은 미얀마에서 며칠을 기다린 끝에 리푸이를 만났다.

"지금 푸하이에는 차 공장이 20개가 넘습니다. 여기서 티베트 사람들이 좋아하는 보이차를 만듭니다. 완성된 차는 미얀마를 거쳐 인도 칼림퐁으로 가져갑니다. 칼림퐁은 티베트와 접경인데 거기서 기다리면 티베트 상인들이 차를 사가죠. 티베트 사람들은 예부터 차 없이는 못 살았으니 사업은 아주 호황입니다. 그러나 칼림퐁까지 험난한 길을 가야 하니 영세한 공장에서는 부담이 큽니다. 그래서 조합을 만들었습니다. 조합에서 차를 받아 티베트에 넘기고 이익금을 돌려줍니다. 제가 조합 일을 맡아서 하고 있습니다."

리푸이는 대단히 열정적이었다.

"지금 공사에서는 기계로 차를 만드는 대형공장을 계획하고 있습니다. 저는 푸하이에 공장을 세울 수 있는지 타당성을 조사하러 온 겁니다."

"제가 보고서에도 썼지만 사업성은 충분합니다. 원료도 풍부하고, 교통이 편리합니다. 게다가 원료를 아주 저렴하게 구할 수 있습니다. 얼마 전에 동남아지역을 돌아봤는데, 거기서는 홍차가 비싸게 팔리더군요. 푸하이의 차 원료로 홍차를 만들어 수출하면 수익성이 좋을 겁니다."

"한번 가봅시다. 공사에서도 홍차를 생산하려 계획하고 있습니다."

판허쥔은 리푸이와 함께 푸하이로 들어갔다. 그곳에서 판허쥔은 깜짝 놀랐다. 푸하이는 조금만 벗어나도 호랑이가 뛰어다니는 후미진 지역이라고 알고 왔는데 1만 권의 장서를 보유한 도서관에 병원과 학교도 있었다.

"이 작은 마을에 없는 게 없군요."

"이 모든 것이 티베트에 차를 팔아 번 돈으로 만들어낸 겁니다. 이뿐이 아닙니다. 우리는 다리도 놓고 상가를 지어서 임대료로 교육사업도 합니다. 푸하이에 대형 차공장이 들어서면 지금보다 훨씬 더 멋진 일들을 할 수 있을 겁니다."

"와서 보니 희망적이군요."

"네, 저도 최선을 다해서 돕겠습니다."

리푸이는 최선을 다해 판허쥔을 도왔다. 자기 집에서 묵게 배려해주고, 몇 년 동안 기록한 기상보고서, 인도와 미얀마를 돌아보고 남긴 메모를 아낌없이 넘겨주었다. 판허쥔은 시범적으로 푸하이 원료로 홍차를 만들어 보았다. 결과는 매우 만족스러웠다. 판허쥔은 푸하이 홍차가 다즐링, 기문 홍차에 전혀 뒤지지 않는다고 생각했다.

이에 본격적으로 공장을 세웠다. 리푸이의 도움을 받아 토사에게 부지를 제공받고, 지역 유지들의 자제 중 공장에서 관리자로 일할 사람도 뽑았다. 규모가 작은 기계는 판허쥔이 직접 설계·제작하고 덩치가 큰 기계는 인도에서 수입했다. 그런데 미얀마 컹퉁부터 푸하이까지는 대형기계를 실은 우마차가 지나갈 만큼 넓은 길이 없었다. 그들은 컹퉁부터 푸하이까지 길을 냈다. 푸하이현의 협조를 받아 몇십 명의 기술자가 길을 닦고 기계를 실은 우마차가 뒤따랐다. 그렇게 해서 대형기계가 57일 만에 푸하이에 도착했다.

전운 속에 완성한 차 공장

1942년 공장은 완성을 목전에 두고 있었다. 대지 면적은 2만 6천400평방미터, 공장 건평은 3천521평방미터나 됐다. 푸하이의 영세 차공장들과는 수준이 달랐다. 공장 안에는 폭 4미터짜리 도로와 소·말을 방목하는 풀밭, 돼지우리, 채소를 기르는 텃밭도 있었다. 차 가공기계도 찻잎을 자르는 기계, 줄기를 골라내고 등급대로 분류하는 기계, 바람으로 분류하는 기계 등 다양했다. 부품부도 있어서 간단한 부품이나 소모품은 직접 만들었다. 가구부에서는 전체 공장에서 필요한 가구를 만들었다. 전기부는 공장 전체의 조명과 기계의 가동을 담당했다.

그러나 전운이 닥쳐왔다. 1942년 6월 일본군은 푸하이에서 몇십 킬로미터 떨어진 컹퉁을 폭격했고, 9월에는 푸하이까지 폭탄을 퍼부었다. 중국다엽공사는 푸하이가 위험하다고 판단해 직원들에게 철수를 명령했다. 그러나 판허쥔과 직원들은 푸하이를 떠나지 않았다.

"아니, 언제 머리 위에 폭탄이 떨어질지 모르는데 왜 철수를 않는 거요? 지금 차를 만들어 봐야 길이 다 파괴됐으니 수출할 수도 없지 않소? 당신들 그러다 다 죽겠소."

중국다엽공사 측의 재촉이 계속됐다.

"안 됩니다. 철수하더라도 이 기계만큼은 조립하겠습니다. 이게 마지막입니다. 이 기계만 돌아가면 공장이 완성된단 말입니다."

그렇게 버티는 사이 11월이 됐고, 마침내 마지막 기계를 조립했다. 판허췐은 긴장과 회한에 떨리는 손으로 기계에 전원을 넣었다. 철컥철컥 기계가 돌아갔다. 지켜보는 사람들 눈에 뜨거운 눈물이 흘렀다.

"수고했습니다, 여러분. 기계로 차를 만드는 현대식 공장이 오늘 완성됐습니다. 이제부터 중국도 기계로 차를 만들 수 있습니다. 곧 중국차가 세계시장에서 선두에 설 겁니다. 여러분의 땀과 피가 이 일을 해냈습니다. 전쟁 때문에 약간 미뤄지게 됐지만 그날은 곧 올 겁니다. 자, 이제 철수합시다!"

그들은 다시 기계를 분해했다. 기계를 그대로 두고 가면 일본군의 수중에 고스란히 넘어가기 때문이었다. 분해한 기계를 곳곳에 숨겨놓고 판허췐과 직원들은 푸하이를 떠났다.

판허췐과 동료들이 짓던 공장은 몇 년간 방치돼 있었다. 국민당이 대만으로 쫓겨가고 공산당이 정권을 잡을 때까지도 그랬다. 1950년이 되자 공산당이 푸하이로 들어왔다. 그들은 몇 년간 쌓인 먼지를 털고 공장을 다시 돌렸다. 이후 이 공장은 수많은 중국 현대사의 굴곡을 고스란히 겪었다. 그러면서 보이차, 녹차, 홍차를 생산해 동남아시아의 화교들과 티베트에 공급했다. 처음 중국다엽공사를 세운 사람들의 계획대로 이 공장은 중국을 현대화하고, 강한 중국을 만드는 데 큰 역할을 했다. 공장은 지금도 건재하다.

차의 혁신, 현대판 신농들

1978년 프랑스인 프레드 켐플러 Fred Kempler 는 홍콩 골동품 거리를 걷고 있었다. 아시아 골동품을 찾아 프랑스에 판매하는 것이 그의 직업이었다. 홍콩의 활기는 언제나 그를 약간 들뜨게 만들었다. 기분 좋게 시끌벅적한 거리를 걷던 그는 갑자기 무언가를 발견하고 길 건너 가게로 돌진했다. 무단 횡단도 서슴지 않았다. 그는 작은 가게의 쇼윈도 안을 뚫어져라 쳐다보았다.

'아, 드디어!'

입에서 감탄사가 나옴과 동시에 머릿속은 먼 과거로 돌아갔다. 젊을 때 그는 제2차 세계대전에 참전했다. 생사가 갈리는 전장에서 영국군 장교가 그에게 주먹만한 크기의 덩어리 차를 선물로 주었다.

"이건 티베트 사람들이 목숨보다 귀하게 여기는 차라네. 티베트는 해발 4~5천 미터나 된다는군. 그렇게 높으니 채소가 귀해서 평생 고기만 먹는다는 거야. 그 사람들이 고기만 먹고도 살아남는 이유가 이 차를 마시기 때문이라고 하네."

켐플러는 그 차가 너무 마음에 들었다. 오죽하면 낙하산을 메고 적진에 뛰어들 때도 가슴에 차를 품고 있을 정도였다. 그러나 티베트 사람들이 마신다는 사실 외에 차 이름이 무엇인지, 어디서 만들었는지 아는 바가 전혀 없었다. 전쟁 후에 그 차를 찾아보려고 애썼지만 쉽지 않았다. 그렇게 30년이라는 세월이 흘렀는데 우연찮게 홍콩의 작은 가게에서 그 차를 만난 것이다.

가게로 뛰어들며 그는 이렇게 말했다.

"귀한 차가 이 집에 있네요!"

"귀하긴요, 이건 밥 먹고 소화시키려고 마시는 아주 싼 차입니다. 더 고급차를 보여드릴까요?"

그러나 켐플러의 눈에 다른 것은 들어오지도 않았다.

"이 차는 어디서 나죠? 이름은요?"

"윈난성의 보이차라는 겁니다."

"윈난성 어느 회사로 가면 이 차를 살 수 있죠?"

임상을 통해 확인된 보이차의 약리

당시 중국에는 개인이 운영하는 차 회사가 없었다. 차의 생산과 수출은 정부에서 총괄했다. 보이차의 수출은 국영기업인 운남성다엽수출입공사^{雲南省茶葉輸出入公司}에서 관리했다. 가게 주인은 켐플러에게 매년 광저우^{廣州}에서 차 박람회가 열린다고 알려주었다. 그는 30년 넘게 그리워하던 보이차 두 개를 가슴에 품고 프랑스로 돌아갔다.

다음 해인 1979년, 켐플러는 광저우 차 박람회에서 운남성다엽수출입공사 담당자를 만나 보이차의 유럽총판을 맡겠다는 계약서에 사인한다. 이때 그는 이미 60세가 넘었다. 다른 사람 같으면 퇴직할 나이인데 지금껏 했던 일과 전혀 다른 일을 하겠다고 뛰어든 것이다.

켐플러는 보이차의 약리적 효능을 판매 포인트로 삼았다. 그래서 보이차를 약국에 납품했다. 보이차 판매는 순조로웠다. 10년이 지난 어느 날, 켐플러는 윈난성에 이런 제안을 한다.

"보이차를 마시면 어떤 좋은 점이 있는지 실험해 봅시다. 나는 프랑스에서, 당신들은 윈난에서 임상실험을 해보는 겁니다."

프랑스와 윈난에서 임상실험을 한 것은 특이한 경우다. 요새도 차의 효능을 실험할 때는 보통 실험쥐를 대상으로 하며, 임상실험을 하는 경우는 거의 없다. 그러나 임상실험을 할 수만 있다면 그보다 좋은 일도 없다.

임상실험 결과는 매우 긍정적이었다. 혈중지질 함량이 높은 사람 20명을 선정해 보이차를 마시게 한 결과 2달 만에 혈중지질이 평균 22퍼센트 떨어졌다. 심지어 고지혈 치료제를 먹은 사람들보다 결과가 좋았다. 쿤밍의과대학의 실험결과에 따르면, 고지혈 치료제로 고지혈을 치료한 사례는 31건, 보이차로 고지혈을 치료한 사례는 55건이었다. 아무도 상상 못했던 일이었다. 사람들은 대부분 막연히 차를 마시면 몸에 좋을 거라고 생각했지 병까지 고칠 수 있다는 생각은 하지 못했다.

실험 후 보이차는 유럽에서 더 잘 팔렸다. 켐플러는 복잡한 중국식 다구를 쓰기 어려워하는 유럽인들을 위해 티백 제품을 고안했다. 운남의 보이차 회사는 켐플러의 요청을 받아들여 티백 제품을 생산해 수출했다. 제품 이름도 켐플러의 중국식 이름인 '깐푸얼甘普洱'을 붙였다. '달콤한 보이차'라는 의미다. 깐푸얼 차는 유럽 시장에서 인기 상품이 되었다.

지금 그는 80세가 훨씬 넘었는데 아직 현장에서 일하고 있다. 아침에 출근하면 유럽식 홍차 잔에 자신의 이름을 딴 티백 제품을 넣고 진하게 우려서 한 잔 마신 후 업무를 시작한다. 그는 유럽에 보이차를 소개하고 많이 판매한 공을 인정받아 보이차 10대 명인에 선정되기도 했다.

마시는 차에서 치료제까지, 보이차의 진화

켐플러가 즐겁게 살아가는 동안 연구자들은 그가 남긴 숙제를 풀고 있었다. 그들은 보이차의 어떤 성분이 고지혈을 개선하는지 알아내야 했다. 그런데 차에는 무려 700가지가 넘는 화학 성분이 있다.* 이 성분들 중에 고지혈을 개선하는 성분이 무엇인지 찾아내기란 쉽지 않았다. 1986년에 연구를 시작했지만 10년이 넘어도 연구 성과

---

* 차에 700여 가지의 화학 성분이 있다는 사실은 오랜 연구를 통해 알아낸 성과다. 아직 발견되지 않은 성분도 있으니 800~900가지가 될 수도 있다.

는 지지부진했다.

그렇게 세월이 흘러 2003년에 북경에 위치한 한 생명공학 회사가 보이차에서 특별한 성분을 찾아냈다. '로바스타틴Lovastatin'이었다. 본래 로바스타틴은 붉은누룩곰팡이가 분비하는 효소의 이름이다. 이 성분이 고지혈을 치료하는 데 효과가 있다는 것이 알려진 것은 1980년대였다. 로바스타틴을 이용한 고지혈 치료제까지 개발돼 지금까지 처방되고 있다. 이 로바스타틴 성분이 보이차에 들어 있었던 것이다. 그제야 많은 사람의 궁금증이 풀렸다. 윈난농업대학교 다학과에서 오랫동안 차를 연구한 샤오완팡 선생의 말이다.

"본래 보이차는 윈난 특산품인데 그동안 별로 주목받지 못했습니다. 오히려 윈난 차 산업은 홍차에 집중돼 있었습니다. 물론 윈난 홍차도 매우 훌륭한 차입니다. 하지만 근래 들어 보이차가 갑자기 부각되면서 좀 밀리고 있죠. 우리 학자들도 전에는 홍차 연구에 집중하느라 보이차는 좀 멀리 했었어요. 그러나 보이차를 연구하게 되니 자연스럽게 보이차를 많이 마시게 됐어요. 그렇게 얼마간 보이차를 마시다가 건강검진을 하러 갔는데 놀라운 일이 일어난 겁니다. 피를 뽑으려고 주사바늘을 혈관에 넣으니 피가 쑥 잘 빨려 나오는 거예요. 제 피가 끈적거리는 편이라 피 뽑기가 힘들었거든요. 그런데 보이차를 마시니 피가 맑아졌어요."

보이차의 고지혈 개선 성분이 밝혀졌지만 연구는 아직 끝나지 않았다. 지금까지는 1단계에 불과하다. 이제 2단계로 들어가야 한다. 2단계야말로 중요한 과정이다. 밝혀낸 성분을 여러 제품에 활용하는 것이다. 윈난 농업대학교 저우홍지에 교수는 이 성분을 추가해서 고지혈 예방 효과가 있는 차를 만들었다. 그의 말이다.

"그동안 차는 외국에 팔아서 달러를 버는 제품이었습니다. 중국인들이 마실 차는 없었습니다. 수출하고 남은 등외품을 배급받아서 겨우 마셨습니다. 이제는 달라졌습니다. 중국인이 부자가 됐습니다. 어디든 돈이 넘칩니다. 다들 잘 먹고 잘 삽니다. 차든 뭐든 먹고 싶은 것은 얼마든지 먹을 수 있습니다. 하지만 어두운 면도 있습니다. 고지혈, 고혈압, 콜레스테롤 등 성인병의 위험이 높아진 것도 그중 하나입니다. 이럴 때 고지혈이 예방되는 차가 있으면 얼마나 좋습니까? 차를 마셔서 고지혈이 예방되고 완화된다면 천문학적인 사회적 비용도 줄일 수 있습니다. 지금 단계에서는 차를 만들었지만, 다음 단계는 이 성분으로 고지혈 치료제를 만들 겁니다."

그의 눈빛은 자신감에 가득 차 있었다. 그들의 계획이 성공하면 사람들은 차를 마셔 병을 예방하고 치료할 수 있게 된다. 참 멋진 일이 아닌가? 그를 비롯한 젊은 과학자들은 현대의 신농인 셈이다.

PART 2

심리와 치유

제4강

치유의 인문학

최옥정 1964~2018

잘 나가던 은행원 생활을 접고, 소설가의 꿈을 이루기 위해 글을 쓰기 시작했다. 건국대 영문과 학사, 연세대 국제대학원 석사를 마쳤다. 2001년 계간지《한국소설》에서 단편소설〈기억의 집〉으로 등단했다.

저서로《매창》《위험한 중독자들》《안녕 추파춥스 키드》, 소설집《늙은 여자를 만났다》《식물의 내부》《스물다섯 개의 포옹》, 에세이《삶의 마지막 순간에 보이는 것들》《오후 세시의 사람들》《On the road》등이 있으며,《식물의 내부》로 허균문학상을,《위험한 중독자들》로 구상문학상 젊은작가상을 받았다.

1964년 전북 익산에서 태어나《2라운드 인생을 위한 글쓰기 수업》《소설창작수업》등으로 글쓰기를 시작하려는 많은 이들을 도왔던 최옥정은 2018년 9월, 너무 이른 나이에 세상을 떠났다.

* 생의 마지막까지 집필의 열정을 멈추지 않으셨던 故최옥정 님께 존경과 감사의 마음을 전합니다.

내가 나를 치유하다

내 인생의 어느 날을 생각한다. 아무 일 없이 별 탈 없이 잘 살아왔다. 언제까지나 그렇게 살 수 있을 줄 알았다. 그런데 누구에게나 어느 날은 찾아온다. 삶이 송두리째 바뀌는 날. 그날 이후 다시는 예전처럼 살 수 없게 된다. 그 어느 날이 기쁘고 행복한 하루라면 좋겠지만, 대개는 큰 고통을 데리고 나타나는 재앙의 날이다.

활력이 충만한 때에는 그것이 줄어들거나 사라질 거라고 상상조차 하지 않는다. 젊을 때는 영원히 젊을 것 같고 건강할 때는 언제까지나 건강할 것 같다. 그러나 붓다도 생로병사의 고통을 알고 출가했다. 머지않아 우리도 나이 들어 약해진 몸을 마주하게 된다. 이때부터 내 능력은 다운그레이드의 길을 걷는다. 몸에서 기가 빠져나가 힘이 없고 마음도 흐린 날이 계속된다. 나의 변해버린 현재를 문득 깨닫는 순간이 온다. 다시 옛날로 돌아갈 수 없다.

문제는 여기서 끝나지 않는다. 몸의 쇠락은 우울을 데려오고 삶에서 공포마저 느낀다. 급기야는 너무 화가 나 참을 수 없는 지경에 이른다. 요즘 주위에서 자기 분노를 통제하지 못하는 사람을 쉽게 목격한다. '분노忿怒'는 한자에서 보듯 마음이 갈가리 찢어지고 자기 마음의 노예가 되는 감정 상태다. 단순히 화가 나는 것이 아니라 내 마음이 자기 자리를 잃고 떠돈다. 자신이 곧 공중분해될지도 모른다는 두려움에 휩싸인 상태다.

나는 왜 자꾸 화를 낼까?

화를 내고 나면 자괴감이 들고 위축되는 동시에 기분이 나쁘다. 이럴 때는 스스로를 야단치지 말고 안아주어야 한다. 화가 난다는 건 외롭다는 뜻이고 우울하다는 뜻이다. 남이 나를 알아주지 않고 이해해주지 않아 혼자 버림받은 느낌이다. 외롭다는 느낌은 조심해야 할 감정이다. 잠깐 느끼는 건 자연스럽지만 계속 이어지면 심각한 위기를 불러온다.

이 정체를 알 수 없는 마음이 들어 있는 내 안의 블랙박스를 가만히 열어보자. 블랙박스는 항공기에 탑재하는 비행기록 장치와 조종실 음성기록 장치를 넣어둔 금속 박스를 일컫는다. 사고가 발생하면 블랙박스의 내용을 정밀 분석해 사고 원인을 파악할 수 있다. 블랙박스는 이름과 달리 실제로는 눈에 잘 띄는 형광 주황색이다. '블랙'이라는 말은 사고 해결의 실마리를 주는 '비밀의 열쇠'라는 뜻에서 붙은 이름이다.

내 마음의 블랙박스도 내 인생의 비밀을 풀 수 있는 열쇠에 해당한다. 이제 거기 들어 있는 지뢰 같은 마음을 하나하나 꺼내보자. 원인을 따라가고 결과에 접근해가면서 나를 알아가는 것이다. 변화하는 자신을 발견하고 만남으로써 남은 인생을 다르게 이끌어가려는 노력이다. 사람은 생명체라 끊임없이 변화한다. 변화는 살아있음의 증명이다. 그 사실을 마음 깊이 느끼면서 자신의 어떤 모습도 자연스럽게 받아들여보자.

모두 병들었지만 아무도 아프지 않았다

사람들은 저마다 조금씩 아프다. 통증은 감각을 가진 생명체의 운명이다. 그러나 아프다고 말하는 사람이 없다. 말해도 귀담아듣지 않는다. 왜? 새로울 게 없으니까. 원래 다들 아픈 거니까.

문제는 점점 심각해지고 있다. 가벼운 신경증이 진행되어 공격성과 폭력성을 띤 질병으로 나타나기 시작했다. 전문가의 방문을 두드리려면 비용과 심리적 부담이라는 장벽을 넘어야 한다. 그 앞에 가기까지 많은 시간이 필요하다. 너무 늦기 전에 우리 스스로 해야 할 일이 있다. 응급조치다. 전문가의 도움을 받더라도 내 몫의 역할이 있다.

현실에서 흔히 부딪치는 심리적 어려움 세 가지를 골라봤다. 번아웃 신드롬, 불안, 분노조절장애다. 이 세 가지는 행복해지기 위해, 내 인생의 안녕을 위해 한 번쯤 생각해봐야 할 문제다. 우리는 박탈감에 익숙하고 경쟁에 치여 산다. 칭찬과 격려를 받아본 지가 언제인지 모른다.

천천히 마음을 가다듬고 내 안에 있는 감정의 블랙박스를 열어보자. 나를 응원하는 첫 번째 움직임이라고 생각하자. 대상이 내가 아니어도 좋다. 가족이나 친구를 돕기 위해서라도 문제의 원인과 대처 방안을 함께 고민할 시간을 갖고자 한다. 너와 나의 문제가 아니고 우리 모두의 문제이기 때문이다.

《동의보감》〈상한편傷寒篇〉에는 우리 몸이 심각한 질병으로 나아가는 네 가지 징후에 대해 설명한다. 풍風, 한寒, 조燥, 화火가 바로 그것이다. 동양의학에서는 우리 몸이 지수화풍地水火風으로 구성되어 있다고 본다. 몸에 생긴 이상도 같은 원리로 파악한다. 바람이 들었거나, 냉기가 돌거나, 진기가 빠지거나, 화가 차면 우리 몸에 병이 찾아온다.

마음에도 같은 원리를 적용할 수 있다. 건강한 몸은 따뜻하고 부드럽고 가볍다. 몸에 병이 들면 차갑고 딱딱하고 무거워진다. 마음도 마찬가지다. 균형이 잡혀 있고 상태가 좋으면 마음은 부드럽고 따뜻하고 가쁜하다. 뭔가 잘못되어 균형이 깨지고 편안하지 않으면 차갑고 딱딱하고 무거운 상태가 된다. 스스로를 진단하는 기준으로 삼을 만한 바로미터다.

자꾸 방어적인 자세로 차갑고 딱딱하게 사람을 대하는지, 사람들에게 그런 말을 거듭 듣고 점점 사람을 피하게 되는지 스스로를 돌아보자. 이런 과정만으로도 내 정신에 과부하가 걸렸는지 아닌지를 가늠할 수 있다.

우리는 스스로를 잘 모른다. '가장 멀리 있는 나'라는 말이 있듯 나 자신은 너무 가깝기 때문에 제대로 바라본 적이 없는 게 아닌가 싶다. 다 안다고 생각하는 데서 오류가 발생한다. 답은 언제나 내 안에 있다. 답을 들여다보려는 마음이 나한테 없어 찾지 못했을 뿐이다. 문제가 생기면 자신에게서 키워드를 찾아 하나하나 답을 찾아나가야 한다. 그 과정이 치유이자 회복이고 도전이다.

이성복 시인의 시 〈그날〉의 마지막 구절 "모두가 병들었는데 아무도 아프지 않았다"는 말이 폐부를 찌른다. 병에 걸렸음을 인정해야 치료도 할 수 있다. 아프다고 말해야 한다. 아픔을 느낄 수 있는 데서 치료가 시작된다. 거꾸로 해도 말이 된다. 사실은 모두가 아픈데 아무도 병들지 않았다고 해야 옳다. 우리는 스스로의 병을 인정하고 돌볼 여유조차 없다.

아무도 그날의 신음 소리를 듣지 못했다고 해서 아무도 아프지 않았다고 말할 수 있는가? 고통의 신음을 내지르지 않는다고 해서 나는 건강한 사람인가? 오늘 우리의 숙제는 우리 내부에서 어떤 일이 일어나고 있는지, 그 징후가 이미 시작되었는지, 어떻게 내 아픔을 다루어야 하는지 생각해보는 것이다. 생각하고 또 생각해서 작은 답이라도 찾아내면 삶에 끌어들여 적극적으로 실천해보려 한다. 작은 움직임일지라도 결코 작지 않음을 우리는 안다. 모든 엄청난 일은 다 작은 데서 시작한다. 아무리 먼 길이라도 첫발을 떼어야 목적지에 도달할 수 있다.

인정해야
답이 나온다

세상에서 제일 무서운 사람이 불행한 사람이라는 말을 들은 적이 있다. 이미 불행하기 때문에 못할 게 없다. 더 나빠질 게 없는 인생, 뭐가 두려운가. 남에게 함부로 하고 마구 화를 내면서 나를 통제할 힘을 잃는다. 어떻게 여기서 빠져나가 저기로 갈 힘을 얻을 것인가. 이런 생각을 했다면 돌파구를 찾기 시작한 거다.

나의 현재를 인정하면 답도 나온다. 이럴 때를 대비해 속 깊은 얘기를 할 친구가 있다면 더 바랄 게 없다. 다시 펼쳐볼 나만의 책이 있어도 좋다. 나의 음악, 나의 장소도 필요하다. 온 힘을 다 바쳐 이 바늘구멍 같은 감옥을 벗어나야 한다. 어떤 하찮은 의견이라도 들을 마음의 귀가 열린다면 좀 더 수월해질 수 있다. 지푸라기라도 잡아야 한다. 그런 마음의 자세가 이미 나를 반쯤은 문제 해결의 방향으로 이끈 것이다. 두 손을 부여잡자. 한 손이 빠져나가려고 하면 꼭 붙들고 놓지 말자.

우리는 심리학자도 아니고 정신과의사도 아니다. 다만 우리의 정신과 몸의 주인이다. 주인으로서 전문가를 찾아가기 전에 자신의 상태를 점검하고, 할 수 있는 응급조치를 하고 가자는 취지다. 우리 사회의 우울지수와 분노지수는 이미 임계점을 넘어섰다. 당장 어떤 조치든 취해야 할 만큼 다급한 문제가 되었다. 병도 이기고 고통도 이겨 건강하고 평화로운 일상을 회복하자. 활력과 윤기를 회복하자. 그래서 행복한 사람이 되자.

다 타서 재가 되다

번아웃 신드롬

혹시
번아웃 신드롬 아닐까?

　　누구나 한 번쯤 자신의 에너지가 완전히 '소진' 됐음을 절감해봤을 것이다. 그야말로 손가락 하나 까딱할 힘이 없는 상태. 다 타버려 재만 남고 '아웃'되어 아무것도 할 수 없는 상태다. 특별한 증상도 없고 병명도 받지 못한 채 내가 왜 이럴까 스스로를 자책하며 일상을 이어간다. 어디가 딱히 아픈 것도 아닌데 기운이 없어 평소 하던 일들을 하기가 버겁다. 이는 초기 단계다. 이때 자신을 유심히 살펴야 한다.

　　그러나 우리는 언제나 바쁘다. 왜 자기 몸은 뒷전에 두고 다른 일을 하는 걸 당연하게 생각할까? 몸이 어떤 사인을 보낼 때 "앗, 몰랐어. 미안해" 하고 얼른 대책을 마련하는 일이 그렇게 어려운가. 핑계는 수십 가지다. 미루고 미루다 더 이상 미룰 수 없는 지점에 다다른다. 그때는 항상 너무 늦다. 수습하려면 시간도 비용도 많이 든다. 그때라도 얼른 처방을 마련해 나를 보살펴야 한다. 큰 사고가 나기 전이라면 아직 희망은 있다.

왜 나는 가장 소중한 사람인 나 자신을 학대하고 홀대했는가 돌아볼 때가 됐다. 가장 아끼고 소중히 다뤄야 할 사람을 가장 막 대했다. 이제부터라도 내 인생에 대한 예의를 갖추자. 어떻게 살아야 내 삶이 나다울 것인가. 어렵지만 또 쉬운 질문이다. 본래의 나 자신과 얼마나 멀어졌는지, 얼마나 오래 방치했는지 살펴 비어 있는 곳을 어루만져야 할 시간, 바로 지금이다.

모든 병의 원인

번아웃만 수십 년간 연구한 크리스티나 베른트의 책 《번아웃: 다 타버린 몸과 마음이 보내는 구조 요청》을 읽고 나는 많은 도움을 받았다. 책 제목처럼 다 타버린 몸과 마음이 보내는 구조 요청이 바로 번아웃 신드롬이다.

다 타서 재가 된 자리에서 얼마의 시간이 지나고 삐죽 새싹이 돋아나는 광경을 본 적이 있다. 생명의 신비, 놀라운 힘이다. 끝은 쉽게 찾아오지 않는다. 우리가 끝이라고 포기하지 않는 한 언제나 가능성은 있다. 우리 몸이 번아웃에 가까워질 때 보내는 사인 몇 가지를 점검해보자.

1. 할 일을 자꾸 미룬다

바로 앞에 꼭 해야 할 일을 두고도 손을 내밀지 못한다. 얼마 전까지도 이까짓 일은 일도 아니었는데 지금은 엄두가 안 나서 아예 시작도 못하고 있다. 시작했다 해도 마무리를 못 짓고 차일피일 미룬다.

이럴 땐 일을 마쳤을 때의 쾌감을 떠올리며 자신을 격려하자. 지적당하거나 야단을 맞는 것에 내성이 생겨버리면 원래의 자신으로 돌아오는데 시간이 정말 많이 걸린다. 부정적인 상황에 익숙해져 문제의식을 느끼지 못하게 된 건 아닌지 생각해보자. 스스로 이 악순환을 벗어날 묘책을 마련해 하나하나 실천하고 자존감을 높이는 게 중요하다.

2. '옛날에는 이러지 않았는데'라는 생각을 자주 한다

'사람이 변했다'는 말을 종종 듣는다면 주의를 기울여야 할 때가 왔다는 신호다. 처음에는 그저 세월이 흐르고 나이를 먹었으니 변하는 건 당연하다 생각하고 흘려듣는다. 한두 번 반복해서 같은 말을 듣다 보면 나한테 무슨 문제가 있나 하는 느낌이 들고 드디어 자신을 돌아보게 된다. 그 이전에 심각한 상황에 빠진 걸 먼저 직감할 때도 있다.

조금씩 어긋나기 시작하면서 능력도 마음도 행동도 예전과는 달리 생각처럼 되지 않고 실수도 한다. 왜 그럴까? 내 몸이라는 도구가 오작동을 하기 시작한 거다. 간단히 말하면 아픈 거다. 사람은 아프면 변한다. 변할 수밖에 없다. 몸 안에 있는 기운이 아픈 곳으로 집중되고, 동시에 아픈 곳을 통해 에너지가 밖으로 빠져나가니 내 안은 텅 비게 된다. 순식간에 약자가 된다. 혼자 사막에 떨어진 것처럼 외롭다. 사람들과의 대화에 낄 수도 없고 대화가 재미있지도 않다. 이때가 자신의 내면과 만나야 할 시간이다.

3. 의욕은 넘치는데 에너지가 나오지 않는다

돌아눕고 싶은데 고개를 돌릴 힘이 없다. 손끝에서부터 피가 하나도 통하지 않는 것처럼 창백하고 기운이 없다. 피가 다 빠져나갔거나 피돌기가 멈춘 것 같다. 더 심한 사람은 특별한 이유가 없는데도 눈물이 주르륵 흘러내린다.

'아, 이제 어떻게 해야 하나?'

거대한 돌문이 눈앞을 가로막고 있는 것처럼, 쇳덩어리가 가슴을 짓누르는 것처럼 숨을 쉴 수가 없다. 삶이 일순간 공포로 다가온다. 나는 루저가 된 건가. 내 인생은 실패한 건가. 이대로 끝나는 건가. 어디 하소연할 데도 없다.

한 번쯤 이런 순간을 경험했다면 그 다음부터 인생의 의미가 새롭게 다가왔을 것이다. 예전의 생각이나 방법으로만은 살 수 없는 시기가 왔다. 고비를 넘기는 것, 산 하나를 넘는 건 고통 없이는 불가능하다. 아무리 지치고 힘들어도 멈출 수 없다.

정신의 고무줄,
탄성을 회복하라

배터리가 방전된 상태인 번아웃을 이기는 힘은 회복탄력성이다. 고무줄을 늘였다가 놓으면 다시 원래의 길이로 돌아가는 것처럼 우리 정신 또한 그러하다. 환경에 굴하지 않고 저항하는 힘, 우울한 상황을 딛고 다시 충만한 삶으로 나아가는 신비한 능력을 회복탄력성이라고 부른다. 아프면 이 탄력성에 문제가 생겨 정신의 고무줄이 늘어져버린다.

미국에서는 9.11테러 이후 인간의 나약함에 집중했던 심리학자들이 인간의 강인함에 관심을 갖기 시작했다. 무엇이 우리를 강하게 만드는가? 고난과 역경, 불행에 대처하는 방법은 왜 사람마다 다른가? 여기서부터 해답을 찾고자 했다.

같은 위기를 겪은 뒤 어떤 사람은 무너지고 어떤 사람은 말짱하다. 왜 그럴까? 답은 바로 회복탄력성, 자기치유력이다. 이는 침착함과 오랫동안 자신의 상황에 대해 숙고를 거듭한 경험이 맞물린 결과물이다. 모든 폭력에 내면의 자유로 맞섰던 이들은 이렇게 말한다.

"나는 나 자신을 잃지 않으려고 치열하게 노력했어요."

회복탄력성이 강한 사람은 자신을 희생자로 보지 않고 스스로 운명의 주체가 된다. 문제 상황을 부담과 스트레스로 여기기보다 자신이 극복해야 할 도전으로 받아들이는 사람들이다. 자신이 인생을 이끌어가는 주인이기 때문에 위기에서 빠져나가야 할 사람도 자신임을 안다.

　위기나 불안을 일으키는 주체는 그 상황 자체가 아니라 상황에 대한 각자의 인식이다. 회복탄력성, 즉 정신적 저항력이 강한 사람들은 자신의 삶이 안정적이며 늘 주변으로부터 보호받고 있다고 느낀다.

　생활에서 실천해야 할 지침도 있다. 회복탄력성의 바탕인 심리적 안정을 위해 충분히 잠을 자자. 숙면은 가장 강력하고 완전한 휴식이다. 숙면하는 동안 우리의 몸과 마음은 자동으로 회복된다. 여가를 보낼 때도 직업과 차이가 많이 나는 취미 활동을 하는 게 힘을 재충전하는 데 좋다. 책상 노동자는 몸을 움직이는 취미를, 육체 노동자는 차분하고 정적인 취미를 가져야 심신의 균형을 유지할 수 있다.

　이 시기를 잠시 지나가는 과정으로 만들려면 담담하면서도 당당한 자아존중감과 현실 인식이 필요하다. 생활에서 일어나는 긍정적 변화는 아무리 작아도 결국 삶을 바꾼다. 작은 노력이 큰 변화의 씨앗임을 잊지 말자.

분노와 우울은 동전의 양면이다

분노조절장애

분노는 말과 행동이 돌발적으로 드러나는 격렬한 감정이다. 과도한 스트레스에 장기간 노출되거나 가슴 속에 화가 과도하게 쌓여 있으면 감정을 자극하는 상황이 왔을 때 화가 쉽게 폭발한다. 특히 성장 과정에서 정신적 외상이 있었다면 분노 조절이 잘 안 되는 경우가 많다.

분노는 드러내기도 하고 안으로 품기도 한다. 두 가지가 조화를 이루지 못하고 병적으로 분노가 표출될 때 분노조절장애라고 한다. 예전에는 분노를 억압해 생긴 울화병이 많았지만, 지금은 지나치게 분노를 표출하는 분노조절장애가 많다.

참을 수 없이 화가 나는 횟수가 늘어났다면 분노조절장애로 발전하지 않을까 의심해볼 수 있다. 누군가를 죽이고 싶다는 살의를 느낀 적이 있다면 심각한 경우다. 이런 상황이 거듭되면 홧김에 한 행동 때문에 곤란을 겪게 되는 날이 많아진다. 분노조절장애는 충동형과 습관형, 크게 두 가지 양상을 보인다.

충동형 분노조절장애는 도저히 화를 참을 수 없어 분노가 폭발하는 것으로 흔히 다혈질이라고 부른다. 습관적 분노조절장애는 어떤 목적을 달성하기 위해 분노를 표현하는 쪽이 효과적이라는 사실을 학습한 사람들이 많이 보이는 증상이다. 단시간에 가장 효과적으로 자신이 원하는 것을 얻을 수 있는 방법은 화내는 것밖에 없다고 생각한다. 목소리가 크면 이긴다는 식의 경험이 쌓일수록 분노 표출 빈도가 높아진다. 왜 화났는지 설명하고 바라는 것을 주장하는 문제 해결식 분노 표현을 훈련받지 못해 생기는 일이다.

순간을 넘기고
결과를 인지하라

분노는 생길 수 있고, 그 자체가 큰 문제는 아니다. 문제는 그 분노를 내가 원할 때 표출하지 못하고 아무 때나 터뜨린다는 데 있다. '홧김에' 무얼 해본 적이 있는 사람이라면 그 뒤에 느낄 자괴감과 의기소침이 얼마나 심각한지 안다.

'나는 화를 조절해서 표현할 줄 아는 강한 사람이야'라는 마음가짐으로 자신을 통제하려고 노력해야 한다. 분노 폭발은 자극에 대해 30초 안에 이루어진다. 그 고비를 넘기자. '피해자-가해자' 구도, 자신이 피해자라는 생각에서 벗어나 문제 해결자가 되어야 화가 가라앉는다.

화가 나서 짐승 같은 공격성을 보이거나 폭력을 휘두른다면 사회생활을 해나가는 데도 어려움이 따른다. 분노조절장애가 있는 사람은 자기 자신을 무서워한다. 통제력을 잃고 날뛰게 되는 순간 내가 무슨 짓을 할지 몰라 마음이 불안하다. 《나를 피곤하게 만드는 것들에 반응하지 않는 연습》이라는 책이 나와 있을 정도로 외부 자극에 대항해 자신을 보호하려고 안간힘을 쓰는 사람들이 많다. 분노조절장애를 해결할 수 있는 응급조치가 나와 있어 여기서 소개해본다.

1. 36계 줄행랑
2. 3분의 법칙
3. 분노한 이후의 상황 예측하기
4. 건강하게 화내기
5. 'Must'를 버려라
6. 자동 사고의 고리 끊기
7. 나만의 일기 쓰기

일곱 가지 해결책을 가만히 들여다보면 크게 두 가지 해법을 제시하고 있다. 화를 내고 싶은 그 순간을 넘겨라. 폭발한 화가 가져올 결과를 인식하라. 합리적으로 판단해 위기일수록 이성을 찾으라는 얘기다. 화를 낸다는 건 이성을 잃었다는 뜻이다. 뜨거운 감정은 잠시 미뤄두고 차가운 이성을 가까이에 두면 치료가 된다는 얘기다. 우리 자신을 들여다보라. 감정은 가깝고 이성은 멀다. 눈앞에 주먹이 있으니 먼저 휘두른다.

입을 열어 폭언을 쏟아낸다.

마법 같은 방법이 있을 거라는 기대를 버리고 화를 내는 나를 가만히 들여다보자. 우리는 그동안 자신에게 너무 소홀했다. 내가 누군지도 잘 모르고 뭘 원하는지는 더더욱 모른다. 나를 가까이서 보자. 그러면 왜 화가 났는지, 언제부터 그렇게 화가 쌓였는지 하나씩 얘기를 꺼낼 것이다. 시간이 걸리더라도 이 방법이 왕도다. 다른 방법들은 응급조치일 뿐이다.

분노,
마음의 노예가 되다

위협당하거나 해를 입거나 원치 않는 상황에 던져졌을 때 우리는 분노한다. 그때의 우리 마음은 스스로를 통제할 수 없어 제멋대로 돌아다닌다. 마음의 주인이 아니라 노예가 된다. 그나마 그 마음조차 조각조각 찢겨서 산산이 흩어져버린다.

분노는 우리가 느끼는 감정 가운데 가장 에너지가 크다. 단순히 공격적이고 폭력적인 분노도 있지만 마땅히 이의를 제기해야 할 상황에서 화를 내어 상황을 바로잡으려는 의분義憤 같은 긍정적 분노도 있다.

때와 장소에 맞는 적당한 화는 삶을 발전시키는 동력이 되기도 한다. 문제는 나를 파괴하고 내 주변 사람을 고통스럽게 하는 폭력적인 분노다. 이것은 꼭 고쳐야 한다. 그래야 내가 내 마음의 주인이 될 수 있다.

하루도 화를 안 내고 지나는 날이 없을 정도로 화는 우리 가까이에 있다. 화*는 불이다. 가까이 가면 데인다. 그만큼 조심해야 할 대상이다. 화는 번지고 폭발하는 속성을 지녔다. 초기에 잡거나 아예 일어나지 않도록 하는 게 최선이다. 요즘 화를 달고 사는 사람들이 많다. 모든 것이 못마땅하고 불만이다. 얼굴을 펴는 날이 없다. 왜 그럴까?

주위를 돌아보면 마음에 안 드는 것 투성이다. 마음은 이해한다. 그런데 왜 세상이 내 마음에 들어야 하나? 세상은 세상의 법칙과 순리에 따라 굴러간다. 그게 마음에 안 든다면 그건 내 문제다. 저 사람의 밥 먹는 모습, 옷 입는 모양이 마음에 안 든다고 그를 탓할 수는 없다. 그 사람에게는 그런 습관과 취향을 갖기까지 살아온 이력과 사정이 있다. 내 식대로 재단할 수 없는 노릇이다. 방법은 하나, 내가 피하는 수밖에 없다. 안 보고 안 느끼는 수밖에 없다. 그럴 수 없는 관계라면 어떻게 해야 하나?

분노조절장애를 치료하는 의사들은 먼저 호흡을 고르라고 한다. 30초가 관건이다. 그동안 숨을 길게 쉬면서 호흡 조절을 한 다음 화를 내라고 한다. 그러면 금방이라도 폭발할 것 같던 독소 많은 화는 누그러들고 내야 할 만큼의 화만 낼 수 있다.

바로 이거다. 화를 낼 때 화난 만큼만 내는 경우는 드물다. 늘 그 이상의 화를 내서 문제다. 물을 엎질렀을 뿐인데, 찌개가 좀 짤 뿐인데 나는 언제나 실수만 하는 인간이 되고, 음식의 간 하나 못 맞추는 머저리가 된다. 그러면 누가 그 화를 받아들이겠는가. 더 큰 화를 불러오는 악순환의 관계가 시작된다.

　개인적인 얘기를 하자면, 나는 산책을 하기 시작하면서부터 화를 덜 내게 됐다. 처음에는 건강상의 이유로 매일 한 시간씩 산책을 했다. 산책을 습관으로 만드는 데 반 년쯤 걸렸다. 워낙 운동을 싫어하는데다 집 밖에 나가는 것도 귀찮아해 안 나갈 수 있는 핑계를 만들어 산책을 거르곤 했다. 그런데 한두 달 지속하면서 내 자신이 변하는 걸 느끼면서 나중에는 자발적으로 산책을 나갔다. 집 뒤에 있는 둘레길을 걷는 동안은 몸도 이완되고 마음도 느긋해진다.

　별 생각을 하지 않고 발걸음을 떼다 보면 마음에 맺힌 것들이 조금씩 풀어진다. 다른 산책객들을 보며 삶의 역동성을 느끼기도 하고 나무와 풀, 꽃을 보면서 생명력을 전해 받는다. 다들 참으로 열심히 살고 있다.

　살아있는 건 이렇게 한 숨 한 숨 내쉬고 들이마시면서 삶의 모든 순간을 누리고 만끽하는 것이다. 숨이 멎는다면, 걸을 수 없다면 이 모든 게 다 무슨 의미인가. 내가 터뜨렸던 분노가 먼지처럼 작게 보인다. 화의 원인에 대해서도 차분히 돌아보게 된다. 의사들이 왜 한 호흡만 참으라고 했는지 이해할 수 있었다.

　나는 아직도 서툴다. 화를 참는 것도, 불만을 삭이는 것도. 그래서 사람들을 관찰한다. 늘 평안해 보이는 사람에게 어떻게 저런 표정을 갖게 됐는지 보고 배운다. 찡그린 사람은 왜 자기 얼굴을 저렇게 못생기게 만들고 사람들로 하여금 가까이 오지 못하게 하는지 관찰한다. 나에게도 그들에게도. 그렇게 걸음마 배우듯이 하나씩 매일 새롭게 익혀간다.

불청객도 손님이다

불안

사람들마다 느끼는 불안의 정도는 다르다. 마음이 안정되지 않아 안절부절못하는 사람도 있고, 숨이 고르게 쉬어지지 않거나 일이 손에 안 잡히는 사람도 있다. 어떤 반응이든 스스로에게 뭔가 문제가 생겼음이 느껴진다. 왜 이렇게 불안하지? 잠깐 이러다 자신이 통제할 수 있는 감정으로 넘어가면 좋지만, 그러지 못할 때 불안은 증폭된다.

불안은
살아있는 것들의 숙명

한마디로 불안은 실체가 없는 대상에게 두려움을 느끼는 것이다. 불안은 다가오는 미래에 대한 두려움을 낳는다. 불안에서 많은 부정적 심리 상태가 파생된다. 두렵고 괴로운 감정에 대항하다 보면 자주 피로를 느낀다. 어떻게 불안을 가라앉힐 것인가.

나는 여러 가지를 시도해봤다. 나 자신이 개발하기도 하고 다른 사람의 조언을 듣기도 했다. 우선 눈을 감고 숨을 고르며 자신의 현재를 직면하려고 노력한다. 이 정도로 가라앉지 않을 때는 명상을 해보기도 한다. 이건 한 번에 끝날 일이 아니다. 자신과 불안을 떼어놓기 위한 방법을 스스로 강구해야 한다.

실패에 대한 두려움, 인정받지 못하는 느낌, 잘 해내지 못할 것 같은 좌절감이 고개를 들기 시작하면 그것을 주시해야 한다. 불안에 앞서 나에게 보내는 경고들이다. 스스로를 대단한 인간이라 생각해서 엄청난 스트레스가 닥쳐와도 어떻게 되겠지 믿고 방치해선 안 된다. 강할 땐 말할 수 없이 강하지만, 약할 때는 한없이 약한 게 인간이다.

많은 정신과 전문의들은 하나같이 'Here and Now'를 답으로 내놓는다. 과거도 미래도 생각하지 말고 오직 현재에만 집중하라는 얘기다. 그러나 '여기, 지금'은 너무 짧다. 우리는 여기가 아닌 곳으로 바로 이동한다. Now는 금세 과거가 되고 쉴 새 없이 미래가 우리를 향해 밀려온다. 대체 어떤 게 지금, 여기인가. 너무 막연하다. 현재는 실체가 없고 너무 빨리 사라진다. 우리는 우리가 실천할 수 있는 것밖에 모른다. 스스로 뚜렷하게 인식할 수 있는 것들 속에서 살 수밖에 없다.

불안을 꼭 나쁘게만 볼 건 아니라는 말에 귀가 솔깃한다. 불안은 생명을 가진 존재인 인간에겐 당연한 생존 본능이다. 위험한 상황을 경계해서 난관에 빠지지 않으려는 자구책이기도 하다. 어떤 상황에서 약간의 불안을 느낀다면 그 일에 더 집중하거나 대비책을 마련하는 등 긍정적으로 작용할 수 있다.

막연할수록 구체적인 것을 붙들고 늘어져야 한다. 지금 여기를 내가 지금 먹고 있는 밥, 입고 있는 옷, 해야 할 일로 한정해보자. 그냥 그걸 하면 된다. 아플 때는 이조차 할 힘이 없다. 그러면 조금 기다려주자. 그리고 조금만 하더라도 봐주자. 하려는 마음이 대견하다. 조금이라도 몸으로 해냈다는 것 자체가 대단하다. 그거면 충분하다. 그렇게 기다리고 기다리자. 내가 원하는 만큼, 내가 미소 지을 수 있을 만큼 해내는 그 순간은 반드시 온다. 기다림의 열매를 맛볼 날을 느긋하게 기다려보자.

몸을 살펴
마음을 치유하다

인생에는 언제나 방문객이 있다. 불청객도 있다. 그들은 절대 혼자 오지 않는다. 불안도 마찬가지다. 우울과 허무감, 무력감과 동행할 때가 더 많다. 그들 역시 내 인생에 찾아온 손님이다. 잘 대접해서 보내야 뒤탈이 없다.

내 경험에 의하면, 한 번 찾아온 방문객은 두 번 세 번 다시 찾아온다. 어떤 때는 아예 눌러앉아 갈 생각을 하지 않는다. 그들을 욕하고 탓해도 소용없다. 그들에게 물어보면 내가 불러서 왔다고 대답할 것이다. 나는 고개를 끄덕거린다. '그렇지, 내가 불렀을 테지. 어찌 알고 내 집을 찾아왔겠어.' 나에게서 시작된 일이라고 생각하면 마음이 조금 편안하다.

그래, 답은 나다. 나! 모든 것의 시작이고 모든 것의 끝인 나. 나는 누구일까? 나는 어디서 비롯됐고 어디로 가는 걸까? 이 황당한 질문을 하지 않을 수 없는 건 바로 '어느 날'을 맞았기 때문이다.

나는 물리적인 것도 심리적인 것이라고 믿는 사람이다. 가슴이 뛰고 숨이 막히면 손바닥으로 가슴을 누른다. 부드럽게 문지른다. 눈을 감고 정성을 들여 오래 살살 문지른다. 그래도 가라앉지 않으면 나의 멘토가 가르쳐준 방법을 쓴다. 유두와 유두 사이 중간 지점에 물파스를 바른다. 아로마를 바르면 더 좋다. 가슴에 뭔가 맺힌 것이 있거나 울화가 있을 때 효과가 있다. 몸이 변화하면 기분도 바뀌고 감정도 달라진다.

또 권하고 싶은 건 족욕이다. 아침저녁으로 20분 정도 족욕을 하라는 거다. 신경이나 정신에 문제가 생기면 열은 머리 쪽으로 간다. 족욕은 위로 치솟은 열을 아래로 내리는 데 뛰어난 효과가 있다.

우주에서 물은 수증기가 되어 위로 올라가며, 태양의 온기는 땅속에 흡수되어 내려간다. 우주의 원리가 조화를 이루어야 생명체가 무탈하다는 원리다. 아픈 사람은 대부분 몸과 마음이 안정되어 있지 않고 들떠 있다. 불안정하다. 이런 사람에게 꼭 필요한 게 족욕이다. 열을 아래로 내리면 몸이 편안해지고 마음도 가라앉으며 잠도 잘 온다. 일상에서 이 정도만 실천해도 많이 좋아진다.

혼자 가만히 앉아 가슴을 쓸어내리거나 족욕을 하는 시간은 다 합쳐도

30분 정도면 충분하다. 24시간 중 30분이면 1/48이다. 충분히 투자할 만한 가치가 있다. 이런 작은 습관 하나를 일상에 끌어들이는 게 얼마나 힘든지 잘 안다. 나 또한 그랬다. 하다 말다를 몇 번 반복하다 습관으로 만들었다. 며칠 지키지 못한다 해도 좌절하지 말고 또 시도하라. 다시 또 게을러져도 그럴 수 있다 생각하고 처음처럼 다시 하면 된다. 그렇게 여러 번 하다가 좋은 것을 알게 되면 자연스럽게 하게 된다.

여기서 말하고 싶은 건 내가 뭘 해도 그대로 받아들이고 이해하고 격려하는 게 중요하다는 거다. 우리 사회는 잘 하는 사람만 칭찬해주고 늘 순위를 매기는 데 익숙하다. 사람마다 인내심도 성향도 다르다. 처음에 적응하는 데 시간이 걸려도 한번 시작하면 꾸준히 하는 사람이 있는가 하면, 황소라도 잡을 듯 시작했다가 금방 시들해져 그만두는 사람도 있다. 내가 어떤 사람이든 내 리듬을 따라가며 조율해 나가자.

태풍이 오는 이유

세상일이 대체로 그러하지만 불안 증상에도 위험한 순간이 있다. 오르락내리락하는 길을 몇 번 지나야 목적지에 도착하는 게 인생이다. 불안한 상태가 극심할 때는 모든 게 한순간에 무의미해지면서 이대로 제로로 만들고 싶은 욕구가 생긴다. 그렇다 해도 하나

아쉬울 것 없고 누가 슬퍼할 것 같지도 않다. 완전히 밑바닥인 이 상태에서 더 나빠질 것도 없다. 더 살아봤자 오류만 반복하는 것일 테니 그냥 여기서 끝내자는 생각이 종종 찾아온다.

이때 너무 화들짝 놀랄 필요 없다. 거의 모든 사람에게 찾아오는 생각이다. 빈도만 다를 뿐 누구나 그런 감정을 발아래 깔고 조금씩 앞으로 나가고 있을 뿐이다. '별 수 없구나. 일단 오늘 하루 넘겨보고 생각하자. 언제 내 인생에 별것 있었나. 그렇고 그랬지. 잠깐만 기다려본 다음 다시 생각해야지.' 이렇게 그 순간을 모면하는 여유가 무엇보다 중요하다.

말했듯이 물리적인 것, 손에 잡히고 눈에 보이는 것이 중요하다. 나는 마음이 미친 듯 요동칠 때면 실제로 파도를 보러 간다. 바닷가에 가서 하염없이 파도를 바라본다. 저 파도는 뭐가 그리 힘들어서 잠시도 가만히 있지 않고 몸부림을 치나. 저 아래 살아있는 생명체들은 또 어떻게 저 파도를 견디나. 나는 저 파도에 비하면 얼마나 작은가.

태풍이 올 때 우리는 호들갑을 떤다. 집이 떠내려가고 정전이 되고 사람이 죽기도 한다. 파급효과가 엄청나니 호들갑을 떨지 않을 수 없다. 그러나 태풍은 자연현상 중에서 필연적인 것이라고 한다. 이따금씩 바다를 뒤집어 휘저어놓지 않으면 생태계가 원만하게 돌아가지 않는다. 청소도 하고 순환도 하고 한마디로 기가 돌게 하기 위해 커다란 바람이 바닷속 저 아래까지 힘을 미치는 거라고 한다.

그렇다면 말이 된다. 우리 인생에도 같은 원리가 적용될 거라고 믿는다. 가만히 있으면 썩거나 죽을 수 있고, 어느 곳에는 영양분이 미치지 못하고 빛도 비치지 않아 생명체가 자라지 못할 수 있다. 그래서 한 번씩 뒤집어주는 것이다. 끝없는 생명 작용의 연장선이다.

자세히 들여다보면 세상에 일어나는 일 중에 나쁜 건 하나도 없다. 다 이유가 있고 의미가 있다. 이렇게 생각했다면 이미 머리에 신선한 공기가 돌기 시작한 거다. 고개를 끄덕거리는 순간 위기의 시간은 지났다. 오르락내리락의 한 구간을 지난 거다. 삶은 반복되는 속성이 있다. 우리 인생에서 일어나는 대부분의 일은 다 되풀이된다. 놀랄 것 없다. 이번이 지나면 다음이 오고 또 그 다음이 온다.

바통은 다음에게 넘기고 나는 여유 있게 인생을 즐기자. 살살 요령 있게 살자. 너무 온몸을 부딪쳐 상처를 입으면서까지 스스로에게 큰 위험을 무릅쓰게 하지 말자. 도덕적인 기준을 높게 잡아 나를 다그치지도 말자. 스스로에게 관대해지기를 실천 덕목에서 첫 번째로 꼽아도 좋다.

더 나은 나를 꿈꾸다

나에게 일어난 안 좋은 일을 표면만 보면 쉽게 좌절할 수밖에 없다. 돈을 잃거나 건강을 잃거나 인간관계를 잃으면 인생에 큰일이 일어났다고 판단한다. 멀리서 인생 전체를 바라보면 누구에게나 일어나는 어떤 일, 인생의 많은 우여곡절 중 하나일 뿐이다. '성즉쇠盛卽衰'는 자연현상이다. 무르익은 다음에 잎이 지듯 나무처럼 사람도 쇠락의 길을 걷는다.

너도나도 강조하는 인문학은 삶을 입체적으로 바라보는 법을 가르쳐준다. 인생을 입체적으로 본다는 건 큰 틀을 보고 다른 면을 본다는 얘기다. 모든 경험에는 배움이 있다. 나쁜 일에서도, 나를 고통에 빠뜨린 재앙에서도 배울 게 있다. 힘이 들 때 이 상황이 내게 주는 메시지가 무엇인가 생각할 수 있는 여유가 있다면 그렇게 힘들지 않다. 생각을 전환할 수 있는 힘은 다른 사람의 생각에 끊임없이 귀를 기울인 독서에서 온다. 밖에서 나에게 주입한 문제 해결법이 아니라 다양하고 열린 방식으로 나를 관찰할 안목이 생긴다.

이 세상에 '나'만큼
흥미로운 텍스트가 있을까?

공부하면 할수록 나를 더 자세히 재미있게 보는 눈이 생긴다. 계절이 바뀌는 것도 몸으로 생생히 느낄 수 있고 타인을 대할 때도 더 생동감 있는 자세로 본다. 뭐가 되는 게 중요한 게 아니다. 자기를 바라보는 태도를 달리하고 세상을 보는 인식이 바뀌면 인생이 달라진다. 인문학이라는 건 추상이 아니라 삶을 달리 볼 수 있도록 하는 실용학이다. 실사구시의 공부다. 책을 읽으라는 빤한 이야기를 빤하게 할 수밖에 없는 이유다.

인간이 어떤 존재인지 알게 되면 인간이 가진 약점과 한계를 받아들일 용기가 생긴다. 나만 그런 게 아니기 때문이다. 내가 고통스러울 때 가장 위안이 되는 건 타인의 고통이다. 남도 나만큼 아프구나 생각할 때 내 고통을 딛고 일어날 힘이 생긴다. 이런 유대감은 책을 읽고 많은 사람의 생각에 귀 기울인 다음 얻게 되는 공감 능력에서 비롯된다.

글쓰기를 하는 사람들이 놀라는 지점이 이 부분이다. 평생 이 고통을 나만 안고 사는 줄 알았는데 나보다 더 크고 깊은 고통 속에서 살아온 사람이 많다는 걸 알게 된다. 큰 그림에서 내 삶을 들여다보지 않으면 나쁜 사이클의 경험을 반복해 떠올리며 자신을 고통의 노예로 만들기 쉽다. 나를 객관적으로 보려는 노력, 타인의 삶을 들여다보고 뭔가를 배우려는 의지가 있으면 마음은 생동한다. 거기서 삶의 흐름을 찾아야 한다.

너무 늦기 전에 움직여보자. 발견했을 때가 언제든 너무 늦었다 포기하지 말고 작은 것부터 실천하면서 조금씩 탄력을 되찾는 거다. 몸을 움직이기 싫더라도, 사람을 만나기 싫더라도 하루 혹은 일주일에 한 번씩 시간을 내어 밖으로 나간다. 거리를 걸어본다. 눈을 들고 세상을 바라본다. 눈에 들어오는 사람과 풍경은 매번 다른 느낌을 준다. 경멸과 혐오를 느낄 때도 있고, 애틋한 연민을 느낄 때도 있다. 둘 다 내 감정이다. 감정의 변화를 주시한다. 몸이 움직이고 있을 때는 나쁜 감정이 나를 크게 해칠 수 없다. 내가 계속 움직이고 있어 곧 다른 풍경, 다른 감정이 찾아오기 때문이다. 이런 역동성과 활력, 생동감을 조금씩 챙겨 모아 내 안에 비축하면서 스스로 돌파구를 찾거나 만들어간다.

더 나은 내가 되려는
본능을 살려라

인간에게는 더 나은 자신이 되려고 하는 선의의 본능이 있다. 세 살 때, 일곱 살 때, 열여섯 살 때의 우리를 돌아보라. 어릴 때는 어린 대로, 자라서는 자란 대로 우리는 조금이라도 발전하려고 노력해왔다. 공부를 잘하고 싶었고, 친구들에게 인기 있는 사람이 되고 싶었고, 매력 있는 인간이 되려고 노력했다. 그게 인간이다.

성공할 수도 있고 실패할 수도 있지만, 본능적으로 자기에게 잠재력이 있다 믿고 밀어붙여 개발하고자 한다. 그런데 기력이 소진되거나 마음이 병들면 그 본능은 죽는다. 내가 사느냐 죽느냐의 위기 속에서 더 나은 인간이 된다는 건 사치다. 우선 살고 봐야지, 현상 유지도 어려운 판에 어찌 더 나은 나를 기대하는가.

　인간이 자신을 믿고 자신의 좋은 면을 바라보려고 애쓰는 모습은 귀하고 아름답다. 그런 사람의 얼굴에는 자주 미소가 떠오르고 그 미소는 전염성이 강하다. 우리가 행복한 사람과 가까이하려는 이유다. 좋은 기운을 받고 싶고, 좋은 느낌을 닮고 싶어서. 그러려면 몸처럼 마음도 항상성을 유지해야 한다. 뜨겁지도 차갑지도 않게 적정 온도를 유지하려면 늘 현재의 상태가 어떤지를 인식해야 한다. 이를 위한 하나의 방법으로 글쓰기를 권한다.

　우리는 종일 말을 한다. 내가 느끼는 것, 생각하는 것, 하고자 하는 것을 말로 표현한다. 인간에게 말은 호흡과 같다. 생존하기 위해 몸이 숨을 쉬듯 정신은 말을 한다. 심지어 혼자 있을 때도 혼잣말을 한다. 내 안에 쌓여 있는 걸 밖으로 표출하고, 더 나아가 타인과 공유하고자 한다. 말은 때로 글의 형태로 발전한다. 글은 말에 생각을 보탠다. 말로 할 수 있는 내용에 시간을 들인 생각을 더해 한 단계 올라서는 것이다.

　엉킨 전선처럼 마음이 어수선할 때 눈을 감고 생각을 정돈한다. 여기서 해결이 안 되면 그것을 글로 적어본다. 글은 흰 종이에 검은 글씨로 자기 존재를 드러낸다. 머릿속에 있을 때는 몰랐던 것들이 글로 쓰여 세상에 나오면 존재가 뚜렷해진다. 본색이 드러난다. 음지에 웅크리고 있던 것이 밖으로 나와 자기 존재를 알린다. 음지 탈출의 기회다.

비교는 어리석다,
나를 궁리하라

살다 보면 어떤 때는 적극적이고 활발한 시기를
보내기도 하고, 내향적이고 조용한 시기를 보내기도 한다. 필요한 대로
때에 맞춰 내 모드를 맞추면 된다. 다만 조용한 것과 어두운 건 다르다.
느리게 흘러가더라도 내가 그 상태를 충분히 알고 건강하게 나아가고자
하는 의욕이 있다면 큰 문제가 아니다. 글을 쓰는 건 힘을 얻기 위해서
다. 내 현재를 진단하고 문제점을 발견하고 나면 개선할 점이 보인다. 벽
장에 있는 것들에 햇볕을 쪼여 세상과 만나게 해주는 일이다.

잠깐 고민해도 되는 문제를 오래 붙들고 끙끙거리는 건 아닌지, 오래 진
지하게 생각해야 할 것들은 저만큼 미뤄둔 건 아닌지 알기 위해 글을 써
봐야 한다. 그 과정에서 조금 건강해진 나, 본래의 내 모습을 볼 수 있다.

'환지본처還至本處'라는 말이 있다. 본래의 내 자리로 돌아간다는 말이
다. 우리는 수시로 원래 있던 자리로 돌아가고자 한다. 아무 상처도 없던
때, 모든 게 나를 중심으로 흘러가는 듯했던 시기를 떠올리는 것만으로
도 불행하다는 느낌을 조금은 떨칠 수 있다.

책을 읽고 글을 쓰고 생각을 하고, 그걸 타인과 나누는 과정은 밥을 먹
고 운동을 하고 여행을 가는 것만큼 우리의 영혼에 필수적인 행위다. 안

해본 사람은 있어도 한 번만 해본 사람은 없듯 글쓰기나 독서의 맛을 본 사람은 점점 더 깊이 빠진다. 그보다 더 자신과 친해지는 방법이 있을까.

오랜 유배 생활에도 곧은 생각을 버리지 않았던 다산 정약용도 스스로를 가장 맑게 하는 데 독서만 한 게 없다고 했다. 조금씩 혹은 가끔씩이라도 우리 생활에 끌어들여 습관으로 만들어뒀을 때 절대 손해날 일 없는 게 독서와 글쓰기다. 나는 감히 독서 습관이 최고의 노후 대책이라고 주장한다.

다시 변화 이야기를 하자면, 엄청난 것을 노리지 마라. 작은 것, 나를 계속 불편하게 했던 습관 고치기를 시도해보라. 하나의 예로, 약속 시간 엄수 하나만 고쳐도 많은 게 달라지고 인생이 사뭇 편안해진다. 이른 기상 혹은 이른 취침도 간단해 보이지만 결과는 놀랍다. 작은 것에 성공하면 큰 것도 잘 한다. 당장 뭐든 오늘 시도해보라. 내일로 다음으로 미루지 마라. 미루면 그 사이 마가 끼어든다. 그때그때 하자. 해치워버리자.

글을 써서 우울과 불안과 분노를 스스로 씻어내야 한다. 남은 알지 못하고 남에게는 다 말하지 못하는 자신만의 고통의 뿌리. 정확하게 자신의 문제점을 찾아내 치유하면 재발하지 않는다. 자기에게 가장 잘 맞는 방법으로 제대로 치유했기 때문이다. 정공법이다. 자기 자신을 만난 사람, 세상에서 가장 복잡한 인간 '자신'을 만난 사람은 타인도 잘 이해한다. 한 인간의 진면목을 본 사람은 다른 사람에 대해서도 마음이 열리고 눈이 열린다.

나는 이 세상에서 유일한 존재다. 누구도 나와 같지 않고 같을 수도 없다. 흥미롭고 새롭고 무궁무진한 세계가 나 자신이라고 생각해보라. 비교는 어리석다. 잘 하고 싶으면 좋아하는 것을 하라 했다. 하루를 잘 살기 위해 나와 친해지는 법을 궁리해본다. 나는 어떨 때 미소 짓고 어떨 때 인상을 찌푸리나? 나를 바라보는 섬세한 눈길과 마음이면 충분하다. 모든 게 여기서 시작된다.

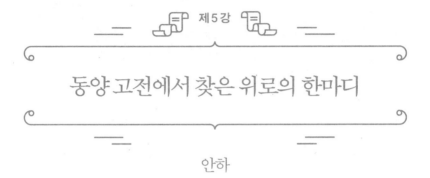

제5강

동양 고전에서 찾은 위로의 한마디

안하

임진왜란 시기 한중문학 교류에 대한 연구로 성균관대 한문학과에서 박사학위를 취득했다. 한문학은 오래되어 낡은 이야기가 아니라 21세기 스토리 산업의 원천이라 믿고 현대인의 시각으로 재해석하는 데 힘을 쏟고 있다. 성균관대 출강, 국립중앙도서관 고서해제위원으로 문학·역사·철학·과학 등 다양한 주제의 고서를 탐독하며 옛 이야기 속 숨은 원석을 찾고 있다.

나이 들어 실직한 당신을 위한 한마디

찬바람이 불고 낙엽이 지는 가을이면 괜히 쓸쓸해진다. 소멸의 계절인 탓이다. 색 바랜 나뭇잎이 바닥에 떨어져 나뒹구는 스산한 풍경은 푸르 렀던 청춘을 보내고 시들어가는 자신을 더 처량하게 만든다. 세월이 갈 수록 가을의 비극적 감상은 허전한 마음을 파고들게 마련이다. 한탄해봤 자 바뀌는 건 아무것도 없다. 염세적인 분위기에 젖어 세상을 탓하기보 다 자신의 처지를 담대하게 바라보며 맞서는 기개와 용기가 필요하다.

지난번에는 노란 국화를 보고 그대와 이별했는데	昔看黃菊與君別
지금은 검은 매미 소리 들으며 내가 돌아왔네	今聽玄蟬我却回
깊은 밤 가을바람 소리에 잠깨어 보니	五夜颸颸枕前覺
1년 동안의 얼굴 거울 속에 돌아왔네	一年顏狀鏡中來
말은 변방의 풀 생각하며 곱슬한 털을 움직이고	馬思邊草拳毛動
독수리는 푸른 구름 바라보며 졸린 눈을 뜨네	鵰眄青雲睡眼開

천지가 맑고 깨끗해 사방을 둘러볼 만하니　　　天地肅淸堪四望

그대 위해 병든 몸을 끌고 높은 대에 오르네　　爲君扶病上高臺

836년 당나라의 시인 유우석劉禹錫이 65세에 지은 〈처음 가을바람 맞으며始聞秋風〉라는 시다. 유우석은 당나라의 유명한 문인이며 정치가다. 호방한 기질이 시에 잘 표현됐다고 하여 시호詩豪, 즉 시의 호걸이라 불리기도 했다. 당나라 시인 중 '시의 성인'이라 불린 두보, '시의 신선'이라 불린 이태백에 이어 유우석은 '시의 호걸'이라 불린 셈이다. 당대의 명문장가 유종원柳宗元과 쌍벽을 이루며 문학으로 명성을 날려 두 사람을 묶어 '유유劉柳'라 부르기도 했다.

유우석은 정치가로서 왕숙문, 유종원 등과 정치 개혁을 꿈꿨다. 당시 권력의 중심에 환관들이 있어 그들과 결탁한 세력의 부패한 정치를 막고 왕권을 강화하기 위해 혁신 운동에 가담했다. 여러 차례 개혁을 시도하고 또 실패하기를 반복했다. 그때마다 지방으로 좌천되어 그의 꿈은 끝내 좌절되고 말았다.

세상이 아무리 나를 내치고 꺾으려 해도 다시 달린다

시를 지을 당시 유우석은 벼슬에서 쫓겨나 낙양으로 가게 되었다. 나이도 많은 데다 몸까지 병든 상태였다. 그가 시를 지은 날이 음력 9월 9일 중양절重陽節이라는 해석이 있다. 중양절에는 산에 올라 국화주를 마시며 시를 읊거나 산수를 즐기는 풍습이 있었다. 늙고 병든 몸을 보살피며 집에서 편안히 쉬어야 할 것 같은데, 기어이 아픈 몸을 끌고 지팡이에 의지해 스산한 가을날 언덕을 오른다. 중양절 풍습에 맞춰 높은 대에 올랐다고 해석할 수도 있지만, 평소 유우석이라면 굳이 풍습에 연연하지 않고 높은 곳을 찾아 올랐을 것 같다. 지치지 않는 의지의 화신 유우석이니까.

"말은 변방의 풀 생각하며 곱슬한 털을 움직이고, 독수리는 푸른 구름 바라보며 졸린 눈을 뜨네."

한창때 전쟁터를 누비던 말은 들판에서 풀을 뜯으며 쉬어야 마땅하지만, 오히려 변방에서 달리던 그 시절을 생각하며 다시 뛰고 싶어 한다. 그래서 달리고 싶은 마음으로 굽실굽실 털을 움직여 본다.

맑은 가을 하늘 아래 껌뻑껌뻑 졸고 있는 독수리는 다시 눈을 부릅뜨며 청운의 꿈을 꾼다. 하늘을 가로지르며 큰 날개를 펼치려고 꿈틀거리는 모습이다. 세상이 아무리 나를 내치고 꺾으려 해도 다시 달리겠다는 의지만은 잃지 않겠다는 시인의 기상을 말과 독수리에 빗대어 묘사했다.

인생의 황혼기에 조락凋落의 계절, 가을을 맞은 시인은 오랫동안 정치적 시련과 불우에 시달렸지만 좌절하거나 굴하지 않고 늙고 병든 자신을 격려하기 위해 이 시를 지었다고 한다. 정치적 포부를 펼치지 못했지만 그래도 천재 시인으로서의 기상만큼은 잃지 않았던 곧은 문인의 기개가 느껴진다.

유우석은 정계에서 물러나 있었고 실제로 정치적 생명도 끝났다. 더 이상 자신의 의지를 펼칠 수 있는 기회가 오지 않을 듯했다. 삶은 얼마 남지 않았고, 정계로 복귀하기도 쉽지 않을 테니 이제는 쉬면서 인생을 마무리하겠다는 판단이 옳을지도 모르는 상황이었다. 지금 나이로도 예순다섯이면 은퇴할 시기였으니 말이다.

그런데 유우석은 자신의 불행함을 한탄하지 않았다. 모두 '은퇴'라고 생각했지만 자신은 '재기'를 다짐했던 것이다. 그는 기상을 꺾지 않았다. 실패와 불행에 좌절하지 않고 어떤 힘든 상황이 그를 가로막아도 잘못된 세상을 바꾸겠다고 갈망했다. 이상에 대한 집념을 놓지 않았다. 무엇 하나 녹록치 않은 환경에, 이미 힘없고 늙고 병든 그였지만 결코 주저않지 않았다.

유우석은 자기 자신을 격려하며 굳건한 기상을 펼쳐보였다. 뛰어난 문학적 재능을 가졌으나 정치적으로 곤란을 겪으며 재능을 펼칠 기회를 잃고 병까지 들어 삶에 대한 모든 희망을 잃을 법한데도 기상을 잃지 않았다. 그것이 자신을 핍박하던 시대에 대한 진정한 복수라고 믿었을지도 모르겠다.

군자가 살고 있으니
무슨 누추함이 있겠는가

유우석의 굳건한 기상은 어디에서 나오는 걸까? 그는 자신의 재능에 대한 확신이 뚜렷했고 자신감이 넘치는 인물이었다. 누가 뭐라 해도 자신을 믿고 재기를 꿈꾸었기에 늘 당당했다.

이 시를 쓴 후에도 유우석은 재기에 성공하지 못했다. 재기를 하지 못하면 또 어떤가. 그는 다른 사람들 눈에는 외진 시골의 누추한 집에서 별볼 일 없이 살아가는 병든 늙은이에 불과했을지 모른다. 그렇지만 자신의 세상에서만큼은 존엄한 인격체로 온전했다. 재기를 다짐하는 기개의 원천도 바로 자신에 대한 당당함이었다.

유우석의 기상은 그의 대표작 〈누실명陋室銘〉에서도 읽을 수 있다. 여기서 '누실陋室'은 '누추한 집'이라는 뜻이고, '명銘'은 스스로를 경계하거나 남의 공덕을 기리기 위해 짓는 비교적 짧은 글이다.

산은 높지 않아도 신선이 살면 이름을 얻는다.
물은 깊지 않아도 용이 살면 신령스럽다.
이 누추한 집에는 오직 나의 향기로운 덕이 있을 뿐이다.
이끼는 계단에 올라 파랗고, 풀빛은 주렴 안으로 들어와 푸르다.
훌륭한 선비들과 담소를 나누고, 비천한 자들은 왕래하지 않는다.
거문고 연주하고 금경을 읽기에 좋다.

음악 소리 귀를 어지럽히지 않고, 관청 서류에 몸을 괴롭히지 않는다.

남양 땅 제갈량의 초가집이요, 서촉 땅 양웅의 정자로다.

공자도 말했지. "군자가 살고 있으니 무슨 누추함이 있겠는가."

山不在高, 有仙則名, 水不在深, 有龍則靈, 斯是陋室, 惟吾德馨, 苔痕

上階綠, 草色入簾靑, 談笑有鴻儒, 往來無白丁, 談笑有鴻儒, 往來無白

丁, 可以調素琴, 閱金經, 無絲竹之亂耳, 無 案牘之勞形, 南陽諸葛廬,

西蜀子雲亭, 孔子云, 何陋之有.

산은 높아야 이름이 있고 물은 깊어야 신령스럽다. 산이 높지 않아도
이름이 있으려면 산에 신령이 살아야 하고, 물이 깊지 않아도 신령스러
우려면 물에 용이 살아야 한다. 내가 사는 집은 비록 누추하고 보잘것없
지만 덕의 향기가 가득하다. 유명한 산과 신령스러운 물을 만드는 힘이
자신에게 있다고 믿었던 유우석. 그래서 그의 누추한 집은 곧 군자의 집
이 된다. 그 유명한 제갈량과 양웅을 자신과 견주며 자존심을 높였고 공
자의 말씀으로 갈무리하면서 더 이상의 이견을 허락하지 않았다.

정계에서 밀려나 아무것도 할 수 없게 되었을 때의 심정을 유우석은
비천한 자들이 들락거리지 않고 산더미같이 쌓인 관청의 온갖 서류가 자
신을 괴롭히지 않아 좋다고 말한다. 이런 자존감이 유우석을 끝까지 무
너지지 않게 만들었을 것이다.

몇 년 전 존경하는 작가가 계획한 일이 성사되지 않아 좌절하는 모습

을 보며 안타까운 마음이 들었다. 그때 그에게 유우석의 시 〈처음 가을바람 맞으며始聞秋風〉를 전했더니 큰 위안을 받았다는 회신을 보내왔다. 시를 읽고 용기를 얻었는지는 알 수 없지만 그 작가는 이후 재도전에 성공했다. 찬바람이 불기 시작하는 가을이면 나는 학생들에게 잊지 않고 이 시를 읽어준다. 늙고 병들고 실직한 유우석이 좌절하지 않은 이유를 학생들이 알았으면 하는 바람에서다.

자꾸 비겁해지는 당신을 위한 한마디

천하에는 두 가지 큰 저울이 있다. 하나는 옳고 그름의 저울이요, 하나는 이득과 손해의 저울이다. 두 가지 큰 저울에서 네 가지 큰 등급이 나온다.

옳음을 지켜 이득을 얻는 것이 가장 좋고, 옳음을 지키다 손해를 입는 것이 그 다음이다. 그 다음이 그름을 따르다 이득을 얻는 것이요, 그름을 좇다 손해를 입는 것이 가장 나쁘다.

天下有兩大衡, 一是非之衡, 一利害之衡也. 於此兩大衡, 生出四大級. 凡守是而獲利者太上也, 其次守是而取害也, 其次趨非而獲利也, 最下者趨非而取害也.

이 글은 다산 정약용이 나이 55세인 1816년 5월 3일, 큰아들 정학연에게 보낸 답장의 일부다. 다산은 세상을 살아가는 기준을 옳고 그름과 이득과 손해, 네 가지로 구분했다. 가장 좋은 것이 옳은 것을 따르다 이득을 얻는 것이고, 가장 나쁜 것이 그른 것을 좇다 손해를 보는 것이라 했다.

아들이 어떤 내용의 편지를 보냈길래 다산이 이렇게 답장을 보냈을까. 이 편지를 쓸 당시 다산은 16년째 강진에서 유배 생활을 하고 있었다. 큰 아들 정학연은 아버지의 긴 유배 생활을 못내 마음 아파하며 유배에서 돌아올 수 있는 방법을 찾았다. 다산의 육촌 처남인 홍의호洪義浩와 강준흠姜浚欽, 이기경李基慶 등 다산을 궁지로 내몬 장본인들에게 유배 생활을 끝낼 수 있도록 부탁하는 편지를 보내면 어떻겠느냐고 아버지에게 물은 것이다. 다산의 육촌 처남인 홍의호는 예조 판서로 있었고, 강준흠과 이기경은 다산이 유배에서 풀리는 것을 반대했던 사람들이다. 그들이 마음을 돌린다면 다산이 유배를 끝낼 수 있지 않을까 하는 게 아들의 생각이었다.

다산은 아들의 제안에 단호한 입장을 밝혔다. 홍의호에게 편지로 용서를 구하는 것이나, 강준흠과 이기경에게 애걸하는 것은 3등급을 구하려다가 도리어 4등급으로 떨어지게 되는 일이라고 말이다.

사소한 일로 절개를 잃는 것에 앞서 다산은 분명히 자신이 절개를 지키려는 것은 아니라고 했다. 다만 3등급이 될 수 없음을 알기 때문에 4등급으로 전락하는 것이라도 면하려고 할 따름이라는 설명이다. 그러면서 "내가 집으로 못 돌아가는 것은 분명 큰일이다. 하지만 죽고 사는 일에 비하면 사소한 일이다. 사람이란 경우에 따라 목숨을 버리고 의리를 택해야 할 때도 있다"고 했다. 다산은 비굴함을 택하지 않겠다며 강경한 태도로 거절했다.

재난은 한때일 뿐,
청운의 뜻을
꺾지 말아야 한다

　　　　　　　　　다산은 이 편지를 쓰고 난 후 2년 뒤에 유배에서
풀려났다. 비겁하지 않은 쪽을 선택해 16년을 버텨온 유배 생활을 2년
더 했을 뿐이다. 옳지 않다고 생각하는 일은 절대 하지 않아 다산은 세상
에 떳떳할 수 있었다. 유배 생활 중 다산이 가장 걱정한 건 자식의 교육
이었다. 아들의 교육을 책임져야 할 아버지 다산은 아들을 직접 가르칠
수 없다는 점이 늘 마음에 걸렸다. 아버지의 빈자리가 성장하는 아들에
게 나쁜 영향을 미칠까 항상 걱정한 것이다.

　그래서 늘 독서를 강조하고 부지런함과 검소함을 가르쳤다. 다산이 아
들에게 보낸 편지 곳곳에 독서와 근검을 강조하는 문구가 나온다. 또 거
짓말을 하지 말고, 비겁한 수단으로 이익을 얻으려 하지 말라고 당부한
다. 몸은 멀리 떨어져 있었지만 편지로나마 가르침을 멈추지 않았다.

　뜻을 품고 이 세상을 살아가는 사람은 한때 재난을 당하더라도 청
운의 뜻을 꺾어서는 안 된다. 사나이의 가슴 속에는 항상 가을 매가
하늘을 치솟아 오르는 기상이 있어야 한다. 눈으로는 세상을 작게
보고, 손바닥으로는 우주를 가볍게 여겨야 한다.

　有志斯世者, 不宜以一時菑害, 遂沮靑雲之志, 男子漢胸中, 常有一副
秋隼騰霄之氣, 眼小乾坤, 掌輕宇宙.

이 글은 다산이 다산초당에 머물며 공부하다가 집으로 돌아가는 둘째 아들 정학유丁學游에게 써준 글이다. 둘째 아들은 1808년 4월부터 1810년 2월까지 다산초당에 머물다 한양으로 돌아갔다. 다산은 아들이 폐족廢族의 후손이 되어 뜻을 세우는 일을 포기할까 걱정했다. 고난의 연속이었지만 아버지는 아들에게 재난은 한때일 뿐, 이로 인해 청운의 뜻을 꺾지 말아야 한다고 당부한다.

다산의 아들은 과거에 응시할 수 없게 되었다. 과거로 벼슬길에 나아갈 수 없는 아들에게 청운의 뜻을 꺾지 말라니 무슨 의미인가? 다산은 과거 공부에 대해 근심하지 않고, 벼슬길에 연연하지 않고 진정한 공부를 할 수 있는 걸 다행이라고 했다. 다산은 글을 알면서도 과거 공부로 인해 폐단이 생기는 것보다는 근본을 세우고 학문에 뜻을 두는 걸 다행이라 여겼다. 오히려 공부하기에 더 좋은 기회이니 힘써 참된 공부에 몰입하라는 것이었다.

아들은 다산초당에 있는 동안 아버지 다산의 이런 가르침을 가슴 깊이 받아들였을 것이다. 가을 매가 하늘을 솟아오르는 기상과 세상에 기죽지 않는 정신을 간직하고 집으로 돌아가 뜻을 세웠을 것이다. 누구보다 더 좌절하고 있을 것 같은 아버지가 이런 멋진 말을 해준다면 정신이 번쩍 들지 않을까.

다산은 〈두 아들에게 주는 가훈又示二子家誡〉이라는 글에서 중국 남송의 철학자 육상산의 "우주의 일이 나의 일이요, 나의 일이 바로 우주의 일이

다"라는 대목을 인용한다. 그러면서 "대장부라면 하루라도 이런 생각을
하지 않아서는 안 된다, 우리의 본분을 스스로 가볍게 여겨서는 안 된다"
고 강조했다. "하찮은 물건이나 돈 몇 푼에 잠시라도 양심을 저버리는 일
이 있으면 기상이 위축되고, 이는 사람이 되느냐 귀신이 되느냐의 고비
이니 부디 경계하라"고 당부했다.

하늘이 만물을 낳을 때
먹을 것도 함께 주는 법

사람은 현실에 굴복하며 살기 쉽다. 대의명분을
따르기 위해 현실에 무릎 꿇지 않고 살아가기란 쉽지 않다. 불의를 보고
도 스쳐지나가는 대부분의 사람들은 '정의롭게 살면 너무 피곤해진다'는
현실론적 판단을 앞세우기 때문이다. 옳은 것을 따르며 사는 사람들의
이야기는 고전이나 위인전에나 나오는 거라고 쉽게 넘기려 한다.

당장 먹고사는 문제가 사람을 가장 비겁하게 만든다. 옳은 소리를 하
면 일자리를 잃을까 두렵고, 성공에 지장을 줄까 겁낸다. 옳지 않은 일을
하는 배경에는 이렇게 먹고사는 문제가 핑계로 자리한다.

가난한 선비가 정월 초하룻날 앉아 1년 동안의 양식을 미리 계산해
보면, 참으로 아득하여 굶주림을 면할 날이 없다고 걱정할 것이다.
그러나 섣달 그믐날 저녁이 되면 여덟 식구가 모두 살아 한 사람도

줄어들지 않았다. 돌이켜 생각해봐도 어떻게 한 해를 살았는지 알
수가 없다. 이런 이치를 아는가?

누에가 알에서 나올 때면 뽕나무에는 잎이 돋아 나오고, 아기가 어미
뱃속에서 나와 울음을 터뜨리면 어미의 젖이 줄줄 흘러내린다. 양식
또한 어찌 걱정할 필요가 있겠는가? 네가 비록 가난하더라도 걱정하
지 마라.

貧士於月正元日, 坐算一年糧饌, 誠茫然, 意不日不免乎餓莩. 然及至
除夕, 依然八口都存, 一個不損, 回頭游想, 莫知其所以然, 汝能覺此理
否. 蠶出殼而桑葉吐, 孩兒出母胎, 啼聲一發而母乳已瀝然注下, 糧又
安足憂哉. 汝雖貧其勿憂.

이 글은 다산이 52세인 1813년 8월, 다산초당에 있을 때 제자 윤종
심尹鍾心에게 써준 글이다. 가난을 걱정해 옳지 않은 길을 선택할까 걱정
하는 마음을 알 수 있다. 가난을 걱정해 자신의 뜻을 꺾지 말라고 당부
한다. 많이 가진 것을 부러워할 필요도 없고, 가난을 두려워할 필요도
없다는 뜻이 담겨 있다. 인용한 글의 앞에는 땅의 소유주는 변함없을 것
같지만 여러 차례 바뀐다는 내용을 써서 가진 것의 덧없음을 말했다.

또 다른 제자 정수칠丁修七에게 써준 글에는 "제비 새끼가 알에서 나오
면 날벌레들이 들판에 가득하며, 하늘이 만물을 낳을 때 먹을 것도 함께
주는 법"이라고 말했다. 세상에 생명을 가지고 태어나는 존재는 굶어
죽지 않으니 먹고살 걱정 때문에 불의와 타협해서는 안 된다고 신신당

부했다.

되돌아보자. 먹고사는 문제를 핑계 삼아 불의를 선택해 누군가를 배반하거나 거짓에 동조한 적은 없는지. 동료의 의로운 투쟁을 방관한 적은 없는지. 사소한 이익에 양심을 팔았던 적은 없는지.

좋아하는 대학 선배가 있었다. 그는 똑똑하고 정의로웠다. 졸업 후 누구나 부러워하던 직장에 취직을 한 선배는 현실에 타협하며 눈치를 보느라 기죽어 있었다. 나중에 알게 된 사실이지만, 취직을 할 때 옳지 못한 도움을 받은 게 마음 한구석에 짐이 되었던 것이다. 그가 똑똑하기만 했다면 그런 자책은 하지 않았겠지만, 정의로운 선배였기에 사람들 앞에 떳떳하지 못했던 것이다.

세상을 올바르게 살아가는 도리를 강조한 다산은 스스로 세운 원칙을 지키며 살았고, 아들과 제자들에게 항상 올바르게 살라 강조했다. 그러면서 다산은 아들에게 부탁한다.

"폐족의 처지에 잘 대처하려면 어떻게 해야 하는가? 오직 독서뿐이다. 독서, 이야말로 인간이 할 수 있는 가장 맑은 일이다.
천지간에 외롭게 선 내가 운명적으로 의지해야 할 것은 오직 글쓰기일 뿐이다."

언제나 남 탓만 하는 당신을 위한 한마디

나무가 썩으면 날짐승이 모여들고, 고기가 썩으면 벌레가 생기며, 나라는 반드시 스스로 자기를 친 뒤에 외부의 적이 와서 치고, 사람은 반드시 스스로 자신을 해친 뒤에 외부의 나쁜 기운이 와서 해치는 법이라오.

...

명리의 굴레는 사람을 패망의 길로 몰아넣으며, 계륵과 같은 벼슬에 연연하면 그 화가 촛불에 날아드는 부나비와 같다오. 그대가 그 길로 가려는 것을 내가 만류해 그대의 생명을 보전해주었으니 무릇 내가 그대를 병들게 한 것은 알고 보면 그대를 잘 완성해준 것이라오.

夫木朽而禽集, 肉敗而蟲生, 國必自伐而後外寇伐之, 人必自戕而後客邪戕之. … 利途名韁, 覆車敗轍, 戀存鷄肋, 禍慘蛾燭, 我挽子行, 保子全生.

이 글은 조선시대의 문인 월사(月沙) 이정귀(李廷龜)가 쓴 〈학질을 쫓아 보내
는 글(送瘧文)〉 중 일부다. 학질은 조선시대에 많이 걸렸던 병이다. 여름에
도 덜덜 떨며 열이 나는 병이라고 하는데, 견디지 못할 정도로 포악스러
운 질병이라고 한다. 조선시대 문인들이 학질로 고통받는 글을 많이 남
겼을 정도다.

〈학질을 쫓아 보내는 글〉은 학질이라는 병과 이정귀가 주고받는 대화
형식으로 되어 있다. 병신년(1596년) 12월 신묘일 그믐날 저녁에 주인이
병석에서 일어나 학질을 쫓는 푸닥거리를 하자 학질이 자신을 쫓아내면
안 되는 이유에 대해 말하는 것으로 시작한다.

이정귀가 학질을 빨리 자신의 몸에서 내보내려고 하자 학질은 자신을
몰아내지 말라고 하면서 이렇게 말한다. 나무가 먼저 썩은 후에 날짐승
이 모여든 것이지, 날짐승이 모여들어 나무가 썩은 것이 아니다. 고기가
먼저 썩어서 벌레가 생긴 것이지, 벌레 때문에 고기가 썩은 것이 아니다.
외부의 적이 나라를 망하게 한 것이 아니라, 그 전에 나라 내부가 먼저
무너진 것이다. 사람도 마찬가지로 자신을 먼저 해친 후에야 외부의 나
쁜 기운이 해치는 것이다. 그러니 그 원인을 자신의 내부에서 찾아야지
외부의 핑계를 대지 말라는 뜻이다.

결국 학질이 이정귀를 찾아가 몸을 병들게 한 것이 아니라 이정귀 스
스로 몸을 잘 간수하지 않은 것이니 오히려 이정귀가 학질을 기다린 셈
이라고 한다. 정신을 살리고 생각을 틔우고 음식을 절제한다면 학질이
스스로 물러날 것이라고 당당히 말한다.

누구를, 무엇을
탓할 수 있겠는가

이 시기는 당쟁이 극에 달했을 때라 수도 없이 당쟁의 피바람에 휘둘려야 했다. 친한 친구들이 당쟁으로 인해 유배를 가야 했고 목숨을 잃기도 했다. 그런 모습을 보면서 이정귀는 괴로워했다. 이정귀 자신도 국가를 위해 많은 공을 세웠지만, 항상 반대파의 음모로 목숨을 보전하기도 어려운 지경이었다.

이정귀가 학질 때문에 할 일을 제때 못하고 벼슬에도 제대로 나아가지 못한 데 대해 학질은 그게 모두 자신의 덕분이라고 말한다. 학질에 걸려 벼슬길에 오르지 못했기 때문에 당쟁의 피해를 피할 수 있었고 위기를 면할 수 있었다는 것이다.

이정귀는 조선 중기 '월상계택月象溪澤*'으로 불리는 4대 문장가 중 한 명이었다. 선조 때부터 인조 때까지 격동의 시대를 살았다. 관직에 처음 올라 임진왜란을 맞았으며, 명나라와의 외교에서 뛰어난 능력을 인정받았다. 영의정과도 바꾸지 않는다는 대제학을 지내며 존경과 신망을 받았다.

그러나 임진왜란 이후 광해군과 인조 시절을 지내며 숱한 당파의 소용돌이에 휘말렸다. 파벌로 인해 목숨이 위태로운 상황에까지 처했다. 몸

---

* 월상계택은 월사 이정귀, 상촌象村 신흠申欽, 계곡谿谷 장유張維, 택당澤堂 이식李植의 호 한 글자씩을 따서 부르는 것으로, 조선 중기 최고의 문장가들이다.

이 약해 학질에 자주 걸리는 바람에 관직에도 제대로 나아가지 못해 몇 번이나 자리를 거절해야 했다. 이정귀를 시기하는 무리가 있었기 때문에 가끔 학질을 핑계로 일부러 거절한 적도 있었을 것이다. 워낙 학질에 자주 걸리다 보니 의심하지 않았을 확률이 크다. 덕분에 위기 상황을 잘 모면하지 않았을까.

일이 잘 풀리지 않거나 곤란을 겪게 되면 늘 남이나 환경을 탓하기 쉽다. 이도 저도 탓할 게 없으면 운을 탓하면 그만이다. 그러나 모든 손해와 고통의 원인 제공자는 따지고 보면 자신이다. 누구를, 무엇을 탓할 수 있겠는가.

이정귀는 자신에게 닥친 고난을 한탄하거나 남의 탓으로 돌리지 않았다. 그래 봐야 달라질 건 없으니까. 그는 고난의 원인을 자신에게서 찾으려 했다. 스스로를 반성하며 큰 화를 피해갔다. 그리고 스스로를 해치지 않도록 늘 경계했다.

연못의 물고기는 아무 잘못이 없다

불행과 마주쳤을 때 '내 탓이오' 하고 자신의 과오를 인정해야 할 때와 '내 잘못이 아니다'라는 위안이 필요할 때가 있다. 내 탓일 때도 있고 내 잘못이 아닐 때도 있기 때문이다. 내 탓이라고 판단될 때는 자신을 더욱 강하게 단련시켜 후에 다시 불행이 찾아올 때 막을 수 있는 힘을 키우면 된다.

10여 년 다니던 직장을 접고 대학원에 입학했을 때다. 열심히 공부만 해서는 학교 생활이 순탄치 않던 그런 시절에 이정귀의 글을 처음 읽었다. 큰 힘이 되었기에 박사 과정을 끝낼 때까지 수시로 꺼내 보면서 솟구쳐 오르는 분노를 가라앉히곤 했다. 공부에 매진할 수 있는 힘을 얻어 마음에 평화를 얻기도 했다.

한편 같은 시기를 살았던 조선 중기 4대 문장가 중 한 사람인 상촌 신흠은 〈뜻밖에 오는 재앙에 관한 설無妄之災說〉이라는 글에서 이정귀와는 다른 입장을 보여준다.

재앙을 만날 만한 아무 이유가 없는데 재앙을 당한 것은 일이 변했기 때문이다.

주역에 그 변을 염려하였는데, 변은 중세기에도 면하지 못했다.

그렇다고 말세이겠는가.

연못에 사는 물고기가 재앙을 입은 것은 성문에 불이 났기 때문이고,

한단이 포위를 당한 것은 노나라 술이 싱거웠기 때문이며,

문왕이 유리에 갇힌 것은 구후가 다투었기 때문이고,

중니가 진에서 포위당한 것은 양호의 모습과 비슷했기 때문이다.

그러므로 재앙이 이르러도 부끄러움이 없는 것은 성현이 할 수 있는

일이고,

재앙이 닥치는데 요행히 피하는 것은 성현이 하지 못하는 일이다.

나로 말미암아 오는 것을 화라고 한다.

曰不當災而災, 事之變也. 易慮其變, 變中世所不免, 況下世乎.

池魚殃城門火也, 邯鄲圍魯酒薄也, 文王羑九侯爭也, 仲尼陳陽虎似也.

故災至無愧, 聖賢之所能, 而災而幸違, 非聖賢之所能, 其自我者, 謂之

禍.

연못의 물고기는 아무 잘못이 없다. 다만 성문에 불이 나 죽게 되었을 뿐이다. 전하는 이야기에 송나라 성문에 불이 났을 때 연못 물을 길어다 불을 끄는 바람에 연못 물이 바닥나 물고기가 죽었다고 한다.

노나라의 술이 묽었는데 아무 상관없는 조나라의 수도 한단이 포위되었다. 초나라가 조공을 받을 때 노나라와 조나라가 모두 술을 바쳤는데, 노나라의 술은 묽고 조나라 술은 맛이 있었다. 술을 담당하던 관리가 조나라에 술을 더 달라 했는데 조나라가 주지 않았다. 그 때문에 초나라 관리가 노하여 조나라의 좋은 술과 노나라의 시원찮은 술을 바꿔 초왕에게 올렸다. 초왕은 조나라가 바친 술이 시원찮다고 여겨 한단을 포위했다.

중니仲尼는 공자의 자字다. 공자가 진나라로 가기 위해 광匡 땅을 지나가는데, 광 땅의 사람들이 공자를 노나라의 양호로 착각하고 공자의 행차를 멈췄다. 그리고 5일 동안 붙잡아놨다.

연못의 물고기나 조나라의 수도가 포위된 것이나 공자가 포위당한 이 모든 불행은 자기 자신에게 원인이 있는 것이 아니다. 피할 수 없는 외부의 상황이 만든 것이다. 그러니 자신에게 닥친 불행을 자기 탓으로 돌리며 자책할 수는 없는 일이다.

신흠도 이정귀와 같은 시대를 살면서 당쟁으로 인해 아무 잘못 없이 여러 차례 유배를 당했다. 신흠은 파란만장한 시대를 살면서 겪어야만 하는 고난을 자기 탓으로 돌릴 수도 없고 남의 탓으로 돌릴 수도 없었을 것이다. 결국 이렇게 자신의 처지를 위로할 수밖에 없지 않았을까.

불운이 두려운 당신을 위한 한마디

서쪽에 어떤 신녀가 있었다. 얼굴에서 좋은 빛이 나는 신녀가 문 앞에서 주인을 찾으니 주인이 어떻게 왔느냐 물었다. 신녀는 이렇게 말했다.

"나는 공덕천功德天이다. 내가 그 집애 이르면 복을 구하던 자는 복을 얻고 지혜를 구하는 자는 지혜를 얻는다. 아들과 딸을 비는 자는 아들과 딸을 얻고 이루고자 하는 바가 있으면 모두 이룰 수 있다."

신녀의 말을 들은 주인이 기뻐하며 깨끗하게 목욕재계하고 공덕천을 높은 자리에 모셨다.

잠시 후 추녀가 집 주인을 찾아왔다. 얼굴은 시커멓게 칠을 한 것 같고, 머리는 마구 자란 쑥대 같았다. 주인이 어찌 왔느냐 물었다. 추녀는 이렇게 말했다.

"나는 흑암녀黑暗女다. 내가 그 집에 머물면 부자는 가난해지고, 귀한 자는 천해지고, 어린아이는 다치고, 젊은이는 기운이 쇠하게 된다.

남자는 대낮에 곡하고, 여자는 한밤에 울게 된다."

주인이 이 말을 듣고는 화들짝 놀라 팔을 휘두르며 몽둥이를 들고 추녀를 문밖으로 쫓아냈다. 이 모습을 본 공덕천이 말했다.

"그녀를 쫓아서는 안 된다. 나를 섬기려는 사람은 저 사람도 섬겨야 한다. 나와 저 사람의 관계는 뗄 수 없다. 내가 형상이면 저 사람은 그림자요, 내가 강이면 저 사람은 물결이요, 내가 수레이면 저 사람은 바퀴다. 내가 아니면 저 사람이 없고, 저 사람이 아니면 내가 없다."

공덕천의 말을 들은 주인은 놀라서 손을 내저으며 공덕천마저 사양했다.

이 글은 행운의 여신 공덕천과 불운의 여신 흑암녀가 한 몸의 쌍둥이처럼 서로 뗄 수 없는 사이임을 말한다. 중국 명나라 원굉도袁宏道가 쓴 《광장廣壯》〈양생주養生主〉편에 나오는 이야기다.

가장 불행할 때
그 속에는 행복의 씨앗이
자라고 있다

행복을 가져다준다는 공덕천은 원래 인도 힌두교 신화에 나오는 아름다움과 번영의 여신 '락슈미Laksmi'다. 흑암녀는 흑암천黑暗天이라고도 부르는데, 역시 인도 힌두교 신화에 나오는 파괴의 여신 '칼리Kali'다.

힌두교 신화 속에서 락슈미와 칼리는 쌍둥이라고 한다. 또는 한 몸에 두 얼굴을 가졌다고도 한다. 쌍둥이든 하나의 몸을 가진 두 얼굴이든 행운과 불운이 서로 뗄 수 없는 관계라는 사실을 말해준다.

아름다운 공덕천과 추한 흑암녀는 언제나 함께 다닌다고 한다. 형상이 있으면 그 형상의 존재로 인해 반드시 그림자가 생긴다. 강이 있으면 반드시 물결이 생긴다. 수레가 수레로서 역할을 하려면 반드시 바퀴가 있어야 한다.

행운을 바란다면 따라오는 불운도 감당해야 한다. 반대로 불운 때문에 고통스러워하고 있다면 불운에도 반드시 행운이 따라오니 참아볼 만하다. 인간의 화禍와 복福은 서로 맞물려 있다. 재앙만 입고 복을 받지 못할 리 없다. 복만 받고 화는 멀리할 방법도 없다.

노자의 《도덕경》 23장에 이런 글이 나온다.

돌개바람은 아침 내내 불지 않고,
소나기는 하루 종일 내리지 않는다.
飄風不終朝, 驟雨不終日.

돌개바람이나 소나기뿐만이 아니다. 영원할 것만 같던 제국도 시간이 지나면 역사에서 사라지고 새로운 국가가 나타난다. 밤하늘의 달도 보름달이 되었다가 기울고 다시 차게 된다. 세상에는 영원불변한 것도 없고 최후를 맞아 끝나는 것도 없다. 이것이 자연의 이치다. 동양에서는 자연의 이치를 사상의 기초로 삼았다.

태극기 가운데에 있는 태극무늬를 살펴보자. 위 아래로 음과 양이 나누어져 있다. 음과 양의 면적이 같다. 같은 면적을 나누는데 직선으로 나누지 않았다. 양쪽 끝을 살펴보면 음이 가장 많은 면적을 차지하는 순간 양이 가장 적게 된다. 반대로 양이 가장 많은 면적을 차지하면 음이 가장 적게 된다. 음의 기운이 극대화되는 순간 양의 기운이 시작됨을 의미한다. 반대도 마찬가지다. 양의 기운이 가장 커질 때가 바로 음의 기운이 시작되는 순간이다.

결국 가장 불행할 때 그 속에 행복의 씨앗이 자라고 있다는 뜻이다. 마찬가지로 가장 행복할 때 그 속에 불행의 씨앗이 싹트고 있다는 의미이기도 하다. 불행과 행복은 언제나 양을 똑같이 한다. 지금껏 불행했다면, 지금이 가장 불행한 순간이라면 이제 불행이 끝날 때가 되었다고 생각하면 된다.

공짜로 오는 행운은 없다

인생을 끝내버릴 것 같은 불행도 언젠가는 끝나게 되어 있다. 아무리 추운 겨울이 계속된다 해도 결국 봄은 온다. 힘든 순간에 처해 있다면 버티면 된다. 이 괴로운 순간은 언젠가 끝날 것이기 때문이다. 다산 정약용도 아침에 햇볕이 먼저 든 곳은 저녁에 그늘도 먼저 들며, 꽃이 일찍 피면 시들기도 빠르다고 말했다.

이것이 자연의 이치일 텐데 사람들은 늘 행운만 불러오려고 애쓴다. 새해가 되면 행운의 부적을 만들고 복이 오기를 기도한다. '새해 복 많이 받으라'는 말을 쉬지 않고 주고받고, 너나없이 행운이 오기를 기다린다. 복이 오는 순간 재앙이 따라올 텐데 말이다.

그럼 행운이 오는 것조차 막아야 하는 걸까? 여기에서 행운의 여신 공덕천의 이름을 다시 생각해볼 필요가 있다. '功德天'이라는 이름은 '공들여 하늘에 덕을 쌓는다'는 뜻이다. 공들이지 않았는데도 공짜로 오는 행운이 있다면 그 행운은 불행을 데리고 나타나지 않을까 하는 생각이 든다.

하늘에 공을 들인다는 건 무엇일까? 신에게 매일매일 열심히 기도하는 걸 의미하는 건 아닐 것이다. 아마도 나 자신이 아닌, 다른 사람에게 공을 들여야 한다는 말이 아닐까. 타인의 고통을 덜어주려 노력하고 아픔을 함께 슬퍼하는 마음. 결국 이타적인 마음이 하늘에 공들이는 것이라고 생각한다. 그렇게 공을 쌓으면 결국 내게 행운으로 돌아올 것이고, 그 행운은 적어도 불운의 여신을 데리고 오지는 않을 것 같다.

들어오는 복이 있으면 나가는 복이 있어야 한다는 말이 있다. 사주 풀이에서 재물복이 많은 사람은 사소한 일로도 큰 재물을 쌓을 수 있다고 한다. 그렇지만 반드시 그 재물로 인해 손해를 입는다고도 한다. 물질적인 손해일 수도 있지만 인심을 잃거나 명예를 잃을 수도 있다는 것이다.

복권에 당첨되고 나서 오히려 더 불행해졌다는 이야기가 많이 들리는 걸 보면 맞는 말 같다.

재물복으로 오는 재앙은 어떻게 막을 방법이 없는 것일까? 방법이 있다. 남을 위해 열심히 베풀면 된다고 한다. 많은 재물을 남과 나눠 쓰는 것도 좋은 방법이고, 힘든 사람을 위해 몸과 마음으로 위로하고 격려해 마음의 짐을 덜어주는 방법도 있다.

그러니 지금 불운해서 괴롭다면 불운이 끝나고 행운이 올 때를 기다리면 된다. 지금 내가 불운하다면 남을 기쁘게 만드는 일을 하나씩 시작하면서 불운이 끝나는 시간을 조금 당겨보는 건 어떨까.

재앙이라는 것은 복이 의지하고 있는 것이고
복이라는 것은 재앙이 숨어 있는 것이니
누가 그 끝을 알겠는가.
禍兮福之所倚, 福兮禍之所伏, 孰知其極.

도전을 주저하는
당신을 위한 한마디

해는 산에 기대어 사라지고	白日依山盡
황하는 바다로 흘러가네	黃河入海流
천리 밖 끝까지 바라보려고	欲窮千里目
다시 누각 한 층을 더 오르네	更上一層樓

중국 당나라의 시인 왕지환王之渙이 지은 〈등관작루登鸛雀樓〉라는 시다. 여기서 '등관작루'라는 제목은 누각에 올라간다는 뜻이다. 관작루는 악양루岳陽樓, 등왕각滕王閣, 황학루黃鶴樓와 함께 중국의 4대 누각으로 꼽힌다. 이 네 개의 누각에는 많은 이야기가 전해 내려오며 이름난 시인들이 찾아가 시를 지어 더욱 유명해졌다.

그중에서 중국 산서성 영제시에 있는 관작루는 황하를 바라볼 수 있는 언덕 위에 있다. 관작루에서 황하를 바라보는 풍경이 아름다워 항상 관작鸛雀이 날아들었다고 한다. 관작루에 오르면 탁 트인 시야 덕분에 광활한 황하를 볼 수 있다. 언덕 위에 지어진 누각이라 관작루에 오르기만 해도 더없이 멀리 볼 수 있다. 평지에서 바라보는 황하의 모습과는 전혀 다른 시야를 확보할 수 있다.

관작루에 올랐으니 도도하게 흘러가는 황하를 바라볼 수 있다. 중국 문명의 큰 물줄기가 흘러 드디어 바다로 나아가는 지점까지 볼 수 있다. 이제 그 끝을 보았으니 충분히 만족할 수 있다.

그러나 시인은 더 먼 곳을 보기 위해 다시 한 번 누각의 한 층을 더 오른다. 천리 밖 끝까지 바라보기 위해 관작루 계단을 다시 오른다. 멀리 보기 위해 언덕을 오르고, 더 멀리 보기 위해 누각에 오르고, 끝까지 보기 위해 다시 누각을 한 층 더 오르는 것이다.

두렵지만
시도할 수밖에 없다

이 시는 중국 교과서에 실릴 정도로 유명해 중국인들이 자주 인용한다. 2015년도 노벨생리의학상을 받은 중국의 화학자이자 약리학자 투유유屠呦呦도 이 시를 인용해 수상 소감을 밝혔다. 중국 최초의 여성 노벨상 수상자이며 중국 최초의 생리의학상 수상자인 투유유는 개똥쑥으로 말라리아 치료 성분인 아르테미시닌Artemisinin을 발견해 노벨상을 수상했다. 그의 나이 85세였다.

투유유는 오래전부터 말라리아 치료법을 연구해온 학자다. 여러 차례 실패를 거듭했지만 포기하지 않고 연구에 매진했다. 40년 동안 한 우물을 파며 연구를 하는 과정이 그리 순탄치만은 않았을 것이다. 투유유는 동진시대(317~420)의 의학자였던 갈홍葛洪의 전통 의학서《주후비급방肘後備急方》에서 결정적인 힌트를 얻어 아르테미시닌 개발에 성공했다.

여러 방법을 시도했지만 실패를 거듭해 연구 자체를 포기해야 하는 시점에 도달했을 때 중국 고대 의학서에서 영감을 얻어 아르테미시닌 개발에 성공한 것이다. 투유유는 더 멀리 바라보기 위해 누각 한 층을 더 올라가는 마음으로 중국 의학서를 연구하게 되었다고 밝혔다. 한계에 부딪혔을 때 이러한 심정으로 시야를 넓혀 도전하기를 바란다는 말을 남기기도 했다.

우연히 TV 다큐멘터리를 시청하다가 보게 된 투유유의 수상 소감은 정말 인상적이었다. 더 넓은 곳을 보기 위해 한 층의 계단을 더 오르는 마음으로 도전해 한계를 넘어선다는 것, 누각 한 층을 더 오르는 시도 자체가 한계를 넘어서는 일일 텐데 그는 과감히 시도한 것이다. 한 발짝도 움직이지 못할 정도의 막다른 길에 이르렀는데 한 계단을 더 오르라니. 그가 이어지는 실험에서 좌절해 마지막 한 계단을 더 오르지 않았으면 어떻게 됐을까.

투유유의 노벨상 수상 소감은 오래전부터 알고 있던 〈등관작루〉에 담긴 뜻을 다시 새기는 계기가 되었다. 힘들고 지쳐있는데 도전하라는 왕지환의 권유가 지나치게 느껴져 한동안 잊고 있었다. 무조건 도전하라는 말이 욕심을 더 부리라는 강권으로 들리기도 했다. 그런데 도전이 두려워 꿈을 포기하고 좌절해버리는 나 자신을 다시 한 번 되돌아보게 된 것이다.

높은 산에 위치한 관작루. 이미 관작루에 오른 것만으로도 천 리 밖까지 볼 수 있다. 충분히 만족할 만한 위치다. 어느 정도 위치에 오르면 자리가 주는 안락함에 젖어 편히 즐기고 싶다. 그 자리에 이르기까지 많이 힘들었을 테니까. 그러나 충분하다고 느끼는 순간을 뒤로 하고 더 멀리 더 넓게 보기 위해 한 번 더 올라가겠다는 다짐이 위대한 것이다. 자신의 잠재력을 발현할 기회를 스스로 만드는 순간이기에 더 그렇다.

인간이 한계를 단정 짓고 도전하지 않았다면 어떻게 됐을까? 인류 문명은 그 시점에서 발전을 멈췄을 것이다. 다행스러운 것은 인간이란 똑같은 것을 되풀이하며 살아가는 데 익숙하지 않은 생명체다. 삼시 세 끼마다 산해진미가 눈앞에 펼쳐진다고 상상해보자. 꿈만 같다. 그러나 한 달이면 충분하다. 산해진미의 풍요로움에 질려버린 미각은 소박한 집밥의 향수를 부르게 되어 있다.

인간은 새로운 것을 좋아하게 마련이다. 도전이라는 DNA가 내재되어 있어 두렵지만 시도할 수밖에 없다. 그렇다고 누구나 도전을 해서 성공할 수는 없다. 모두가 투유유 같은 영광을 누리기는 어렵다. 하지만 실패로 인한 두려움에 미리 공포를 느끼고 도전을 망설인다면 우리는 구석기시대의 사고를 벗어나지 못한 채 오래된 사고방식에 젖어 살 수 밖에 없다.

평지의 큰 길을 가면서도
말이 넘어질까
걱정하는 사람들

양명학의 수장 이탁오[李卓吾]는 명나라의 사상가
다. 유교의 권위를 따르지 않고 인간의 본성과 개성을 중시한 혁신 사상
의 중요 인물이다. 유교의 권위에 맹렬하게 저항해 여러 차례 박해를 받
다가 감옥에서 스스로 목을 찔러 죽음을 택했다. 이탁오의 저항은 개인
의 죽음으로 끝난 것이 아니다. 사상의 자유를 박탈한 당시 사회에 분명
한 도전장을 던지고 자신의 목소리를 냈다.

이탁오는 나이 오십 이전의 자신은 한 마리 개에 불과했다고 말했다.
앞에 선 개가 자신의 그림자를 보고 짖으면 그저 같이 따라 짖었다면서
반성했다. 이탁오를 기점으로 명나라의 사상은 변화했고, 새로운 도전은
다양한 방면으로 퍼져나갔다. 문학이 새로움을 추구하고 예술이 변화하
며 사회가 바뀌기 시작한 것이다. 이탁오의 도전이 없었다면 변화는 늦
어졌을 것이다.

이탁오는 자신의 저서를 《장서[藏書]》와 《분서[焚書]》라고 이름 지었다. 숨겨
둬야 할 책, 불태워 없애야 할 책이라는 의미다. 유불선을 통달하고 실천
한 그는 조선시대 허균에게도 영향을 주었으며, 이탈리아 마테오리치와
도 교유했다. 이탁오와 마테오리치를 거쳐 허균에 이르는 근대적 사유는
보편주의와 엄숙주의를 거부하고 조선 사회를 비판하는 데도 영향을 주

었다.

그의 책을 처음 읽었을 때 과감한 제목과 거침없이 개혁을 주장하는 부분에서 그의 강인함을 느낄 수 있었다. 베이징에서 잠시 공부하던 어느 겨울, 나는 베이징 교외 통주通州에 있는 이탁오의 묘를 찾아갔다. 그날 날씨는 굉장히 추웠다. 그렇지만 며칠 후면 한국으로 귀국해야 했기 때문에 그날이 아니면 이탁오의 묘를 찾을 시간이 없었다. 매서운 바람을 맞서며 이탁오의 묘를 물어 찾아가는 나에게 중국인들이 물었다. 이 추운 날 도대체 왜 여길 왔냐고. 볼 것도 없는 곳에 왜 왔냐는 의미였다. 현재의 중국인에게 명나라의 사상가 이탁오는 존재감이 없을지도 모른다. 그러나 그의 과감한 도전이 남긴 여파가 오늘날 중국에 영향을 주고 있는 것은 분명하다.

아직도 도전을 두려워하며 망설이는 당신에게 이탁오가 남긴 한마디를 들려주고 싶다.

일을 두려워하는 것은 잘못이 아닙니다.

예를 들어 배를 타고 간다면

마땅히 바람과 파도를 두려워해야 합니다.

그러나 바람이 잦아들고 파도가 잠잠한데도

사방을 둘러보고 머뭇거리며 배가 뒤집힐까 두려워한다면

당신은 죽을 때까지 물가로 올라올 날이 없을 것입니다.

만약 말을 타고 달린다면

급경사나 높은 다리를 지날 때 마땅히 두려워해야 합니다.

그러나 평지의 큰길을 가면서도 말이 넘어질까 걱정한다면

당신은 죽을 때까지 말을 타고 달리는 날이 없을 것입니다.

함께 보면 좋은 정보

| 한국고전종합DB | db.itkc.or.kr |

우리 고전에 관심 있는 독자라면 한국고전번역원이 구축해 놓은 '한국고전종합DB' 방문을 적극 권한다. 《조선왕조실록》《승정원일기》《일성록》과 같은 세계기록유산과 문집 등 다양한 한문 고전을 번역해 디지털 파일로 보관하고 있어 누구나 자유롭게 읽을 수 있다. 쉽게 접할 수 없었던 소중한 우리 고전의 숲으로 길을 안내한다.

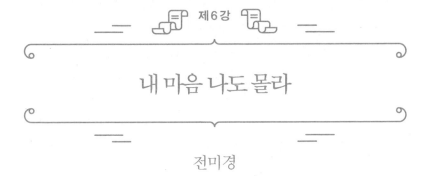

내 마음 나도 몰라

전미경

마음이 아파 병원을 찾는 환자들의 불안을 덜어주는 든든한 의학적 조력자. 단국대 의과대학 의학과를 졸업하고 성 안드레아 신경정신병원 전공의를 수료한 후 아산 열린성애병원, 제주 한라병원 등을 거쳐 현재 천안 굿모닝정신건강의학과 의원 원장 겸 단국대 정신건강의학과 외래교수로 활동하고 있다. SBS 〈긴급 출동 SOS 24〉, SBS 〈금요 건강 플러스〉 등에 자문 역할을 했다.

호환·마마보다 무서운 질병

비만

큰일이다. 전 세계가 초비상이다. 비만 이야기다. 세계보건기구WHO가 지난 2009년에 비만을 '21세기 신종 전염병'이라 정의하면서 심각성을 경고했다. 비만을 '치료가 필요한 질병'이라고 규정한 지 11년 만이다. 하지만 WHO의 경고를 비웃기라도 하듯 해를 거듭할수록 비만 환자들은 늘고 있다. 2020년에는 전체 질환의 60퍼센트, 전체 사망 원인의 73퍼센트가 비만일 거라는 전망도 있다.

비만으로 인한 질환은 복합적·만성적 증상으로 발전하기 때문에 심각하다. 심혈관계 질환(고혈압, 관상동맥 질환, 뇌경색, 하지정맥류), 내분비계 질환(당뇨, 이상지질혈증, 대사증후군, 통풍), 위장관계 질환(담석, 지방간, 역류성 위·식도염), 호흡기계 질환(천식, 수면무호흡증), 근골격계 질환(요통, 운동 범위 제한, 퇴행성관절염), 비뇨생식기계 질환(생리장애, 불임, 임신 합병증, 요실금), 신경계 질환(치매, 특발성 뇌압 상승), 정신계 질환(우울증, 식이장애)과 각종 암(유방암, 난소암, 전립선암, 식도암, 위암, 췌장암, 골수암) 등이 비만으로 인해 유발될 수 있는 질환들이다. 덧붙여 비만으로 인한 만성 질환이 늘어나면서 의료비가 증가해 큰 부담이 된다.

의학이 발달해 인간의 수명이 늘어난다고 하지만, 비만으로 수명 연장의 꿈이 좌절될 수도 있다는 시나리오도 있다. 미국에서는 비만 인구가 늘어 침대와 욕조 등 각종 가구와 지하철 회전문 등 공공시설의 표준규격이 바뀌고 있다. 또 비만인의 인권을 보호하기 위해 설립한 비만수용협회(NAAFA, National Association to Advance Fat Acceptance)도 등장했다. 또한 과체중 탓에 부당한 차별과 괴롭힘을 받아 학교와 사회에서 적응하지 못하는 사람들도 늘고 있다. 따라서 비만인이 차별을 받지 않고 정상적으로 생활할 수 있도록 도와야 한다는 주장 역시 늘고 있다.

이처럼 비만은 이미 사회적인 문제다. 인간은 성별과 인종, 국적 등으로 눈에 보이지 않는 차별을 당한다. 여기에 비만도 주홍글씨처럼 하나의 낙인stigma이 되어버렸다. 비만으로 인해 결혼, 취직, 승진 등에서 불이익을 받기도 한다. 특히 현대사회는 날씬한 몸매가 경쟁력의 기준이 되고 뚱뚱한 몸은 죄악으로 여기는 시대다. 그러다 보니 결국 뚱뚱한 사람은 자신을 비하하게 되고 자존감이 떨어진다.

날씬한 몸매를
원하십니까?

그렇다면 언제부터 비만이 문제가 되었을까. 구석기시대 조각상인 빌렌도르프의 비너스Venus of Willendorf를 보면, 당시에는 뚱뚱한 몸매가 출산과 풍요의 상징이자 미의 기준이었다. 먹거리 자체가 절대적으로 부족했던 원시시대에는 수렵채취를 위해 산과 들로 다니느라 살이 찔 여유가 없었다. 중세까지도 그랬다. 하루 종일 노동해야만 생계를 유지할 수 있었던 평민과 달리 일하지 않고 음식을 즐길 수 있는 귀족층, 즉 가진 자들은 소수에 불과했다. 뚱뚱한 몸매는 곧 부의 상징이었고, 자연스레 미의 기준이 되었다.

날씬함의 미학은 18세기에 등장했다. 급속한 도시화와 제1차 산업혁명으로 농업 분야에서 대량생산이 가능해지자 풍성한 몸매에 대한 가치는 바뀌기 시작했다. 20세기 초에는 생명보험회사가 비만과 사망률의 인과관계를 알아차리고 보험 판매시 가입자의 체중을 따지기 시작했다. 그리하여 유럽 사회에 날씬한 몸매를 선호하는 풍조가 퍼지게 됐다.

제2차 산업혁명으로 각종 가공식품과 패스트푸드 등 고칼로리 음식이 등장했다. 자동차를 포함한 기타 운송수단도 대중화하자 활동량이 급격히 줄어들어 20세기 후반부터는 비만인구가 본격적으로 늘어났다. 다이어트의 산업화도 이때부터 시작됐다. 광고 등 대중매체가 확산되고 다이어트 산업이 번성하면서 날씬한 몸매는 절대적인 미의 기준이 됐고 비만에 대한 우려가 확산됐다.

한국도 예외는 아니었다. 1990년대 초까지만 해도 통통한 여성에게 '부잣집 맏며느릿감'이라는 덕담을 건넸지만, 요즈음은 둔해 보인다고 뒷담화를 한다. 대신 걸그룹의 마른 몸매를 선호한다. 비만 클리닉은 지극히 정상 체중인데 뚱뚱하다며 찾아오는 여성들로 문전성시를 이룬다. 그리하여 비만과 다이어트가 마치 묶음 상품처럼 판매되고 있다.

전 세계에 존재하는 다이어트 방법은 2만 6천 가지라고 한다. 육식만으로 살을 빼는 황제 다이어트, 독소를 제거해 살을 빼는 디톡스 다이어트, 한 가지 음식만 먹으며 살을 빼는 원푸드 다이어트 등이 있다. 여기에 가공되지 않은 음식이나 프로테인처럼 무엇을 대체 식사로 선택할지, 저염과 글루텐 프리처럼 특별한 식재료를 고려할지에 따라 다이어트 방법은 무한대로 변주한다. 이처럼 다이어트 방법이 헤아릴 수 없이 많다는 사실은 확실한 방법이 없다는 방증이기도 하다. 섭취한 칼로리보다 소모하는 칼로리가 많으면 반드시 살은 빠진다. 이것은 진리다. 운동보다는 식이조절이 다이어트 성공의 핵심이다. 식이조절은 전체 칼로리의 양, 지방과 탄수화물과 단백질 등 균형 잡힌 영양소 섭취가 기본이다.

왜곡된 신체상에 대한
교정과 자존감 회복이 우선이다

최근 비만을 호소하며 정신과를 찾는 환자가 늘고 있다. 비만의 원인을 심리적인 차원에서 찾고 치료하려는 사람들이다. 정신과에서는 진료에 앞서 비만의 원인을 진단하는 데 공을 들인다. 사람마다 비만에 이르는 원인이 제각기 다르기 때문이다. 식탐이 지나친 유형, 우울이나 스트레스로 인해 과식하는 유형, 중독과 비슷하게 충동적인 성향으로 음식 조절이 어려운 유형(음식 중독), 강박적으로 먹는 것에 집착하는 유형(폭식증, 거식증) 등 개인에 따라 원인이 다르다. 원인을 파악한 후 우울증, 거식증, 폭식증 등 구체적인 증상이 나타나면 치료부터 먼저 받아야 한다. 쌓이는 스트레스를 먹어서 해소하려는 습관이 있다면 스트레스 관리부터 먼저 해야 한다.

다음으로 적합한 몸무게에 대한 주관적인 목표를 점검하도록 유도한다. 겉으로는 날씬한데 살을 더 빼려고 병원을 찾는 사람들도 허다하기 때문이다. 개인적인 목표 체중을 정하기에 앞서 마른 체형을 암묵적인 미의 기준으로 보는 사회 현상이 바람직한가부터 고려해봐야 한다. 또 살을 빼서 날씬해지면 진정한 행복에 이를 수 있을지에 대한 고민도 필수다. 습관적으로 성형수술을 하는 사람들은 눈과 코를 원하는 대로 고쳐도 만족하지 못한 채 끊임없이 수술대 위에 눕는다. 원하는 대로 얼굴을 고쳐도 사는 게 재미가 없다고 토로하는 사람들도 제법 많다. 근본적인 문제는 자존감에 있을 뿐, 체형을 포함한 외모의 문제가 아니라는 의미이기도 하다.

다음으로 식습관과 건강 상태, 그리고 운동 습관 등을 점검해야 한다. 직장인이라면 근무시간과 형태도 점검 대상이다. 아울러 갑상선이나 신장 등의 질환 유무도 파악해야 한다.

생활 환경과 습관을 먼저 따져보는 이유는 병원을 찾는 비만환자들 중 자신도 모르게 몸을 망치는 습관에 젖어 있는 경우가 많기 때문이다. 밥을 안 먹는데 살이 찐다고 호소하는 환자를 면담해보면 식습관이 잘못됐다는 사실을 인식하지 못하는 사실이 금세 드러난다.

아침 - 점심 - 저녁 세 끼가 아니라 점심 - 저녁 - 야식 세 끼를 꼬박 챙겨 먹는 직장인이 있는가 하면, 물에 밥을 말아 장아찌 반찬 하나로 식사한다는 사람도 있다. 이렇게 대수롭지 않게 여긴 식습관은 과체중으로 이어진다. 물에 만 밥과 장아찌는 밥의 양을 늘리는 원인이 되고 고염분에 영양 불균형 상태가 돼 살도 찌고 건강에도 좋지 않은 식단이다. 자신의 일상생활을 면밀히 검토해서 문제점을 찾아보고 교정하는 과정에서 비만은 서서히 사라진다.

요즈음 다이어트의 화두는 요요현상이다. 살을 빼기보다 유지하기가 더 어렵다는 사실은 다이어트를 해본 사람이라면 누구나 안다. 살이 쪘다 싶으면 다이어트를 결심하고 음식 섭취량을 줄여 살을 뺀다. 식사량을 줄이면 교감신경 활동이 증가해 신경이 날카롭고 예민해지며 체력이 떨어진다. 외부 스트레스에도 민감하게 반응할 수밖에 없다. 당연히 정서적으로 불안해지지만 살이 빠진다는 생각에 잠시 행복에 젖는다. 그리고 살이 빠졌다 싶으면 다시 먹기 시작하는데 자칫 원래 몸무게를 넘어서기 쉽다. 굶었던 기억을 되살려 몸이 다이어트 이전보다 영양소를 더 많이 축적하기 때문이다.

다이어트를 반복하면 결국 악성 다이어트의 무한궤도에 오르고 만다. 이렇게 되면 급한 마음에 옵션을 하나 추가한다. 먹는 양을 더 줄이려고 식욕억제제를 처방받거나 한약을 먹는다. 살은 다시 빠지지만 불면증이 찾아오거나 손이 떨리는 등 부작용을 겪는다. 그럼에도 살이 빠진다는 일념에 약을 먹으며 견딘다. 다시 살이 빠져 즐겁다. 하지만 요요현상이 찾아와 다시 살이 찌고, 이제 약을 먹어도 원하는 체중에 이르지 못하면 급기야 수술대에 오른다. 마지막이라는 심정으로 지방 흡입이나 위 축소술을 받기 위해서다. 여기에 미용을 고려하여 체형을 다듬어준다는 냉동요법과 고주파 · 저주파 등의 시술을 받기도 한다.

다이어트 전문병원을 찾는 환자들이 시술이나 수술을 앞두고 꼭 하는 질문이 있다. "정말 허벅지와 복부가 날씬해지나요?" 의사의 모범 답변은 이미 준비되어 있다. "물론 당장은 지방이 빠지니 눈으로 봐도 달라진 게 느껴질 거예요. 그런데 다시 살이 찌면 도로 아미타불이 되니 살찌지 않게 열심히 관리해야 합니다."

이쯤 되면 환자의 머리는 복잡해진다. 음식에 중독된 사람은 먹는 행위와 다이어트에 중독되며 요요현상에도 중독된다. 더불어 비만보조식품, 식욕억제제 등 비만치료제와 비만시술에도 중독돼 일부 구간을 무한 왕복한다. 이 경지에 이르면 음식, 운동, 비만, 건강 등 관련 산업 모두에서 VIP 고객이 된다. 스스로 살이 쪘다고 느끼는 사람들은 이른바 '호갱님'이 되기 쉽다.

비만과 다이어트의 개념을 바꾸자. 정신과에서는 비만치료를 위해 환자의 내면에 집중한다. 왜곡된 신체상에 대한 교정과 자존감 회복이 우선되어야 한다는 의미다. 무엇보다 비만은 사후약방문이 아닌 '예방'이 최선이다. 그러려면 철저한 자기관리가 필요하다. 수면, 운동, 음식 섭취 등 생활 습관을 근본적으로 바꿔야 한다. 자존감을 높여가며 스스로의 마음을 곧추세워야 한다. 비만관리는 단순한 살빼기가 아니다. 혹독한 자기관리가 바로 비만관리의 알파요 오메가다.

F코드의 주홍글씨

우울증

주홍글씨라는 단어는 '낙인이 찍혔다'는 뜻으로 너새니얼 호손의 소설 《주홍글씨》에서 비롯된 용어다. 과거 1만 년 동안 의학계에서 주홍글씨로 표현되는 대표적인 질환은 '한센병'이었다. 1873년 의학자 다니엘센 Daniel Cornelius Danielssen과 한센 Armauer Hansen은 나병을 일으키는 나균을 발견했다. 한센병은 치료와 예방으로 현재 선진국에서 사라진 질환이지만, 아직도 한센병 환자에 대한 무지몽매한 낙인은 골이 꽤 깊다. 한센병에 대한 기록은 성경의 〈구약〉에서도 찾을 수 있는데, 기록에 따르면 사회적 격리, 차별과 낙인은 그들에게 당연한 형벌이었다.

> 문둥 환자는 옷을 찢고 머리를 풀며 윗입술을 가리우고 외치기를 부정하다 부정하다 할 것이요. 병 있는 날 동안은 늘 부정할 것이라. 그가 부정한즉 혼자 살되 진 밖에서 살찌니라.
>
> — 레위기 13 : 45 - 46

웃시야가 그 열조와 함께 자매, 저는 문둥이라 하여 열왕의 묘실에
접한 땅 곧 열조의 곁에서 장사하니라.

— 역대하 26 : 23

우리나라에서도 한센병을 '문둥병'이라고 비하해서 부르며 천형天刑의
낙인을 찍었다. 일제강점기에 들어서야 선교사들이 이들의 생활과 치료
를 위한 수용시설을 만들었다. 조선총독부는 격리, 수용의 목적으로 이
들을 잡아다 섬에 가두었는데, 이 섬이 바로 소록도. 당시 '문둥이 시
인'으로 알려진 한하운 시인의 〈나는 문둥이가 아니올시다〉를 읽으면 '나
도 사람'이라고 외치는 작가의 피를 토하는 호소가 절절하게 느껴진다.

나는 문둥이가 아니올시다

아버지가 문둥이올시다 / 어머니가 문둥이올시다 / 나는 문둥이 새
끼올시다 / 그러나 정말로 문둥이가 아니올시다.

하늘과 땅 사이에 / 꽃과 나비가 / 해와 별을 속인 사랑이 / 목숨이 된
것이올시다.

세상은 이 목숨을 서러워서 / 사람인 나를 문둥이라 부릅니다.

호적도 없이 / 되씹고 되씹어도 알 수는 없어 / 성한 사람이 되려고
애써도 될 수는 없어 / 어처구니없는 사람이올시다.

나는 문둥이가 아니올시다 / 나는 정말로 문둥이가 아닌 / 성한 사람
이올시다.

의학적 주홍글씨는 또 있다. '후천성 면역결핍 증후군AIDS, Acquired Immune
Deficiency Syndrome'이다. 1980년대 초 미국에서 알려진 AIDS는 1990년대
국내에 혐오스럽고 끔찍한 불치병으로 알려지기 시작했다. 동성애자들
의 문란한 성관계가 원인이며 종교적으로는 인간의 타락에 대한 신의 강
력한 단죄이므로 끔찍한 천형이라 하기도 했다. AIDS가 의학의 능력 밖
인 불치병이라 한들 병은 병일뿐이다. 그런데 왜 종교적·도덕적 낙인까
지 찍어가며 그들을 단죄했을까. AIDS가 동성애자만의 질병도 아닌데
왜 그들에게 '동성애=AIDS'라는 주홍글씨를 붙였는지 알 수 없다.

AIDS에 대한 두려움은 의료계에서도 존재했다. 2000년대 초 모 대학
병원에 정신과 질환을 앓던 AIDS 환자가 입원하려 하자 정신과 병동 의
료진들은 환자를 못 받겠다며 입원을 거부했다. 그러나 교수님의 설득으
로 환자는 입원할 수 있었다.

입원 후에는 인턴이 혈액 채취를, 간호사는 혈압과 혈당 체크를 거부
했다. 결국 모든 처치는 주치의였던 2년 차 레지던트가 도맡아 할 수밖에
없었다. 병원 측에서 환자가 병을 전염시킬까 봐 보호라는 명분 아래 목

욕하는 곳까지 따라다니며 관찰했다는 소문도 파다했다. 현대의학에서는 AIDS를 의학적 관리가 필요한 만성질환으로 인식하고 있으니, 당시의 사건은 하나의 해프닝에 불과했다.

제도권 안에서도
외면받는 F코드

한국 사회에도 정신과 질환에 의학적 주홍글씨가 찍혀 있다. 정신과 질환은 WHO의 ICD-10(국제질병분류 제10개정)에서 F코드를 달고 있다. 병원 치료를 받을 경우 사보험의 보험금을 지급받으려면 보험회사에서 요구하는 각종 서류와 서류에 적힌 만국 공통의 공식적인 질병명이 필요하다. 우울증(F32.1), 조현병(F20.9), 공황장애(F41.0), 알코올중독(F10.2) 등 모든 정신과 질환의 공식적 질병명에 F코드가 붙어 있다는 의미다.

일부 사보험에서는 F코드 치료 경력이 있으면 보험 가입을 제한하기도 하며, 정신과 치료는 보험금 지급이 아예 안 되는 경우도 많다. 이런 차별과 부당함을 겪는 환자들을 위해 대한신경정신의학회에서 노력한 결과 2016년 이후 실비보험에는 정신과 질환도 적용되는 상품이 늘어났다.

무엇보다 가장 큰 문제는 F코드가 주홍글씨로 낙인찍힐 수도 있다는 점이다. 진료 현장에서 아동 혹은 청소년들을 진료할 때 빼놓지 않고 받는 질문이 있다. "정신과 기록 때문에 나중에 불이익을 당하지는 않나요?" 나의 답변은 이렇다. "대통령 선거에 나가면 반대 측 진영에서 물고 늘어질 수 있습니다. 수배 중인 범죄자가 되어 경찰이 병원에 영장을 들고 오면 어쩔 수 없이 진료기록을 내놓아야 합니다."

또 다른 질문도 있다. "직장에서 공황장애로 약을 먹고 있는데 누가 무슨 약이냐고 물었어요. 근데 정신과에 다닌다고 말을 못 하고 그냥 영양제라고 했어요." 이런 질문에는 다른 답변을 한다. "제 조카는 너무 부산스러워요. 그래서 제가 권해 ADHD 치료를 받고 많이 호전되었습니다. 제 어머니는 뇌출혈 후에 혈관성 치매약을 드십니다." 정신과 의사로서 사생활을 노출하기란 조심스럽다. 그런데 정신병이라는 낙인 탓에 힘들어하는 환자에게 '내 가족 중에도 정신과를 다니는 사람이 있다'고 털어놓는 것 이상의 위로는 없었다.

정신과 질환에는 가벼운 불면증부터 장기간 입원이 필요한 조현병까지, 증세의 심각성으로 보면 경증부터 중증에 이르기까지 정도가 다양하다. 내과 질환도 감기에서부터 백혈병에 이르기까지 증상이 다양한 것과 마찬가지다. 내과에서는 감기든 백혈병이든 같은 병일 뿐이다.

본인이나 가족이 내과와 관련된 병에 걸리면 적극적으로 치료를 받고 주위에서도 문병을 오고 위로도 건넨다. 그러나 정신과 질환은 다르다. '미쳤다' '정신 나갔다'라는 모욕적인 표현이 정신과 질환에 대한 인식을 대변한다. 불면증이든 우울증이든 증상의 경중을 가리지 않고 숨기고 쉬쉬하기 바쁘다. 정신과 질환은 아픈 것이 아니라 정신적으로 모자란 것,

약한 것, 이상한 것, 가까이해서는 안 되는 것으로 취급받아왔다. 조현병 환자가 벌인 강남역 살인사건 등 심각한 사회부적응 사건이 터지면 이 같은 인식은 더욱 굳어진다. 실제 중증환자를 정신과 병원이나 정신요양원으로 보내 사회로부터 격리하는 경우가 많다. 병의 경중과 상관없이 정신과 질환 치료를 받는 모든 사람에게 주홍글씨를 찍어버린다.

의사 중심 분류에서
환자 중심 치료로

이런 사태가 벌어진 데는 정신과 질환 진단의 모호함 탓도 있다. 정신과 질환은 1980년에서야 정식으로 확립되었다.*

그러나 아직도 질병의 분류기준은 의사 중심이다. 의사들 간의 소통과 상호동의를 거친 진단 및 치료 처방의 근거를 찾기 위한 진단분류체계에 머물러 있다는 의미다. 이를테면 우울증 진단은 우울감, 무기력증, 불면 등의 증상을 '우울증'이라는 진단 하나로 수렴해버린다. 우울증 증상이 사람마다 다르듯 원인도 제각각일 수밖에 없는데 말이다. 기질적인 취약성, 스트레스 정도, 스트레스를 받아들이는 개인적 역치 threshold의 차이도 있다. 원인도 애인과의 이별, 가족 간의 갈등, 직장 상사와의 갈등, 취업

---

* 〈정신장애 진단 및 통계 편람 제3판(DSM-Ⅲ, Diagnostic and Statistical Manual of Mental Disorders Ⅲ)〉에서 현대의 '우울증'의 개념이 확립되었다. 여러 정신과 진단과 치료가 체계화·정교화된 것은 뇌신경과학·분자생물학 등이 발전한 20세기 후반부터다.

실패 등 다양하다. 정신의학에서는 이렇게 다양한 증상을 '우울증'이라
고 진단해버린다.

정신과를 찾아오는 환자들이 듣고 싶은 말은 무엇일까. 부부갈등이 심
한 경우를 예로 들어보자. "부인이 스트레스로 잠을 못 자고 힘들어하는
이유는 남편과의 갈등 탓입니다. 남편은 아내의 말에 귀를 기울이고 적
극적으로 지지해줘야 합니다."

아이를 데리고 정신과를 찾은 부모에게는 "아이의 기질은 느긋한데 엄
마의 기질은 강박적이네요. 부모와 자식 간의 양육 코드가 맞지 않아서
그렇습니다. 너무 걱정하지 마세요." 환자의 입장에서 듣기 편안하고 받
아들이는 데 거부감이 없다.

F코드를 붙이기 싫어하는 환자들은 "네가 치료받아야 할 환자가 아니
고 체질적으로 혹은 환경적으로 불리한 부분이 있는 거야" "인간관계에
서 좀 어긋나서 그래"라는 조언을 듣고 싶어 한다. 이것이야말로 F코드
를 붙이기 싫어하는 사람들을 위한 고객중심적인 접근이다.

정신과 의사라면 환자의 병증을 진단하고 심각한 경우 입원시키는 일
련의 과정이 늘 살얼음판을 걷듯 조심스럽다. 자칫 실수라도 하면 형사
법에 따라 처벌받을 수도 있기 때문이다.* 이는 법적 조치를 취해놓지 않

---

* 2016년 9월 28일, 입원상의 서류미구비로 정신과 전문의 67명이 정신보건법 위반 행위로 입건, 그중 37명
이 기소됐다. 그들은 2017년 5월 정신보건법 전면 개정 이후, 2018년 1월 무죄 판결을 받았다.

으면 정신과 의사들이 환자의 인권을 유린할 거라는 인식이 지배적이라는 뜻이기도 하다. 정신과 의사에게 찍는 주홍글씨인지도 모른다.

환자를 입원 처리하면서 보호자에게 뺨을 맞기도 했고, 발로 배를 걷어차여 내동댕이쳐진 적도 있으며, 환자가 과도를 휘두르는 바람에 아찔했던 기억도 있다. 절차대로 입원 과정을 지켰는데도 환자가 퇴원 후 고소해 경찰서에 소명하러 다닌 경우도 있었다.

'우울증은 마음의 감기입니다.'

2017년 9월 작은 클리닉을 오픈하면서 현수막과 대표전화의 자동 응대 첫인사 문구를 고민하다가 선택한 슬로건이다. 정신과 문턱이 낮아지기를 바라는 소박한 바람이 담겨 있다. 병원의 공식 명함에도 노란색 바탕에 이 문구를 크게 적었다. 이는 환자들에게 전하는 나의 마음이다. 또한 주홍글씨 같은 F코드를 가볍고 친근하게 느껴달라는 사회를 향한 외침이기도 하다.

인생은 아름다워

자존감과 자기 조절력

2017년의 키워드 중 하나로 '자존감'이 꼽혔다. 관련 책들이 베스트셀러로 쏟아져 나왔고 자존감이라는 단어에 사람들은 열광했다.

자존감은 '자신이 사랑받을 가치가 있다'는 의미인데, 미국의 의사이자 철학자인 윌리엄 제임스가 1890년대에 처음 사용했다. 한국에서는 자아, 존중, 감정 등의 의미가 내포된 복합적인 단어다. 자존감은 '자기 개념에 기초한 자기 가치에 대한 평가'라는 지식적 측면과 '자기에 대한 태도에 기초한 감정'이라는 감정적 측면이 모두 내포된 단어다.

일단 자존감이 높으면 행복하다는 데에 이견은 없다. 전문가들의 연구 결과에 따르면 자존감이 높은 사람은 신체상, 자아상, 공감능력, 리더십, 성취도가 높다. 의사소통 능력과 융통성, 문제 해결 능력도 우수하다. 무엇보다 대인관계에서도 당당하며 늘 인생의 주연으로 살면서 행복을 느낀다.

자존감 높이기의 전 단계, 손상된 자존감 회복하기

자존감의 반대말인 열등감을 알면 사람마다 자존감이 다른 이유를 알 수 있다. 외모, 성적, 어린 시절 학대, 가난, 학벌, 실직 등 능력 밖의 요건이 열등감의 뿌리다. 객관적이든 주관적이든 중요하지 않다. 반에서 5등 하는 아이가 전교 5등 하는 아이에게 열등감을 느낀다면 그것은 자존감에 손상을 주는 것이다. 열등감에 빠진 사람들이 인생의 주연이 아닌 조연이 돼 불행하게 사는 사례도 쉽게 찾을 수 있다. 그들은 가정과 직장과 사회에서 주눅 들어 살면서 온전한 '나'를 감추고 누군가에게 보이기 위한 모습으로 살고 있다. 과도하게 친절하기도 하고 사소한 일에 예민하게 대응하기도 한다. 눈치 보는 게 일상이며 항상 자기 불안이라는 감정에 사로잡혀서 산다.

전문가들은 이런 사람들을 위해 자존감을 높이는 세 가지 방법을 제시한다. 첫째, 자신을 수용한다. 잘났던 못났던 나 자신을 사랑해야 한다. 구체적으로 일기 쓰기, 장단점 써보기 등을 권한다. 둘째, 어린 시절의 상처로 남은 트라우마를 극복한다. '내면의 상처받은 아이'를 현재의 어른인 내가 보듬어 안고 달래주라고 권한다. 학대한 부모를 용서하고 내 잘못이 아니었다는 객관적 사실을 깨달으라고도 한다. 셋째로 하나씩 성취감을 이룬다. 어린 시절 긍정적인 성취를 경험하면 성장하면서 긍정적인 자아상을 형성하는 데 도움이 된다. 성인이 되어서도 열등감의 뿌리를 찾아서 극복할 수 있다면 이 또한 자존감을 회복하는 데 도움이 된다.

결론적으로 스스로 진정한 나를 찾으라는 것이다. 그러나 한계는 있다. 엄밀히 따지면 앞에서 제시한 방법은 자존감을 높인다기보다 손상된 자존감을 회복하는 방법이다. 회복을 넘어 자존감을 높이는 방법을 구체적으로 제시하는 단계에는 이르지 못했다. 아직까지 대한민국은 '손상된 자존감 회복'에만 초점이 맞춰져 있다.

자존감이라는 개념이 왜 현대에 생겨났을까. 매슬로 욕구 단계설 Maslow's hierchy of needs에 따르면 인간의 욕구는 총 5단계다. 1단계는 생리 욕구, 2단계는 안전 욕구, 3단계는 애정·소속에 대한 욕구, 4단계는 존중받고자 하는 욕구, 5단계는 자아실현의 욕구다. 자존감은 4단계에 속한다.

하위 단계의 욕구가 충족된 후에야 다음 단계의 욕구로 눈을 돌릴 수 있다. 매슬로는 일단 먹고사는 문제가 해결이 되고, 전쟁이나 기아 같은 안전의 걱정에서 벗어나고, 애정과 우정, 가족과의 단란한 삶 이후에야 비로소 자존감에 대해 고민한다고 했다. 4단계의 욕구는 개인적 관계에서 벗어나 타인과 사회적인 관계에서 시작되는 고민이다.

여기서 궁금증이 생긴다. 무인도에서 혼자 사는 로빈슨 크루소는 자존감이 높을까? 그렇지 않다. 혼자서 안분자족安分自足하며 산다고 해서 자존감이 높아지지는 않는다.

사회 속에서 타인과의 관계를 회복하면 자존감은 높아진다. 심리학자 조지 H. 미드George H. Mead는 자존감이 타인과의 관계와 연관된다고 강조했다. 그는 1934년에 출간한 자신의 저서 《정신·자아·사회》에서 자존감은 근본적으로 대인관계에서 생겨나는 현상이라고 주장했다. 미드에 의하면 자존감은 소속감에 기인하는 것으로 무엇보다 부모, 교사 또는 친구에 의해 결정된다. 사회적 존재인 사람은 가족, 친구, 지인과 만족스럽고 지속적인 관계를 유지할 때 자신에게 만족하고 나아가 사회에 공헌하는 기분을 느낄 수 있다. 따라서 소속집단이 자존감에 결정적인 영향을 미친다.

자존감의 대안은 자기조절 능력과 회복탄력성

그렇다면 아이들은 어떨까. 어른이 되면 자존감이 높아질까. 어린이들의 자존감은 걱정할 필요가 없다. 출산율이 떨어지면서 황제 대접을 받으며 자라고 있으니 말이다. 공공장소에서 떠드는 아이들 때문에 '노 키즈존'을 내건 카페와 식당이 생겨날 정도로 일부 엄마들은 아이들을 기죽이지 않기 위해 공중도덕 따위는 무시해버리기도 한다. '기죽이지 않기'를 자존감 살리기와 동급의 단어라고 생각해버리기 때문이다. 그러면 기죽지 않고 자란 아이들이 커서 자존감이 높을까. 안타깝게도 그렇지 못하다.

어린 시절의 황금기를 지나 학교에 들어가면 외모·성적·집안 등으로

서열이 매겨지고, 어릴 때는 무조건 지지하던 부모가 "1등을 하면 ○○ 사줄게" "△△학교에 들어가면 뭐든 다 들어줄게" 등 조건부 사랑을 제시하며 돌변한다. 학교에 입학하면 아이들은 일반화된 사회의 잣대로 자신을 평가하고 쉽게 열등감에 빠진다. 자존감이 급격히 손상될 수밖에 없다.

그래서 최근 미국에서는 '자기 조절 self control'이라는 개념이 자존감의 대안으로 등장했다. 자기 조절은 실패를 통해 길러진다는 점에서 조건 없이 긍정적으로 지원하는 자존감과는 반대의 접근이다.

자기 조절에 따라오는 개념이 있으니 바로 '회복탄력성 resilience'이다. 사람들은 심한 스트레스나 충격적인 상황을 겪으면 대부분 심리적으로 충격을 받고 힘들어한다. 하지만 회복탄력성이 강한 사람은 잠재능력을 발휘해 스트레스를 성장의 기회로 삼는다. 회복탄력성은 실패를 통해서 길러지며 실패 대응력을 키우는 것이 핵심이다. 성공에 대한 칭찬이 아닌 실패를 통해서도 배울 수 있다는 발상의 전환이 필요하다. 실패를 하면서도 긍정적인 자아를 형성할 수 있어야 한다.

무엇보다 부모의 태도와 관점이 아이들에게 큰 영향을 준다. 로베르트 베니니 감독의 영화 〈인생은 아름다워〉에서 주인공 귀도는 4세 아들 조슈아와 함께 유대인 수용소로 끌려간다. 귀도는 조슈아에게 자신들은 게임을 위해 특별히 선발되었고 수용소에서 1,000점을 먼저 얻는 사람이 탱크를 상으로 받는다고 거짓말을 한다. 조슈아는 날이 밝을 때까지 독일군에게 들키지 않으면 1,000점을 채워서 이길 수 있다는 아버지의 말을 믿고 나무 궤짝에 숨어 지낸다. 조슈아를 나무 궤짝에 숨겨 두고 아내를 구하려던 귀도는 결국 처형당한다. 다음날 조슈아는 누가 1등상을 받게 될지 궁금해하며 나무 궤짝에서 나와 텅 빈 사방을 두리번거린다. 바로 그때 요란한 소리를 내며 연합군 탱크가 다가오고 조슈아는 환호한다.

아버지의 섬세한 배려로 아이는 끔찍한 수용소 생활을 이겨냈고 결국 목숨을 구했다. 〈인생은 아름다워〉는 앞에서 얘기한 자존감, 자기 조절, 회복탄력성의 개념을 모두 녹여낸 영화다. 아버지는 끔찍한 재난에도 굴하지 않고 아이의 자존감을 지켜주기 위해 아버지로서 최고의 선물을 준 것이다.

알면서 빠져드는 달콤한 속삭임

중독

중독이라는 말은 이제 일상어가 됐다. 쇼핑 중독, 성형 중독, 운동 중독, 카페인 중독, 일중독 등. 의학적으로 중독의 개념은 다음과 같다.

어떤 물질 혹은 약물이 인간의 뇌에 작용해 신경적응 과정을 통해 내성과 금단을 일으키며, 부정적인 결과에도 불구하고 갈망이 생기면 반복적으로 물질을 사용하게 되는 만성적이고 재발을 잘하는 뇌질환.

전통적인 의미에서 중독은 주로 술이나 마약 등의 물질이나 약물에만 국한됐다. 하지만 시대가 변해 쇼핑, 섹스, 도박, 인터넷 등 일상적인 행위도 중독이 될 수 있다는 개념으로 확장했다. 즉 물질 중독에서 행위 중독으로 패러다임이 전환됐다.

확장되는 현대인의 행위,
중독

행위 중독으로 공식 인정된 것은 '도박 중독'이다. 도박 중독은 2013년 미국정신의학회에서 개정한 〈정신장애의 진단 및 통계편람 5판 DSM-5〉에서 중독성 장애로 인정됐다(이전에는 '충동조절장애'의 하위분류인 '병적 도박'으로 분류됐다). 더불어 인터넷게임 중독을 '인터넷게임 사용 장애'라는 명칭으로 향후 DSM-5의 추가 연구 과제에 포함했다. WHO는 논란 끝에 2018년 6월 '국제질병분류 제11차 개정판(ICD-11)'에 게임 중독을 행위 중독의 하위분류로 등재했다. 향후 2019년에 열리는 WHO 총회에서 채택되면 2022년 1월부터 효력이 발생한다.

프로 게이머와 인터넷 중독자의 경계는 어디에 두어야 할까. 뇌 영상 촬영 결과에 따르면 프로 게이머의 뇌는 '좌측 대상회'가 활성화되고, 게임중독자는 '좌측 시상'이 활성화된다고 한다. 좌측 대상회는 계획을 세우고 결정하고 조정·판단을 할 때 사용하는 부위다. 프로 게이머들은 정해진 시간과 규율에 맞춰 플레이를 업무처럼 하는 사람들이다. 반면, 좌측 시상은 외부에서 들어오는 감각적 자극을 처리하는 부위다. 게임 중독자들은 논리적 사고보다는 외부 자극에 민감하다는 얘기다.

그렇다면 이 둘은 DTI(신경세포 간의 연결망을 시각화한 영상), PET(뇌세포의 당대사와 신경전달물질의 수용체 활성을 볼 수 있는 영상), fMRI(뇌 특정 부위의 활성도를 알 수 있는 영상) 등의 검사로 구별해야 할까.

인터넷은 간단한 정보검색을 비롯해 결제·송금 등 금융업무 처리, 음악과 영화감상, e북 등 오락 분야에 이르기까지 일상생활에 깊숙이 들어와 있다. 그중에서도 가장 문제가 되는 건 인터넷게임 중독이다. 밥도 안 먹고 잠도 안 자면서 게임을 하다 사망한 사건, 부부가 같이 게임을 하다 젖먹이를 방치해 사망한 사건, 게임을 한다고 잔소리하는 엄마를 죽이고 자신도 자살한 사건 등 끔찍한 사건이 연이어 보도됐다. 실제로 병원에서 게임을 말리는 부모에게 물건을 던지거나 폭행하는 청소년들을 자주 보기도 한다. 인터넷게임 중독 사례 중에서 청소년층의 심각성을 다루는 연구가 많다. 특히 남녀의 비율을 보면 남자가 월등히 높다.

청소년들은 왜 이렇게 인터넷게임에 몰두할까. 인터넷게임은 현란한 영상과 음악, 사이버 공간에서 얻는 나의 또 다른 파워풀한 정체성, 시공간을 초월하는 동시성 등 어떤 놀이보다 매력적이다. 단순히 재미있다는 이유만으로 청소년들이 게임에 빠지는 건 아니다. 입시 위주의 획일적인 교육으로 인한 스트레스, 마땅한 놀이문화가 없는 상황, 빠른 인터넷 보급과 게임 개발 등이 맞물려 있다.

부모와 의사소통이 잘 안 되는 가정의 아이들도 게임에 몰두하려는 경향이 짙다. 그래서 인터넷게임 중독으로 아이 손을 붙잡고 병원을 찾은 어머니에게 대뜸 듣기 싫은 말을 하는 경우도 있다. "인터넷게임보다 재미있는 걸 줘보세요. 어머니는 아이에게 인터넷게임 대신 공부를 시키고 싶은 거잖아요."

아이러니하게도 병원을 찾은 아이들에게 잘하고 싶은 걸 물어보면 공부라고 답한다. 공부를 잘해서 학교나 집에서 인정받고 좋은 대학에 가고 싶다고 한다. 그런데 고등학교에 진학하니 공부가 어려워 성적이 뒤처지니 스트레스를 받는다고 한다. 그러다 보니 인정받을 수 있는 인터넷게임에 시간을 더 쓰고, 재미있으니 자주 한다고 한다. 공부는 잘 못하는데 부모는 좋은 대학에 가라 하고, 인터넷게임은 끝내주게 재미있으니 시간이 흘러 중독에 이르게 된다.

어떤 아이의 부모가 찾아와서 한 얘기가 인상 깊었다. "가족끼리 사이판으로 여행을 다녀왔는데 아이가 인터넷게임을 안 해서 놀랐어요." 게임보다 더 재미있는 것이 있다면 게임 중독에 쉽게 빠지지 않는다.

공부 스트레스 외에도 부모와의 불화, 또래와 관계로 겪는 스트레스 등을 해소하기 위한 이차적 인터넷 중독이 나타나기도 한다. 인터넷 중독이라고 규정짓지 말고 주위에서 원인을 찾아보자. 물론 치료대상인 학생도 있다. 공존 질환인 우울, 불안, 충동성, 자존감 저하, ADHD 등 정신과 질환이 발견될 경우에는 의사와 상담을 받으면 된다.

중독에 대처하는
우리의 자세

최근 스마트폰도 새로운 중독의 범주로 떠오르고 있다. 아직 학문적인 연구나 개념 정립이 미흡하지만 스마트 사회로 진입하면서 인터넷보다 더 많은 문제를 발생시키지 않을까 싶다. 현재 가장 큰 문제는 게임 중독이 아닌 SNS 중독이다. 역시 청소년들이 문제의 중심에 서 있다. 재미있게도 SNS나 채팅, 메신저 등은 남학생보다 여학생이 훨씬 더 과도하게 사용한다. 청소년들은 시시각각 울리는 카톡 감옥에 스스로 갇혀 있으면서 시공간을 초월한 '하이퍼 커넥티드(과잉연결)'에 빠져 있다. 게다가 '팝콘 브레인*' '디지털 치매' '카페인(카카오스토리, 페이스북, 인스타그램의 줄임말) 우울증' 등의 신조어들도 하나씩 등장했다.

현대사회는 늘 접속 상태다. 미래에는 넓은 관점에서 누구나 디지털 중독의 세상에서 살게 될 것이다. 그렇다면 어디까지를 디지털 문명의 편리성으로 보고 어디까지를 중독의 경계로 봐야 할까. 인터넷과 스마트폰을 해롭다는 이유로 금지하기보다는 디지털 문화에 대해 더 깊이 고민해야 한다. 디지털 세상에서 디지털을 넘어서는 인간의 철학에 대한 아날로그적인 사색이 필요하다. 드론을 사생활 침해에 쓸 것인지, 유해가스가 가득한 공장에서 기계를 스캔하는 데 쓸 것인지를 고민하자는 거다. 디지털의 노예가 될 것인가 아니면 주인이 될 것인가에 대한 고민과 해답은 우리에게 있다.

---

* 첨단 디지털 기기 등을 많이 사용하게 되면서 현실감각이 떨어지고 주의력이 떨어져 팝콘처럼 아주 강한 자극에만 반응하는 현상

나는 어떤 사람일까?

기질과 성격

우리나라에서 가장 유명한 성격진단 검사법은 에니어그램Enneagram과 MBTIMyers-Briggs Type Indicator다. 에니어그램은 힘의 중심을 장 중심, 가슴 중심, 머리 중심으로 나누고 각각의 중심에 3가지씩 유형을 두어 개혁가, 조력가, 선동가, 예술가, 사색가, 충성가, 만능가, 지도자, 화합가의 아홉 가지 유형으로 나눈다. 각 유형의 양쪽 옆 중에서 높은 점수를 날개라 하는데, 보조 자아로서 주 자아를 도와주는 역할을 한다. 또한 긍정적일 경우 드러나는 화살표 방향과 부정적인 스트레스 상황일 경우 드러나는 화살표의 정해진 방향이 따로 있다.

한편 융의 심리유형론을 근거로 만들어낸 MBTI는 외향과 내향, 감각과 직관, 사고와 감정, 판단과 인식의 4가지로 분류해서 총 16가지의 성격유형을 밝혀낸다.

에니어그램은 각 성격유형이 서로 유기적으로 연결됐다고 보지만, MBTI는 각각을 독립적인 성격유형으로 분류한다. 에니어그램은 행동의 동기에 초점이 맞춰져 있고, MBTI는 행동 자체에 집중되어 있다. 에니어그램은 약점과 내면의 집착을 강조하고, MBTI는 강점과 선호 경향을 우선시한다.

성격에 대한 오랜 궁금증과 밝혀진 사실들

성격에 대한 정의는 학자마다 다르지만 가장 보편적이고 공통적인 정의는 다음의 다섯 가지다.

1. 직접 관찰할 수 없는 내적 속성이기 때문에 외적 행동을 통해 간접적으로 측정할 수 있다.
2. 인지, 감정, 행동이 합쳐진 통합적인 심리 과정이다.
3. 각 개인의 고유한 특성이기 때문에 타인과 비교하면서 측정될 수 없다.
4. 시간과 상황에 따라 일관성이 있다.
5. 고정되지 않고 개인 혹은 상황에 따라 변화하는 역동성이 있다.

성격에 대한 개념은 히포크라테스가 인체를 혈액(다혈질: 낙관적), 황담즙(담즙질: 혈기왕성), 점액(점액질: 느긋함), 흑담즙(우울질: 우울함) 등 4가지로 기질을 나눈 데서 기원한다. 봉건주의와 기독교가 지배하던 중세시대에는 인간이란 기본적으로 원죄를 가지고 태어난 존재라는 인간관이 우세했다. 그러나 14세기 르네상스를 거치면서 인간의 가치가 존중받고, 18세기의 계몽주의, 19세기의 낭만주의가 득세하면서 인간의 가치에 대한 논의가 활발해졌다.

성격에 대해 먼저 통찰한 사람들은 심리학자가 아니었다. 플라톤과 아리스토텔레스, 부처, 공자 등의 철학자들과 셰익스피어, 도스토예프스키, 버지니아 울프, 모파상, 브론테 자매, 토머스 하디 등과 더불어 김동인, 최인호 같은 작가들은 인간에 대한 통찰력을 바탕으로 한 훌륭한 아마추어 성격 심리학자였다.

1930년에 들어서자 비로소 통계와 관찰과 실험이라는 방법이 심리학에 더해져 과학적이고 객관적인 성격심리학이 발달했다. 프로이트의 정신역동 이론, 로저스의 현상학적 이론, 카텔과 아이젠크의 특질 이론, 미셸의 사회인지적 이론 등 4가지가 성격 연구의 큰 축을 이루고 있다.

그렇다면 성격은 왜 중요할까. 성격은 사람마다 다른 고유한 패턴으로 평생 사랑, 일, 우정 등에서 동일하게 반복된다. 그래서 인생의 전환기나 큰 결정을 내릴 때 절대적인 지표가 되기도 하고 미래의 행동을 예측하는 지침이 된다. 궁극적으로 성격이 '주관적 안정감'을 좌우하기 때문에 삶에서 매우 중요하다. 주관적 안정감은 '행복'이라는 단어를 심리학적으로 표현한 전문용어다. 전반적으로 삶에 만족하거나 결혼이나 직장 등 특정 삶의 영역에서 만족하는 것을 의미하며, 슬픔·우울·불안 같은 부정적인 감정이 없는 상태를 의미한다.

연구에 따르면 결혼과 수입은 주관적 안정감과 연관이 있고, 교육과 지능은 거의 상관이 없는 것으로 밝혀졌다. 그러나 무엇보다 주관적 안 정감에 가장 큰 영향을 주는 변수는 '성격'이다. 그래서인지 사람들은 배 우자를 선택할 때 성격을 결혼의 첫 번째 조건으로 생각한다.

기질은 바꿀 수 없지만 성격은 바꿀 수 있다

성격과 함께 살펴봐야 할 것은 기질이다. 기질 과 성격의 차이는 무엇일까. 기질은 자극에 대한 자동적이고 정서적인 반응을 의미한다. 유전적으로 타고나며 일생동안 안정적으로 유지된다. 인성 발달의 원재료로서 성격의 기본 틀로 작용한다.

지문과 마찬가지로 타고난 기질도 사람마다 다르다. 성격은 기질이라 는 원재료를 바탕으로 환경과 상호작용 속에서 형성되며, 기질로 인한 자동적인 정서반응을 조절한다.

유전적이고 생물학적인 기질과 달리 성격은 자기 개념, 추구하는 목표 와 가치를 담고 있다. 변화할 수 있는 성숙도의 개념도 포함한다. 즉 최 초 반응은 기질이 결정하지만 최종 반응은 성격이 조절한다. 예를 들어 아파트에 불이 나면 기질적으로 매우 불안한 사람은 불에 타 죽을까 봐 두려움에 휩싸인다. 원래의 기질대로라면 얼른 아파트에서 빠져나와 불안을 낮춘다. 하지만 기질적으로 매우 불안한 사람이라도 성격적으로 성숙하면 두려움을 이겨내고 옆집과 윗집과 아랫집의 초인종을 누르며 불이 난 사실을 알리고 애완견까지 살뜰히 챙겨 나온다.

반면에 기질적으로 불안하지 않더라도 성격적으로 미숙한 사람은 남이야 죽든 말든 내 몸만 빠져나오면 된다고 생각한다. 따라서 기질과 성격의 관계는 유전과 환경, 천성과 양육의 관계로도 설명할 수 있다.

사람들은 타고난 성격을 바꿀 수 있는지 궁금해한다. 기질은 생물학적이고 유전적인 부분이 작용하는 영역이라 바꾸기 어렵다. 그러나 성격은 바꿀 수 있다. 단, 개인의 타고난 기질 시스템의 최저치와 최고치의 범주 안에서만 가능하다.

성격을 바꾸려면 어떻게 해야 할까. 먼저 나를 파악해야 한다. 타고난 기질이 어떻든 장단점이 있다. 예민한 사람은 매사에 불안하지만 조심스럽고 신중하다. 기질이 마음에 들지 않더라도 실망할 필요는 없다.

다음 수순은 기질에 끌려다닐지 아니면 극복할지를 고민해야 한다. 성숙하려면 기질로부터 자유롭고 행동이 유연해야 한다. 물론 자신을 이해해 기질과 성격의 장점을 극대화하고 단점을 최소화하는 것은 본인의 몫이다.

다행히 현대사회에서는 다양한 역할과 라이프스타일이 존재한다. 나의 기질과 성격에 맞는 직업과 공동체, 배우자를 찾는 것이 가능한 시대다. 선택과 자유에는 책임이 따른다는 사실을 명심하자. 팔자소관이라는 패배적, 결정적 인생관에 사로잡히지 말자. 타고난 기질은 바꾸기 어렵더라도 성격을 긍정적으로 바꾸면 행복하게 살 수 있다. 다음은 성 프란체스코의 기도문이다.

주님, 제게 변화시킬 수 없는 것을 받아들일 수 있는 평화로운 마음을 주시고, 변화시킬 수 있는 일에 도전하는 용기를 주시며, 또한 이 둘을 구분할 수 있는 지혜를 주옵소서.

인생에서 무엇을 수용하고 무엇에 도전할지는 스스로에게 달려 있다.

PART 3

예술과 일상

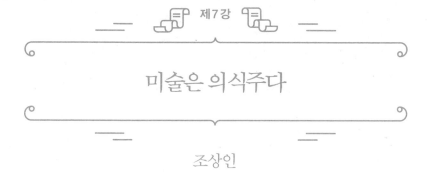

미술은 의식주다

조상인

서울경제신문 편집국 문화부 차장. 서울대 고고미술사학과 학사, 동 대학원 미술경영 석사를 수료했다. 경향신문 스포츠 칸 등을 거쳐 2008년부터 미술전문기자로 취재하고 있다. 동국대, 한에종 등에 출강했으며, 아시아나항공 기내지 〈ASIANA〉 커버스토리 등 외부 기고도 맡고 있다.

단색화가 뭐길래

어느 날 배우 장동건·고소영 부부가 서울 마포구 성산동에 자리 잡은 서보미술문화재단을 방문했다. 미술계에서 컬렉터로 명성을 쌓고 있는 이 부부는 경기도 가평에 한국건축문화대상을 수상한 '신천리 주택'을 짓고 자신들의 소장품으로 미술관 같은 집을 꾸며서 살고 있다.

이들이 찾아간 곳은 세계 미술시장이 주목한 '단색화'의 대표 원로화가 박서보(1931~)의 작업실이었다. 그림을 구입하고 싶다는 의사를 전했지만 처음에는 단박에 거절당했다. 박 화백이 세계 유수의 미술관 전시를 비롯해 이듬해 초 런던 화이트큐브 개인전을 앞두고 작품 관리를 위해 해외 미술관과 주요 컬렉션을 중심으로만 거래할 뿐 국내 컬렉터에게는 작품을 판매하지 않겠다고 원칙을 세웠기 때문이다. 그러나 장·고 부부는 삼고초려 끝에 120호 크기의 대작인 붉은색 〈묘법(2014)〉을 소장하는 데 성공했다.

"Do You know Dansaekhwa?"

단색화에 대한 입소문은 2014년 스위스 아트바젤과 영국 프리즈 등 해외 아트페어를 중심으로 활발하게 퍼지기 시작했다. 학문적 연구 기반 위에서 미술관 전시를 통해 먼저 자리 잡았더라면 더욱 좋았을 텐데, 아트페어로 대표되는 '시장' 반응이 앞섰다는 것은 아쉬운 점이다.

단색화는 1970년대 한국 미술계에서 주요한 축으로 자리 잡았던 화풍이다. 이보다 앞서 한 가지 색조로 화면을 채우는 '모노크롬Monochrome' 작품들이 세계적 유행을 일으킨 까닭에 당시 이 같은 국내 미술의 경향도 '모노크롬'으로 불리곤 했다. 하지만 외국의 단색조 회화인 '모노크롬'과 달리 우리 '단색화'가 강조하는 것은 색色에만 머물러 있지 않았다. 한 가지 색이 화면을 주도하는 가운데 반복적이고 집약적인 몸짓이 수행에 가까운 행위로 이어지며 탁월한 정신성을 구현한다는 점에서 '단색화'는 분명 차별되는 세계를 표현하고 있었다. 그런 단색화가 약 40년 만에 현대미술계로 다시 소환된 것이다. 특히 2014년을 전후해 최근까지 단색화의 경매 거래가는 열 배나 뛰어오르며 시장을 주도했고 동력 잃은 미술시장에 새 기운을 불어넣었다. 각 언론사들이 연말이면 집계하는 '올해의 문화 키워드'에 어김없이 단색화가 포함되면서 소위 '대세'임을 확인하고 있는 것은 물론이다.

그렇다면 어떤 작품이 얼마나 올랐을까? 문화체육관광부 산하 예술경영지원센터가 운영하는 한국미술시장정보시스템의 데이터를 기반으로 지난 1998년부터 2017년까지 20년간 단색화 작가들의 경매 실적을 분석해봤다. 단색화로 분류될 작가들이 숱하게 많기에 대략의 기준은 2012년 국립현대미술관에서 열린 '한국의 단색화'전에 참여한 화가를 중심으로 했다. 그 결과 1970년대 이후 활동한 16명의 단색화 화가들의 연간 낙찰 총액은 그해 미술품 경매시장의 47퍼센트(2016년 기준)에 달했다. 단색화가 확실하게 시장을 이끄는 주류였음을 확인할 수 있다.

한국 단색화의 대표 화가인 정상화(1932~)의 경우 연평균 낙찰가격이 20년 전과 비교해 48배 상승했다. 사실 정상화의 작품은 2001년에 팔린 350만 원짜리 작품이 경매시장에서 기록된 첫 성과였다. 이후 2006년까지 그의 작품은 1년에 한두 점 정도 거래되었을 뿐이다. 한국에 전문적인 미술품 경매회사가 생겨나고도 10년이 넘도록 시장에서 거의 거래되지 않았다는 뜻이다. 그러나 정상화의 작품은 2017년 한 해에 총 32점, 액수로는 54억 7천540만 원이 낙찰되었다. 작품 한 점당 평균 1억 7천만 원꼴이었다. 최고가 작품은 2015년 10월 서울옥션 홍콩 경매에서 약 11억 3천만 원에 낙찰된 〈무제(2005)〉였다.

정상화는 그림을 그린다기보다 뜯어내고 메우는 방법으로 작업한다. 우선 캔버스 위에 약 5밀리미터 두께로 고령토 초벌을 칠하고 일주일쯤 완전히 마르기를 기다린다. 그런 다음 마른 캔버스를 일정한 간격에 따라 가로세로로 접는다. 이렇게 하면 마른 흙이 접힌 선을 따라 균열을 일으키는데 금 간 모양이 꼭 켜가 얇고 납작한 파이처럼 보인다. 화가는 흙덩이처럼 갈라진 이 손톱만 한 고령토 조각을 하나씩 들어내고 그 자리에 아크릴 물감을 얹는다. 균열은 때로 조선백자의 빙열氷裂 같고 한 알씩 두는 바둑판과도 흡사하다. 덜어낸 것은 세속적 욕심이요, 메워 넣은 것은 시공을 초월한 작가정신이다. 하나하나 비우고 채우기를 최소 여섯 번에서 열 번씩 반복하다 보면 작품 한 점에 짧게는 2개월, 보통의 경우라도 6개월에서 1년이 걸린다. 예나 지금이나 보조 작업자를 두지 않는 것으로 유명하니 '단색화는 수행하는 그림'이라는 수식어에 가장 적합한 화가로 정상화가 꼽히는 것은 당연하다.

 그렇다면 장·고 부부의 소장욕을 불러일으킨 박서보의 작품은 어떤 평가를 받았을까? 그 역시 1999년에는 600만 원짜리 한 점이 유일한 낙찰 기록으로 남아 있다. 미술 시장이 호황이던 2007년에는 30점이 거래돼 12억 원의 낙찰 총액을 기록했다. 작품당 평균 4천만 원꼴이었다. 그러나 단색화 열풍과 함께 해외 유수의 미술관·갤러리 전시에서 호평이 이어지자 가격이 급등해 지난 2015년과 2016년에는 연 경매 총액이 100억 원을 가볍게 넘겼으며 낙찰 평균가는 1억 2천만 원까지 솟구쳤다. 국내 경매 최고가는 〈묘법(1981)〉으로 11억 원, 해외 경매로는 크리스티 홍콩에서 연필로 그린 〈묘법(1975)〉이 약 14억 원에 팔렸다. 박서보는 정상화와 더불어 '밀리언 달러 작품가' 작가군에 이름을 올린 대표 화가다. 박서보는 한 인터뷰에서 "1982년 갤러리현대 전시 때 '연필 묘법' 100호가 300만 원이었는데도 안 팔렸죠. 미술시장이 호황이었던 2006년 전후에도 3천만 원 정도였는데 지금은 15억 원이라더군요"라고 말했다. 그의 말대로 30여 년 만에 그림값이 500배나 뛰었으니 콧대 높은 장·고 부부가 머리를 숙이고 찾아갈 만했다.

윤형근(1928~2007) 역시 왕성한 해외 활동에도 불구하고 국내시장에서는 찬밥이었다. 2000년에 190만 원짜리가 낙찰된 것을 제외하면 2005년까지 경매 성사 실적이 전무했다. 그러나 2014년부터 경매 출품이 급증했다. 따지자면 3년간 거래가 대부분인 누적 낙찰 총액은 98억 원에 이른다.

그는 흙에서 유래한 암갈색의 엄버Umber와 짙은 푸른색인 군청색의 울트라마린Ultramarine Blue이라는 두 가지 색을 섞어서 사용한다. 화가는 안료에 직접 제작한 기름을 섞어 물감을 만들어 가공하지 않은 마포 생지에 반복적으로 선을 그렸다. 푸른 기운을 머금은 옅은 갈색이 마치 잘 숙성된 차 색과 비슷하다고 여겼던지 '청다색靑茶色'이라는 이름을 붙이곤 했고, 후기작들은 '엄버 – 블루Umber-Blue'라고 불렀다. 그에게 갈색 엄버는 땅이고 푸른 블루는 하늘이었다. 그는 자신의 그림을 '천지문天地門'이라고 했다. 그림을 보면 칠하지 않은 중앙 부분의 여백은 화가의 말처럼 문이 된다. 열린 문틈이 좁을라치면 그 안에서 한줄기 빛이 새어 나오고 때로는 색칠한 기둥의 간격이 널찍해 큰 문을 이루면서 그 사이로 시원한 바람이 드나들기도 한다.

포스트 단색화를 위한 고민

2012년 국립현대미술관의 기획전은 단색화 재조명의 기폭제가 되었다. 미술사적으로 가치 있는 화가와 작품을 연구·분석해 위상을 재정립하는 것은 미술관이 해야 할 중요한 역할이다. 동시에 미술관의 평가는 시장의 판단 기준으로 작용한다. 이 전시에서는 1930~1940년대생 '전기 단색화' 작가 17명과 1950~1960년대생 '후기 단색화' 작가 14명을 선보였는데 전시 이후 국내외 관심이 폭발하기 시작했다. 한때 극사실주의를 앞세운 구상회화가 인기를 누렸던 호황에도 불구하고 글로벌 금융위기로 침체를 맞았던 미술계에 추상화인 단색화는 새로운 동력이 되기에 충분했다. 특히 해외 미술관들이 앞다퉈 단색화에 주목하자 국제 갤러리 등은 해외 아트페어에서 적극적으로 작품들을 소개하는 동시에 베니스비엔날레 특별전 등을 기획해 홍보와 마케팅에 주력했다.

정신수양에 가까운 반복적 행위로 화면을 구성하는 특징 때문에 단색화는 한국의 선비정신과 일맥상통하는 의미를 갖게 되었다. 한때 '벽지 같은 그림'이라 조롱받기도 했지만 이제는 조형성뿐만 아니라 정신성에서도 공감을 얻어 한국 현대미술의 대표 브랜드가 되었다. 단색화 홍보에 가장 적극적으로 나섰던 국제 갤러리는 미술사적 가치에 비해 시장의 평가는 낮았지만 서구 미술계가 먼저 알아본 '구타이具体' 등 일본 전후 모더

니티 미술에서 성공을 거둔 미니멀 아트^{Minimal Art}를 벤치마킹했다. 국제 갤러리는 2013년 5월 뉴욕과 9월 런던에서 열린 프리즈아트페어에서 단색화 거장들을 처음 소개해 해외 미술관 관계자들의 비상한 관심을 끌었다. 이후 스위스 아트바젤 등 세계 주요 아트페어에서 정창섭, 박서보, 정상화, 하종현, 권영우, 김기린, 이우환 등의 단색화를 꾸준히 소개하며 거듭 '솔드아웃'을 이뤄냈다. 2014년 9월에는 갤러리 전관에서 대규모 단색화 전시를 열어 '단색화 열풍'을 국내로 역수입했고, 2017년 5월에는 세계 최고 미술 행사인 베니스비엔날레의 병렬전시로 기획된 '단색화'전을 후원하기도 했다. '미술 한류' 개척에 적극적으로 나선 국제 갤러리는 2017년 해외 전시 비용으로만 32억 원을 쏟아부었다.

연이은 단색화 영문 도록 발간과 함께 주요 화가들의 굵직한 해외전시가 이어지며 '단색화 열풍'이 퍼져나갔다. 단색화의 성공에 힘입어 미술시장도 살아났다. 2015년 국내 양대 미술품 경매회사인 서울옥션과 K옥션의 낙찰 총액은 각각 1천78억 원, 669억 원이었다. 서울옥션이 1998년 설립된 이래 연매출이 1천억 원을 넘긴 것은 이 해가 처음이었다. K옥션 역시 시장 호황이 절정이던 2007년의 연매출 615억 원을 뛰어넘으며 사상 최대 실적을 기록했다. 국제 갤러리 역시 연매출 '1천억 원'을 처음 돌파했다. 금융감독원 전자공시에 따르면 국제 갤러리의 경우 2014년 매출이 613억 원이었으나 '단색화 열풍'으로 매출이 두 배 가까이 급증해 2015년에는 1천123억 원을 기록했다. 35년 전통의 국제 갤러리가 2008년부터 금융감독원에 감사보고서를 제출해온 이래 연매출 1천억 원 이상은 처음이었다. 영업이익도 사상 첫 100억 원을 넘겨 198억 원을 기록했다.

그러나 미술품 경매 거래량의 47퍼센트까지 치솟았던 단색화 열풍은 3년 만에 답보 상태에 들어선 느낌이다. 우선 인기가 많은 1970년대 구작(舊作)의 공급량에 한계가 있는 데다, 급상승한 작품값이 '다지기'를 통한 안정화 국면에 접어들었기 때문이다. 단색화 열풍이 미술시장에 활기를 불어넣은 것은 사실이지만, 특정 화풍으로의 쏠림 현상이 빈익빈 부익부 현상을 심화시켜 미술계 전체에 기형화된 구조를 만들었다는 뼈아픈 지적도 발목을 잡았다. 이제는 '단색화 그 이후'를 논해야 하는 때가 됐다.

미술은 삶에서 의식주다. 편식되지 않은 균형을 가져야 건강할 수 있다. 민중미술, 아방가르드 미술, 미디어아트 등이 시장을 달굴 새로운 동력으로 거론되고 있는 것은 무척 반가운 일이다.

김환기의 경쟁자는 김환기뿐이다

"한국을 대표하는 미술가 이름을 말해보시오."

이 질문에 대한 답의 개수는 아마도 열 손가락이면 충분할 것이다. 미술 대중화의 갈 길이 아직도 먼 탓이고, 특히 서양의 인상파나 팝아트 미술가들에 비해 한국 화가들의 인지도가 낮은 까닭이니 딱히 누구를 책망할 일은 아니다. 그나마 언급되는 미술가로는 '국민화가'급인 박수근, 이중섭과 함께 백남준과 천경자 정도다. 살펴서 좀 더 들어가면 장욱진, 김기창, 이응노 등을 꼽을 수 있다. 이 정도만 말할 수 있어도 '기본'을 갖춘 문화 시민이 될 수 있다.

그렇다면 김환기는 어떤가. '한국 추상미술의 선구자'로 불리는 김환기(1913~1974)는 얼마 전까지만 해도 미술을 '좀 아는' 사람들이 좋아하는 화가에 불과했다. 최근 3년, 그의 작품들이 미술경매시장 최고가 기록을 거듭 갈아치우기 전까지는 말이다.

지난 2018년 5월 27일 홍콩 완차이에서 열린 서울옥션 홍콩 경매에서 김환기의 〈붉은점화 3-II-72 #220(1972)〉가 국내 경매 최고가인 85억 3천만 원에 낙찰됐다. 이는 2017년 4월 서울 K옥션 경매에서 65억 5천만 원으로 최고가를 기록한 〈고요 Tranquility 5-IV-73 #310〉보다 19억 8천만 원이 오른 금액이다. 2016년 11월 열린 서울옥션 홍콩 경매 최고가(54억)도 그의 작품 〈무제 27-VII-72 #228〉이니 김환기는 연거푸 여섯 번이나 자신의 최고가를 경신하며 미술경매에서 새 기록을 썼다. 김환기의 경쟁자는 김환기뿐이라는 말이 무색하지 않을 정도다.

박수근(1914~1965)의 〈빨래터〉가 2007년 경매에서 45억 2천만 원에 낙찰된 후 8년 동안 왕좌를 지키고 있었지만, 김환기는 기록 경신의 주기도 짧았고 상승 폭도 가팔랐다. 2017년 한 해 동안 서울옥션과 K옥션에서만 거래된 김환기 작품은 48점, 약 250억 원어치였다.

미술경매 분석 사이트인 한국미술시장정보시스템 k-artmarket을 통해 국내에 미술경매가 본격적으로 시작된 1998년부터 서울옥션 출범 이후 20년간 거래된 김환기 작품에 대한 기록을 전수조사했다. 결론부터 말하자면 김환기는 한국 미술시장을 이끄는 초우량주로 주식시장에 빗대자면 '미술시장의 삼성전자'였다.

그동안 국내 경매에 출품된 김환기 작품은 20년간 총 572점이었고 이 중 526점이 팔려 낙찰률 92퍼센트, 낙찰총액 1천796억 원을 기록했다. 2018년 상반기까지 지난 20년 미술경매 누적총액이 1조 5천657억 원이니 김환기라는 화가 한 사람이 차지한 비중이 무려 11.4퍼센트에 달했다. 열 손가락 중 하나로 꼽는 화가라고 표현하기에는 부족하고 또 부족할 정도다.

구상미술에서 추상미술의 시대로

'미술계의 블루칩'이라 불리는 김환기의 작품 거래는 한국 미술시장의 성장과 궤를 같이했다. 미술시장이 커지면 작품 거래 규모도 커지는 것은 당연했다. 5년 단위 거래 추이로 봤을 때 1998~2002년 16억 5천300만 원이던 김환기 작품의 낙찰총액은 경매시장이 본격적으로 커지던 2003~2007년에는 200억 원, 2008~2012년에는 341억 원을 차지했다. 전체 거래 작품 중 김환기의 점유율은 평균 7퍼센트였다. 그런데 갑자기 시장이 들썩이기 시작했다. '단색화 열풍'이 일기 시작한 2013년부터 15.1퍼센트로 거래 비중이 커졌다. 그 결과 최근 5년간 김환기 작품으로만 1천200억 원 가까이 거래되었다.

김환기의 가치가 급등한 이유는 한국 추상미술의 한 유파인 단색화를 태동시킨 주역으로 그가 꼽혔기 때문이다. 한국 화단은 갑작스런 근대화를 통해 전통 한국화에서 벗어나 서양화를 접하게 됐고, 일제강점기를 거치며 일본 유학 등을 통해 본격적으로 서구 미술을 받아들였다. 광복을 맞고 한국전쟁을 겪은 후에는 서울대와 홍익대가 미술대학의 양대

축을 이루며 서로 발전을 독려하는데, 일본 유학파인 김환기가 당시 이들 대학에서 교편을 잡고 후학을 양성했다. 윤형근, 박서보, 정상화, 하종현 등 단색화를 대표하는 원로화가들이 모두 김환기의 제자 세대에 속한다. 그러니 단색화에 대한 재조명이 전개되면서 자연스레 그들의 태동을 이끈 스승 김환기가 떠받들어진 것이다.

여기에 덧붙여 현대인의 미술 취향 변화도 일조했다. 고향에 대한 향수와 어머니에 대한 그리움을 일깨우는 박수근, 한국인의 꿈틀대는 기상을 다시 세우는 이중섭 등의 그림을 비롯해 장욱진, 천경자, 도상봉 등 구체적으로 어떤 형상을 그렸는지 즉각 알아볼 수 있는 '구상미술'의 시대에서 '추상미술'의 시대로 관심이 옮겨온 것이다. 이는 세대교체로 인한 감수성 변화와 디지털 사회로의 전환, 아파트 중심의 주거 환경 등이 복합적으로 작용한 결과다. 그 덕에 단색화가 40년 만에 재도약할 수 있었고, 김환기의 가치도 재평가될 수 있었던 것이다. 사실 김환기의 완전 추상작품이 수십억 원에 거래된 것은 최근 몇 년의 사건일 뿐 이전에는 인물과 풍경의 간략한 형상이 담긴 '반 구상' 혹은 '반 추상' 작품의 인기가 꾸준히 높았다. 김환기가 반추상 작품을 주로 선보이던 서울시대(1937~1956) 작품의 평균 경매 낙찰가는 3억 8천400만 원, 파리시대(1956~1959) 작품은 평균 2억 7천700만 원에 거래되었다.

'국민화가' 박수근은 한국인이 가장 사랑하는 화가지만 '한국적'이라는 일정한 한계를 벗어나지 못했다. 이와 달리 김환기와 그의 추상적 화풍은 동서양을 두루 아우른다는 점이 매력으로 작용했다. 세계 미술시장에서 고가에 거래되는 근대 아시아 화가의 공통점 중 하나는 동서양 미술의 조화를 시도해 자신만의 고유한 영역을 구축했다는 점이다. 이런 관점에서도 정답은 김환기다. 김환기는 초창기에 구상화를 그렸으나 점차 대상을 간략하고 단순하게 표현하는 '반구상'을 추구하다 1963년 뉴욕으로 삶터를 옮기면서 본격적인 추상의 시대를 열었다. 커다란 화면 전체를 점으로 가득 채운 '전면점화'로 절정에 올랐고, 최근의 최고가 기록 경신은 모조리 이 전면점화에서 터졌다. 경매에서도 김환기의 뉴욕시기에 해당하는 말년 10년의 작품들만(237점) 약 937억 원이 거래되었다. 일견 한국적 화풍에서 서양식 추상미술로 변화한 듯 보이지만 그 안에 담긴 서정성은 여전히 한국적이었으며, 특히 점 하나하나를 찍고 테두리를 두르는 노동집약적 작업 방식이나 한지를 이용해야 맛볼 수 있는 번짐의 미학을 구현한 점 등은 '오직 김환기'를 확인시키는 중요한 지점이라 할 수 있다.

나는 그림을
팔지 않기로 했다

거침없는 상승세를 보인 김환기의 작품 가격은 앞으로 어떻게 될까? 전쟁이나 금융위기 등 치명적인 외적 요인이 없는 한 꾸준히 상승할 것으로 전망된다. 일례로 지난 2007년 11월 K옥션에서 2억 원에 팔린 〈점화 15-Ⅶ-70 #181〉는 2016년 9월 서울옥션에서

6억 3천만 원에 낙찰돼 9년 만에 315퍼센트 상승세를 보였다. 화가가 세상을 떠나기 한 달 전에 완성한 것으로 알려진 검푸른색 〈점화 4-VI-74 #334〉는 지난 2013년 6월 서울옥션에서 6억 2천만 원에 거래되었는데 4년 후인 2017년 5월 서울옥션 홍콩 경매에 다시 나와 약 15억 원이 오른 21억 원에 낙찰되었다. K옥션이 2018년 3월 봄 경매에 선보인 〈남동풍 24-Ⅷ-65(1965)〉는 지난 2013년 12월 경매에 출품돼 5억 5천만 원에 낙찰되었는데 5년 만에 다시 9억 4천만 원에 낙찰되었다. 향후 20억 원까지 내다볼 수 있는 수작으로 2013년 당시 '전재국 컬렉션 경매'로 선보여 대통령가의 소장품이라는 점이 이목을 끈 작품이다. 푸른색과 은은한 붉은 색조가 따뜻한 훈기를 전하는 작품인데 색을 얇게 발라 밑에 깔린 색이 비쳐 보이는 점, 색면으로 나뉜 화면 구도 등이 특징이다.

화가지만 글과 음악에도 조예가 깊었던 김환기는 '현대식 문인화가'에 가깝다. 그런 김환기로 인해 더 유명해진 시가 몇 있다. 대표적인 것이 친구인 김광섭의 시 〈저녁에(1975)〉의 마지막 구절이다.

"이렇게 정다운
너 하나 나 하나는
어디서 무엇이 되어
다시 만나랴."

뉴욕에 머무르며 전면점화를 완성한 김환기가 공식적으로 작품을 선

보인 것은 1970년에 열린 제1회 한국미술대전에 출품한 작품이 대상을
차지한 것이 계기가 됐다. 당시 푸른색 전면점화에 화가가 붙인 제목이
바로 〈어디서 무엇이 되어 다시 만나랴〉다. 자신의 키보다 더 큰 화폭을
수만 개의 점으로 가득 채우면서 화가는 고향에 두고 온 그리운 사람들
을 하나씩 떠올렸다고 했다.

　이보다 앞서 1954년에 제작한 〈항아리와 시〉에는 백자 항아리와 흐드
러지게 핀 매화꽃을 그린 다음 화면 오른쪽에 서정주의 시 〈기도 1祈禱 壹〉
을 적었다. "저는 시방 꼭 텡 븨인 항아리 같기도 하고 또 텡 븨인 들녘 같
기도 하옵니다"로 시작해 "시방 제 속은 꼭 많은 꽃과 향기들이 담겼다
가 비어진 항아리와 같습니다"로 맺는 구절은 단정하고 또박또박한 글
씨체로 그림과 조화를 잘 이룬다. 작품을 제작한 직후의 텅 빈 듯한 심리
와 마르지 않는 창작과 생산의 의지를 갈구하는 부분에서 시인과 화가가
닮았다. 환기미술관 아카이브를 통해 전하는 김환기의 옛 작업실 흑백
사진에서 아직 시를 적기 전 이 그림의 중간 과정을 확인할 수 있어 더욱
의미 있는 작품이다. 화면 한쪽을 의도적으로 비워둔 것을 통해 시를 염
두에 뒀음을 유추할 수 있다. 시와 글씨와 그림의 조화로 예술가의 완결
성을 추구한 조선의 시서화詩書畵 전통도 엿보인다.

　지난 1975년 국립현대미술관 전시를 마지막으로 40년 이상 공개된 적
없던 김환기의 〈항아리와 시〉가 2018년 3월 서울옥션 홍콩 경매에 출품
되었다. 이 작품은 추정가 30억 원을 가뿐히 넘긴 39억 3천만 원(2천900
만 홍콩달러)에 팔리며 점화가 아닌, 김환기의 구상·반구상 작품 중 최고

가 기록을 세웠다. 그림의 구성과 색감이 탁월한 데다 시가 적힌 희소성까지 더해진 작품이라 고가에 팔렸다.

그런 김환기지만 1955년 3월의 화가 노트에는 이런 푸념과 한탄 섞인 글이 적혀 있다.

"나는 그림을 팔지 않기로 했다. 팔리지 않으니까 안 팔기로 했을지도 모르나 어쨌든 안 팔기로 작정했다. 두어 쪽 팔아서 구라파 여행을 3년은 할 수 있다든지 한 쪽 팔아서 그 흔해 빠진 고급차와 바꿀 수 있다든지 하면야 나도 먹고사는 사람인지라 팔지 않을 수는 없을 것이다. 그러나 어디 내 그림이 미치지 않고서야 그럴 인사가 있기를 바라겠는가."

지금의 '김환기 열풍'을 정작 김환기는 짐작이나 했을까?

컬렉터, 그들은 누구인가

미국에서 발행되는 세계적 미술잡지 〈아트뉴스ARTNEWS〉는 매년 '세계 200대 컬렉터'를 선정해 발표한다. 이 리스트에 이름을 올리는, 그것도 수년간 지속적으로 영예를 안은 한국인이 있으니 이건희 삼성그룹 회장과 홍라희 전 삼성미술관 리움 관장 부부, 서경배 아모레퍼시픽 회장이다. 이들이 세운 미술관의 소장품 전시를 통해 그 컬렉션이 얼마나 화려하고 다양하며 고가인지 확인할 수 있을 정도다.

사적 소유물임을 주장하며 집에서 혼자 즐겨도 될 그림을 다른 이들과 함께 향유하려는 자세는 칭찬받을 일이다. 그럼에도 여전히 많은 일반인들의 의식 속에는 '컬렉터=재벌' 혹은 '미술품 구입자금=기업 비자금'이라는 의심이 존재하는 것도 사실이다. 하지만 미술품 구입이 부자들의 사치이거나 부정한 행위라는 생각은 일부 부정적 측면만 확대한 잘못된 선입견이다. 중산층이라 불리는 봉급자 중에서 몇십만 원, 몇백만 원수준의 작품을 할부로 사 모으는 '소액 컬렉터'도 많다. 물론 구입자금에 여유가 있다면 더 많은 작품을 사 모을 수 있겠지만 말이다.

워너비의 로망
혹은 취향

　　　　　　　　사람들은 왜 그림을 살까? 미술품은 개인이 독점적으로 소유할 수 있는, 즉 사유할 수 있는 유일한 예술이다. 아무리 부자라고 한들 모차르트 교향곡을, 톨스토이의 소설을 아무도 못 듣고 못 보게 한 채 혼자 탐닉할 수는 없다. 뮤지컬, 발레, 연극 등도 마찬가지다. 공연장을 통째 빌려 그날 하루쯤 혼자 관람할 수 있을지언정 두고두고 독점할 수는 없다. 하지만 그림은 언제든 내 방에서 혼자, 혹은 내가 원하는 그 누군가와 감상할 수 있다. 이처럼 오로지 사유^{私有}할 수 있다는 특성은 미술품에 대한 자본의 생리와 욕망을 부추기는 이유가 된다.

　소유욕이 전부라면 꼭 그림일 필요는 없다. 보석, 시계, 자동차, 나무, 책, 손수건, 돌멩이 등 모을 수 있는 것은 다양하다. 컬렉터들에게 미술품이 위의 물건들과 다른 이유는 '로망'의 여부다. 예술에 대한 사랑, 투자수익에 대한 기대, 예술품 소유자로 사회적 존경을 받는 상류층 신분, 이런 '워너비의 로망'이 욕망이라는 삼각형의 세 꼭짓점을 이룬다. 이는 필자 혼자만의 주장이 아니다. 미국의 문화잡지 〈에스콰이어〉가 이미 1970년대에 발표한 것으로 너무나 분명한 정리인지라 지금도 별다른 이의를 제기하기 어렵다. 취향을 드러내면서 예술에 대한 지적 욕구도 채우고, 돈도 벌고, 신분 상승까지 얻을 수 있으니 이보다 더 드라마틱한 취미를 찾기는 쉽지 않다. 물론 안목과 노력, 투자와 기다림이 뒤따라야 하지만 말이다.

그럼 미술품 컬렉터는 어떤 사람들일까? 만약 마음에 든 그림을 구하기 위해 시간과 돈 쓰는 것을 아까워하지 않고 "밥을 굶을지언정 그림만 봐도 배부르다"고 말할 정도라면 그 사람은 분명 미술 애호가이고 컬렉터의 잠재력을 지닌 사람이다. 하지만 통상적 의미의 '컬렉터'에게는 좀 더 현실에 맞는 조건이 필요하다. 마음에 드는 작품이 나타났을 때 선뜻 구입할 수 있는 것은 물론이고 정기적·주기적으로 그림을 살 수 있어야 한다. 그래서 고소득자나 재력가인 경우가 많은 게 사실이다.

그렇다면 이런 기준에 맞는 사람은 누구일까? 〈아트뉴스〉에 따르면 금융계 종사자 혹은 금융 이익을 얻는 자산가가 전 세계 컬렉터의 40퍼센트로 가장 큰 비중을 차지했다. 뒤이어 부동산 관련 종사자들이 17퍼센트로 많았고, 패션계 사람들이 전체 컬렉터의 9.5퍼센트를 차지했다. 요약하자면 돈이 많거나 멋을 알거나 둘 중 하나라는 얘기다. 국가별로, 즉 문화권에 따라 컬렉터 층이 다르게 분포하는 경우도 있다. 미술품 수집은 다분히 문화적이니까. 유럽은 귀족문화를 배경으로 가진 데다 과거 선조로부터 물려받은 유산에 대한 의지가 강하기에 패밀리 컬렉션(가족 소장품)이 발달했고, 미술관을 통해 공유하거나 사회 환원·대여 등의 방식으로 소장한 미술품을 운용하는 경우가 많다. 미국은 다르다. 자본주의 작동 원리에 따라 주식이나 헤지펀드를 많이 보유하고 있거나 현금

운용이 많은 직업군일수록 미술품 구입에 적극적이며 투자금융회사 또한 중요한 컬렉터로 분류된다. 투자 포트폴리오에서 미술품이 안전자산으로 분류되는 까닭에 투자 균형을 맞추기 위한 안정적 자산배분 등이 그 이유다.

자본과 안목,
그들만의 리그

역사에 한 획을 긋는 화가의 작품을 소장한다면 그 컬렉터 또한 세계적 컬렉터로 이름을 날리게 된다. 최근 주목받는 거물 컬렉터로는 러시아의 석유재벌이자 잉글랜드 축구팀인 첼시 FC를 소유한 로만 아브라모비치 같은 '큰손'들이 있다. 아브라모비치의 경우 인상주의와 전후 근대미술 작품을 상당수 보유하고 있는데 아름다운 작품들이기도 하지만 투자 목적도 겸하고 있음을 감추지 않는다. 홍콩의 애드리언 챙 뉴월드그룹 부회장은 'K11아트파운데이션'이라는 재단을 세울 정도로 미술 사랑이 극진하다. 챙 부회장 같은 중국의 2세대, 3세대 부유층 또한 최근 영향력이 커지고 있는 컬렉터 층이다. 루이뷔통 등 명품 브랜드를 거느린 LVMH의 베르나르 아르노, 명품회사뿐 아니라 경매회사 크리스티까지 인수한 프랑수아 피노, 프라다 그룹의 미우치아 프라다, 프랑스 향수회사 겔랑의 다니엘 겔랑 부부를 비롯해 기업 사냥꾼으로 유명한 로널드 페렐만, 헤지펀드의 큰손인 투자 전략가 스티븐 코헨,

노암 거츠만 등은 재력과 안목을 겸비한 컬렉터로 정평이 나 있다. 알리바바 그룹의 마윈 회장도 세계 200대 컬렉터에 이름을 올렸으니 미래를 보는 혜안과 작품 보는 눈은 크게 다르지 않다는 것을 입증하고 있다. 배우 리어나도 디캐프리오를 비롯해 앤젤리나 졸리와 브래드 피트 커플, 가수 제이지와 비욘세, 엘튼 존 등 연예인 컬렉터 층도 두텁다.

한국의 컬렉터로는 기업의 오너 회장과 그들의 '사모님'이 첫 손에 꼽힌다. 이들은 회사 이미지 쇄신과 사회공헌 등을 목적으로 한 기업컬렉션은 물론 투자 목적과 취향을 동시에 충족시키는 개인컬렉션을 소장한다. 소장품 전시를 겸한 삼성미술관 리움, 아모레퍼시픽미술관 등이 있고 대림미술관, 금호미술관, 아트선재센터, 송은아트센터, 코리아나미술관 등 기업컬렉션을 기반으로 다양한 기획전을 선보이는 미술관들이 있다. 김창일 아라리오 회장, 안혜령 리안갤러리 대표 등 컬렉터로 시작해 화랑주가 된 경우도 드물지 않다.

그렇다면 한국에는 컬렉터로 불릴 만한 고정적인 미술품 구매자가 몇 명이나 될까. 컬렉터의 정의나 기준조차 모호하니 정확한 수치를 가늠하기가 불가능하다고 할 수 있지만 분명한 것은 전문적인 컬렉터 수가 턱없이 부족하다는 사실이다. 서울옥션과 K옥션, 대형 화랑과 아트컨설턴트 등을 설문해 종합한 결과 "컬렉터라면 적어도 연봉은 2억 원 이상 평균 5억 원 정도의 고정수입이 있으면서 1천만~2천만 원 정도는 부담 없이 현금으로 쓸 수 있는 30대 후반 이상의 사람들"로 정의되었다. 이런 기준을 바탕으로 집계한 컬렉터 수는 대략 500명 정도다. 공교롭게도 이는 문화체육관광부 산하 예술경영지원센터가 매년 발간하는 〈미술시장 실태조사〉에 집계된 전국 화랑 수 400여 개와 거의 비슷하다.

유통업체와 수요자(컬렉터) 수가 비등한 기형적 구조 때문에 한국 미술 시장은 자생력 부족과 만성적인 불황이라는 굴레에서 벗어나지 못하고 있다. 국세청이 집계한 2017년 통계를 보면 '잠재 컬렉터'에 해당하는 종합소득 2억 원 이상의 근로소득자가 4만여 명, 연간 금융소득 6천만 원 이상의 고액 자산가는 3만 명에 달했다. 그러나 서울옥션에 연회비를 내고 도록을 받아보는 정회원은 5천 명, 온라인 회원은 약 4만 5천 명이고, K옥션은 도록과 리스트를 받아보는 회원 4천500명을 포함해 온·오프라인 통합회원이 2만 명 내외 수준이다. 이들 회원은 대체로 중복된다고 보는 것이 옳다.

존중받으려면 극복해야 할 컬렉터의 '취향 결여'

컬렉터의 성향은 직군별로 조금씩 다르다. 금융 계 종사자는 투자 목적으로 작품을 고르는 경우가 단연 많았고, 이 때문에 경매 거래 기록 및 통계, 환금성을 꼼꼼하게 따지는 경향을 보였다. 그런데 성공한 최고경영자일수록 오히려 감성에 많이 이끌린다는 게 미술시장 관계자들의 일관된 목소리다. 이들은 박수근, 이중섭 등 고향과 모성, 가족애 등을 자극하는 주제의 작품에 깊은 관심을 보였다. 동시에 사업장에 걸어둘 만한 좋은 의미의 길조를 선호하며 금전 운이 따른다는 황금색과 붉은색 작품을 찾기도 한다.

반면 전문직 종사자는 작품에 대한 자기 취향이 분명한 '개성파'가 많다. 예를 들어 의사들은 마니아적 경향이 강해 한번 주목한 화가들에게 몰두해 같은 화가의 시기별로 다른 작품을 계속 사 모으는 경향을 보이며, 의사 중에도 외과의사는 물성이 두드러지는 작품, 산부인과는 인체 조각을 추구하는 식으로 나름의 색깔을 갖는 것으로 알려져 있다. 정치인의 경우 민중미술처럼 정치색이 분명하거나 사회적 메시지를 담은 강렬한 느낌의 작품을 찾는 편이고, 법조계 종사자는 미술사적으로나 시장에서 검증된 근대화가 위주로 신중하게 접근하는 경향이 두드러진다.

반면 연예인 컬렉터의 경우 도상圖像, 즉 이미지 특징이 강한 것을 선호하는 이들이 많다고 한다. 국립현대미술관 관장을 지낸 원로조각가 최만린과 동서지간이기도 한 탤런트 최불암을 포함해 임예진, 노주현 등 중견 연예인들은 수십 년 컬렉션을 축적한 유명 컬렉터이고, 최근에는 박서보 화백의 작품을 구입한 장동건·고소영 부부를 비롯해 배용준과 이정재, 빅뱅의 탑, 장근석 등 젊은 셀리브리티들이 가세하고 있다. 스스로 화가 오치균의 팬을 자처하는 가수 김동률은 자신의 SNS에 그림을 포스팅하고 꾸준히 전시를 보러 다니는 등 적극적이다. 연예인 컬렉터의 경우 제프 쿤스, 구사마 야요이, 고헤이 나와 등 반짝이고 화려하면서도 이미지가 강렬하고 분명한 작품을 선호하는데, 직업과의 관련성을 무시할 수 없는 듯하다.

500여 명으로 추산되는 국내 컬렉터의 수도 문제지만 그나마 '억대의 비싼 그림'을 사는 사람은 100명도 안 된다는 미술계의 볼멘소리가 있다. 결국 자본력의 문제인데 양뿐만 아니라 질적으로도 매우 부족하다는 뜻이다. 미국과 유럽 등지를 오가며 활동하는 한 아트 컨설턴트는 "한국의 컬렉터는 자신이 속한 집단에서 격을 맞추거나 비즈니스 대화에서 소외되지 않으려는 용도, 혹은 투자 목적으로 주변의 입소문을 따라 사는 경향이 가장 큰 문제"라고 지적했다. 또한 그는 "한때 사모님들 사이에 강익중의 '달항아리'가 유행하자 강남의 아파트에는 너 나 할 것 없이 비슷한 그림이 걸려 웃지 못할 풍경을 연출했다"면서 컬렉터의 '취향 결여'를 꼬집었다. 최근에는 컬렉터 개념을 확장해 '예술 소비자'로 저변을 확대하려는 노력이 크게 늘었다. '화랑미술제'와 중저가 아트페어의 증가가 대표적이다. '유니언 아트페어' 등 화가가 직접 나서 자신의 작품을 소개하고 판매하며 컬렉터를 직접 만나려는 시도도 늘고 있다.

세상에서 가장 비싼 그림

지난 2017년 11월 크리스티 뉴욕 경매에 레오나르도 다 빈치의 진품으로 출품된 예수의 초상화 〈살바토르 문디 Salvator Mundi (구세주)〉'가 4억 5천30만 달러(약 5천억 원)에 낙
찰되었다. 미술품 경매 사상 최고가 기록을 갈아치운 이 그림 때문에 전 세계가 들썩인 것은 당연했다. 세상에서 가장 비싼 이 그림 한 점 값은 문화체육관광부 산하 예술경영지원센터가 매년 발표하는 한국 미술시장 전체 규모인 약 4천억 원보다 더 큰 액수다.

〈살바토르 문디〉는 정면을 응시한 그리스도가 흘러내리는 청색과 심홍 색의 옷을 입고 있는 반신상의 유화다. 경매 전 낙찰 예상가는 약 1억 달 러, 우리 돈으로 약 1천100억 원이었다. 가로 45센티미터, 세로 66.5센 티미터의 그림 한 점 값이 1천억 원이 넘다니 입을 다물기 어려운 일이었 지만, 화가가 다른 사람도 아닌 르네상스를 대표하는 예술가이자 과학자 인 레오나르도 다빈치로 확인되었으니 이의를 제기할 수도 없다.

다빈치가 그린 작품 중 세상에 남아 있는 것으로 확인된 그림은 16점 뿐인데 프랑스 루브르 박물관의 대표작 〈모나리자〉처럼 다빈치의 작품 대부분은 미술관들이 소장하고 있다. 그래서 개인이 가질 수 있는 작품 으로는 〈살바토르 문디〉가 유일했으니 열정과 재력을 가진 컬렉터라면 탐낼 만한 작품이었다. 당연히 이 그림을 손에 넣기 위한 과정은 정말 치 열했다. 5명의 응찰자가 무려 45번이나 경합했는데 가격이 3억 5천만 달 러에 이르자 한 전화 응찰자가 단숨에 5천만 달러를 높여 "4억 달러"를 불렀다. 무슨 일이 있어도 꼭 사고야 말겠다는 의지를 드러낸 것이었다. "낙찰!" 구매자는 4억 달러의 낙찰가에 수수료 5천30만 달러를 더해 〈살 바토르 문디〉를 품에 안았다.

개인이 소장할 수 있는
마지막 다빈치 작품

사람들은 '미술품은 왜 비쌀까?'를 자주 묻는다. 미술품이 비싼 이유는 희소성과 예술사적 가치 때문이지만 여기에 각종 사연들이 신화처럼 덧입혀져 미학적 가치로 언급되는 '아우라' 못지않은 힘을 갖는다. 〈살바토르 문디〉가 그랬다. 이 그림은 원래 다빈치의 제자 인 안토니오 볼트라피오가 그린 것으로 알려졌다. 1958년 영국 소더비 경매에서 '작자 미상'의 작품으로 단돈 45파운드(약 7만 원)도 안 되는 값 에 팔릴 때만 해도 그렇게 여겨졌다. 그런데 주목받지 못하던 이 그림에 일부 화상畵商들이 의문을 품기 시작했다. 그들은 2005년 미국 아트딜러 협회에서 컨소시엄을 구성해 1만 달러가 안 되는 값에 그림을 낙찰받았다. 그리고 무려 6년간 그림을 연구했고 손상된 부분의 복원 작업을 진행했다. 말년의 다빈치가 프랑스 왕 루이 12세를 위해 그린 〈살바토르 문디〉는 17세기에 영국 왕 찰스 1세에게로, 18세기에 노르망디공에게로 소유권이 옮겨가는 과정에서 덧칠과 훼손이 상당히 심각한 상태였다.

전문가들의 복원과 감정을 거친 〈살바토르 문디〉는 2011년 영국 내셔널갤러리에서 '밀라노의 궁정화가, 레오나르도 다빈치'라는 전시를 통해 세상에 공개됐고, 상당수 르네상스 미술사 전문가들이 '진품' 의견에 힘을 실어줬다. 그 결과 "개인이 소유할 수 있는 세상에 마지막 남은 다빈치 작품"이라는 수식어가 붙은 이 그림은 2013년 1억 2천750만 달러에 러시아의 컬렉터이자 축구팀 AS 모나코 구단주인 드미트리 리볼로블레프의 손으로 넘어갔다. 그리고 4년 만에 낙찰가가 3억 2천800만 달러 상승했으니 매년 8천70만 달러씩, 한화로 계산하면 연간 약 874억 원, 하루 평균 2억 4천만 원씩 가격이 오른 셈이다.

뉴욕 경매의 진행 상황은 인터넷을 통해 실시간 세계 곳곳에 타전되었는데 일각에서 "미쳤다"는 소리가 나오기도 했다. 세상에서 제일 비싼 그림이라는 영예가 무색하게 바로 다음 날 진위 의혹이 보도되기도 했다. 위작을 주장하는 쪽에서는 그림 속 예수가 왼손에 든 커다란 수정 구슬을 문제 삼았다. 빛의 굴절에 대한 광학 연구와 해부학적 지식이 풍부했던 다빈치가 그렸음에도 불구하고 구슬 뒤에 비친 손바닥이 왜곡 없이 그려졌다는 게 이유였다. 반대로 진품을 주장하는 쪽은 과학 원리를 거스르는 신적인 신비감이라고 맞섰다. 고가의 작품에는 거의 어김없이 진위 논란이 뒤따르니 이 정도 유명세에 없을 리 만무한 잡음이었다.

작품의 새로운 주인에 대한 관심도 뜨거웠다. '왕서방'으로 통하는 중국 컬렉터와 '오일 머니'가 두둑한 중동 컬렉터로 초점이 맞춰졌다. 촉각을 곤두세운 외신들은 평소 현대미술에 관심 많았던 사우디아라비아의 바데르 빈 압둘라 빈 무함마드 왕자가 구입했다는 정보를 추적했고, 한 발 더 나아가 "실소유주는 사우디의 실세인 왕세자 무함마드 빈 살만"이라는 보도도 나왔다. 결국 한 달여 뒤인 2017년 12월 아랍에미리트UAE 아부다비 문화관광부가 〈살바토르 문디〉를 확보했다는 사실을 공식 발표했다. 동시에 최근 개관한 아부다비 루브르 박물관에 이 그림을 전시할 예정이라고 밝혔다. 경매에 실제 참여한 사우디의 바데르 빈 무함마드 왕자는 아부다비 정부를 대리했다는 설명도 덧붙였다. 프랑스가 미국에 '자유의 여신상'을 선물했듯 "사우디가 UAE와의 친선을 위해 선물한 것"이라는 추측에 대한 답변이었다. 이슬람국가에서 기독교 종교화를 소장하게 된 것에 대해서는 "급속히 발전하고 타문화에 관대한 우리나라 UAE"를 강조하며 "레오나르도 다빈치의 걸작 〈살바토르 문디〉는 문명 간의 장벽을 허물 첫 유니버설 박물관으로서 아부다비 루브르를 설명하는 데 안성맞춤"이라고 설명했다.

클래스가 다른
고가 그림의 사연들

찬란한 명작을 미술관에서 보는
것만큼이나 고가의 미술품에 얽힌 사연들 역시 무척 흥
미롭다. 〈살바토르 문디〉에 이어 세계에서 두 번째로 비
싼 그림은 빌럼 데 쿠닝Willem de Kooning(1904~1997)의 〈인터체인지Interchange
(1955)〉로 2015년 9월 세계 최대 헤지펀드인 시타델의 창업주 켄 그리핀
이 3억 달러를 주고 데이비드 게펜 재단에서 구매했다고 알려져 있다. 당
시 그리핀의 조건은 잭슨 폴록Paul Jackson Pollock(1912~1956)의 작품과 드
쿠닝의 작품을 합쳐 5억 달러에 구입하는 것이었기에 더 큰 화제가 되었
다. 드 쿠닝은 추상표현주의와 액션페인팅을 대표하는 화가다. 〈인터체
인지〉는 2015년 시카고 아트인스티튜트에 전시되기도 했다.

세 번째로 비싼 작품은 인상주의를 대표하는 프랑스 화가 폴 세잔Paul
Cézanne(1839~1906)의 〈카드놀이 하는 사람들The Card Players(1890)〉이다. 그
리스 선박왕 조지 엠비리코스가 소장하던 이 작품을 지난 2011년 4월 카
타르 왕가의 셰이카 알 마야사 공주가 2억 5천만 달러에 사들였다. 알 마
야사 공주가 이 그림을 구매하면서 그녀의 컬렉션에 관심이 쏠렸고, 블
룸버그에 따르면 공주의 연간 미술품 구매 비용이 약 10억 달러에 달하
는 것으로 보도되었다. 세잔이 고유의 화풍을 완성한 50대에 그린 이 작
품은 카드놀이에 빠져들어 삶의 힘겨움을 잠시 잊은 듯한 농민들의 모

습을 담고 있다. 여기서 자신이 추구하는 세계를 찾았다고 생각했는
지 세잔은 모두 다섯 점의 〈카드놀이 하는 사람들〉 연작을 그렸다. 마야
사 공주는 네 번째로 비싼 그림인 폴 고갱(1848~1903)의 〈언제 결혼하니
(1892)〉도 소유하고 있다. 스위스 컬렉터 루돌프 슈테린이 소장하던 그림
을 2014년 9월 2억 1천만 달러에 사들였다. 백인의 눈으로 본 까맣게 그
을린 타히티의 처녀들을 그린 이 그림은 문명이 닿지 않은 비서구의 문
물을 수집의 대상으로 보던 유럽인에게는 문화재 격인 작품인데 어느새
구릿빛 중동 부호의 수집품이 되었다.

다섯 번째로 비싼 그림은 색면추상의 거장 마크 로스코^{Mark Rothko}
(1903~1970)의 〈No. 6(바이올렛, 그린 앤 레드)(1951)〉이다. 프랑스 와인업체
를 이끄는 크리스티앙 무엑스가 2014년 8월에 개인 딜러를 통해 1억 8천
600만 달러(2천억 원)에 수입했다. 이 그림을 갖고 있던 원소유주는 〈살바
도르 문디〉의 소유주이기도 했던 드미트리 리볼로블레프였다.

스토리로 부가가치를 더하다

그 유명한 파블로 피카소^{Pablo Picasso}(1881~1973)
의 작품들 또한 '억 소리 나는 작품'에서 빠질 수 없다.
〈알제의 여인들(1955)〉은 2015년 크리스티 뉴욕 경매에
서 1억 7천940만 달러에 낙찰돼 화가 최고가를 기록했다.

피카소가 프랑스 화가 외젠 들라크루아(1798~1863)의 〈알제의 여인들 (1834)〉에서 착안한 그림으로 다채롭고 화려한 색상들 속에 여러 명의 여성이 누드로 등장하는 작품이다. 피카소가 아내 자클린 로크를 위해 그린 그림이지만 미술사학자들은 그림 속 등장인물이 피카소의 연인이자 10년 이상 동거한 40세 연하의 화가 프랑수아즈 질로이며, 그림 속에서 계단을 내려오고 있는 여성의 누드는 프랑스 화가 마르셀 뒤샹에게 바치는 오마주라고 해석하기도 한다. 작품이 갖는 완성도와 미술사적 가치, 희소성과 더불어 당시 미술시장의 호황과 맞물려 고가에 팔렸다.

피카소의 〈꿈(1932)〉은 펀드 매니저 스티브 코헨이 2013년에 1억 5천 500만 달러에 사들였다. 피카소의 28세 연하 애인인 22세의 마리－테레즈 월터가 의자에 기대 졸고 있는 모습을 그린 작품이다. 2010년 5월 크리스티 뉴욕 경매에서 1억 650만 달러에 팔린 피카소의 또 다른 작품인 〈누드, 녹색 잎과 상반신(1932)〉 역시 마리 테레즈를 모델로 삼았다. 피카소의 다양한 연애 편력은 그의 작품 소재이자 스토리가 되었으며, 컬렉터들에게는 수집 욕구를 불러일으키는 부가가치가 되었다.

화가의 명성이 그림의 가치를 드높이지만 소장가와의 인연 또한 부가가치로 작용한다. 2018년 5월 크리스티 뉴욕 경매에 나온 피카소 작품이 좋은 예다. 대를 이어 미술품을 수집한 세계적 컬렉터인 록펠러 집안의 소장품들이 일괄 경매에 나왔다. 미국의 첫 번째 억만장자였던 '석유왕' 존 D. 록펠러의 손자인 에드워드 록펠러(1915~2017)가 타계하면서 아내 페기 맥그라스와 함께 수집한 소장품들을 자선 경매에 올리고 수익금 전액을 기부하라고 유언했기 때문이다.

출품작 규모만 총 1천550여 점, 총 응찰 예상가가 5억 달러에 이르니 단일 컬렉터 소장품 경매로는 최대 규모였다. 여기서 가장 관심을 끈 것이 피카소의 〈꽃바구니를 든 소녀〉로 예상 응찰가는 9천만~1억 2천만 달러(970억~1천300억 원)였다. 애잔한 청회색 조의 벽 앞에 선 우수 어린 표정의 소녀가 강한 인상을 남기는 누드화로, 피카소 초기 '청색시대' 직후 1905~1906년의 파리 시기를 가리키는 '장밋빛 시대Rose Period' 작품이라 관심이 뜨거웠다. 2004년 소더비 뉴욕 경매에서 약 1억 400만 달러에 낙찰돼 당시 세계 최고가 기록을 세운 〈파이프를 든 소년〉이 바로 이 시기의 대표작이다. 피카소의 장밋빛 시대는 클래식과 모던 화풍을 뒤섞어 그리던 시기로 기간이 짧고 작품 수가 적어 무척 비싼 편이다. 피카소는 자신의 앞집에 살며 하루하루 꽃을 팔아 생계를 잇던 보헤미안 소녀 린다를 모델로 그린 것으로 전해진다.

문인이자 컬렉터인 거트루드 스타인이 소장하던 〈꽃바구니를 든 소녀〉는 그가 세상을 떠난 후 1968년에 록펠러에게로 넘어갔다. 방대한 컬렉션이 여기저기 흩어져서는 안 되기에 여섯 명의 컬렉터가 모자 속 제비뽑기로 소장품을 나누는 과정에서 페기가 꼭 갖고 싶어 하던 이 그림을 손에 넣었다. 귀한 작품이 새 주인을 찾아가는 사연은 이처럼 '신화'로 기록된다.

화가가 죽으면 그림값이 오른다?

"값이 오를 작품을 사고 싶어요. 곧 세상을 떠날 것 같은 원로화가의 작품을 추천해주세요." 문화부 기자로 취재를 하면서 종종 듣는 요청이다. '화가가 세상을 떠나면 그림값이 오른다'는 전제 아래 제시하는 문의다. 그러나 화가가 죽는다고 해서 무조건 값이 오르는 것은 아니다. 돈을 따져 누군가의 죽음을 기다린다는 사실이 망측할 따름이다.

그림값을 올리는 것은 화가의 생사가 아니라 시장의 수요다

화가의 사망과 그림값 상승을 연결 짓는 것은 더 이상 작품 활동을 할 수 없어 작품 공급량이 제한되니 희소성이 커질 것이고 가격이 오를 것이라는 기대가 작용한 것인데 단순한 시장 논리일 뿐 실제 미술계의 현실과는 거리가 멀다. 안타까운 얘기지만, 안 팔리던 작품이 화가의 작고 소식에 더 비싸게 팔리는 일은 없다. 미술시장은 그 특성상 공급보다 수요의 영향력이 훨씬 더 크다. 작품 가격표에 적힌 호가呼價는 화가의 바람일 뿐 그림을 원하는 사람의 마음을 움직이는 것은 복잡하며 어려운 일이다. 애초 수요가 없는 그림이라면 아무리 공급량이 줄어도 가격은 낮은 수준에 머문다. 노골적으로 표현하자면 "살아서 안 팔리던 화가는 죽어서도 안 팔린다"는 경우가 더 많다.

92세까지 산 파블로 피카소는 평생 1만 6천 점의 작품을 남겼다. 국내 최고의 그림값을 자랑하는 박수근의 유작은 500점이 안 되고, 작품 거래량이 꽤 되는 운보 김기창(1913~2001)의 전작도 4천 점 정도이니 피카소의 창작 능력은 엄청났다. 피카소의 작품 수가 많다고 해서 높은 가격대를 형성했다는 뜻은 아니다. 일정량 이상의 작품 수를 확보해야 꾸준한 거래가 가능하고, 해당 화가의 지속적이며 안정적인 '시장 형성'을 기대할 수 있다는 것으로 해석해야 한다.

서로 비슷한 시기에 활동한 이중섭(1916~1956)과 김환기(1913~1974)를 보자. 이중섭은 나이 마흔에 요절했지만, 김환기는 화풍의 변화를 구상에서 완전 추상으로 바꿀 수 있을 만큼 좀 더 오래 살았다. 생활고에 시달려 캔버스나 큰 종이에 작업할 여건이 안 되던 이중섭과 달리 김환기는 대형 유화를 상당수 남겼다. 어떤 이가 "희소가치 높은 이중섭의 그림이 김환기의 작품값을 뛰어넘을까?"라고 물었을 때 "아닐 것"이라고 딱 잘라 답했다. 이유는 안정적인 작품 공급량을 보장하기 어렵다는 것과 대형 작품이 없다는 사실 때문이었다. 지난 20년간 국내 미술경매를 전수 조사한 결과 화가별 경매 거래 총액 1위를 차지한 김환기의 거래 작품 수는 667점이었다. 더 많은 이는 이우환으로 880점이었다. 전체 국내 화가 중 경매 거래 총액이 1천억 원 이상인 화가는 김환기와 이우환 둘뿐이었다. 공급량이 많아야 시장이 순환하고 커진다는 것을 보여준 사례다. 반면 이중섭의 그림은 20년간 79점이 거래되었다. 화가의 활동 기간이 짧았고, 전쟁의 혼란 속에서 유실된 작품 수가 상당하며, 그나마 주요 작품 대부분은 미술관에 소장되어 있어 경매시장에 나올 수 없는 까닭이다. 물론 이중섭의 높은 미술사적 업적과 평가, 작품의 희소성이 있기에 최근 경매에 나온 〈소〉는 47억 원에 낙찰되며 화가 최고가 기록을 세웠다. 이중섭 작품의 경매 평균 낙찰가는 1억 9천560만 원(총 79점)으로 높지만 김환기의 2억 3천721만 원(총 667점)을 넘지는 못했다.

그렇다면 미술품 가격은 누가 결정하는 것일까? 공급자인 화가의 희망 가격이 수요자인 소장가의 마음을 움직일 수 있을 만큼 합리적이고 적정 수준일 때 가격이 형성된다. 하지만 여기에 가늠자를 제공해주는 이가 있으니 바로 미술관이다. 흔히 미술관을 전시장으로 오해한다. 그저 전시장 역할만 하는 곳은 코엑스 혹은 킨텍스 등과 같은 컨벤션 기구다. 미술관은 전시와 더불어 미술품을 수집·연구해 미술사적 의미를 분석하고, 교육 활동을 통해 대중에게 작품의 가치는 물론 향유를 가르친다. 갤러리와 미술관의 다른 점은 갤러리는 돈을 버는 게 목적인 상업시설인 반면 미술관은 비영리기관이며 학술연구가 우선이라는 점이다.

갤러리(화랑) 관계자들이 작품의 가치를 알리고자 하는 것은 거래를 성사시켜 이윤을 창출하고자 하는 이유가 더 크다. 하지만 미술관이나 학예연구자, 미술사학자들이 작품의 의미를 분석하는 것은 미술의 역사에서 해당 화가와 작품이 어떤 중요한 의미를 차지하는지 그 위치와 의미를 밝히고자 함이다.

2011년 미국 구겐하임 미술관에서 이우환 화백의 대규모 회고전을 열 것이라는 계획을 발표했을 때 미술시장이 들썩였다. 전시 후에 그의 작품값이 더 오를 것이라는 기대심리가 작동한 때문이다. "구겐하임 미술관이 전시를 위해 이우환 화백의 작품을 사들일 것이니 가격이 오르는 것인가?"라고 물어본 분이 있었는데, 전혀 아니다. 실제적인 이유는 미술관 전시가 상징하는 공인公認 효과다. 이는 세계 최정상급 미술관인 구겐하임이 시간과 비용과 인력을 투입해 전시를 기획할 정도로 현대미술사에서 이우환 화백이 가치를 인정받고 있음을 방증한다. 뉴욕에서 열린 이 전시를 보기 위해 큰손 컬렉터들이 움직였다. 작품 감상이 주요 목적이 아니었다. 세계 미술계 전문가들이 이우환을 어떻게 분석했으며 수십 년에 걸쳐 이뤄진 그의 작품 활동 중 어떤 시기의 작품을 의미 있게 들여다보았는지를 유심히 살폈다. 미술관 공인 효과로 이우환의 작품값은 제법 올랐고, 전시 후 더 오를 것으로 기대됐으나 '위작 유통' 사건이 터지면서 찬물을 뒤집어썼다. 그러나 이후 단색화 열풍이 일면서 작품값에 호재로 작용했다. 참고로 이우환은 1970년대 작품이 가장 비싸게 거래된다.

존재감 없는 화가의 죽음은
망각을 재촉할 뿐

원로화가의 타계보다는 오히려 전성기 화가의 갑작스러운 죽음이나 요절이 그림값 상승에 영향을 미친다. 화가의 요절은 작품에 이야깃거리를 더해 가치가 상승할 수 있다. 이 경우에도 화가 생전에 왕성한 작품 매매가 있었거나 미술관급 개인전 정도의 평가가 있어야 시장을 움직이는 요인으로 작용할 수 있다.

젊은 화가 발굴이 주요 역할 중 하나인 대안공간의 기획전 참여, 혹은 유명 컬렉터의 소장 내역도 의미가 있다. 39세에 요절한 근대화가 이인성(1912~1950)은 1935년 조선미술전람회에서 최고상을 받으며 천재로 불렸고 여러 신문의 지면을 장식했다. 가난하던 시절에 별것 아닌 사물들을 우아하고 화려한 인상주의 기법으로 그렸고, 단순한 배경 속에 일상적 소재를 배치하면서 남모를 복잡한 상징들을 숨겨둬 곱씹어 보게 만드는 능력이 남달랐다. 그러나 이인성의 그림은 지난 20년간 21점 거래됐다. 이중섭만큼이나 남은 작품이 적고, 중요한 대작들은 모두 미술관에 소장되어 있기 때문이다. 그의 평균 작품가는 1억 1천919만 원이었고, 최고가는 3억 9천만 원, 총 거래액은 25억 원 정도였다.

현대미술가로는 48세에 세상을 떠난 박이소(1957~2004)가 있다. 생전에 베니스비엔날레, 에르메스 미술상을 휩쓸었고 사후에 삼성미술관 로댕갤러리, 아트선재센터 등 유력 미술관에서 회고전이 열렸으며 2018년

N

국립현대미술관에서도 대규모 회고전이 열릴 예정이다. 안타까운 죽음이지만 이쯤은 돼야 '인정받는 요절'이다.

지금은 소장가들이 박이소의 작품을 움켜쥐고 내놓지 않는 상황이지만 향후 시장에 나올 경우 높은 가격 상승이 예상되는 화가로 꼽힌다.

이처럼 그림값 결정 원리에서는 '이름값'이 비중 있게 작용하기 때문에 존재감 없는 화가의 죽음은 망각을 재촉할 뿐이다. 화가 사후에 관리 소홀로 오히려 가격이 떨어질 수도 있다. 작품성 검증이 제대로 이뤄지지 않은 채 화가의 스타성에 의존한다면 화가 사망 후 작품의 가치가 떨어질 위험이 크다.

한편 임종이 임박한 원로는 작품 활동을 못하는 상황이 대부분이기에 화가의 생사 여부가 시장에 미치는 영향이 크지 않다. 김환기는 평생 몰두하던 추상을 이뤄냈으나 갑작스런 교통사고에 따른 후유증으로 세상을 떠났기 때문에 말년작의 가격이 더 높은데 이는 무척 예외적인 경우다. 천수를 누린 화가들 상당수는 생애 전체를 놓고 봤을 때 약 10년 남짓한 전성기 작품이 가장 높은 가격대를 형성하며, 이것이 말년작인 경우는 아주 드물다. 천경자(1924~2015) 화백은 건강 악화로 타계 전 10년가량 작품 활동은 물론 미술계와의 교류도 거의 없었다. 천 화백의 그림은 이미 그 10년동안 약 219퍼센트 정도 값이 올랐다. 10년 새 두 배 이상 값이 올랐다는 것인데, 건강 악화설이 꾸준히 돌면서 작품 구매심리가 커진 탓도 무시할 수 없다. 하지만 공급과 상관없이 수요가 지속적으로 가격을 끌어올린 것이기 때문에 화가의 타계 소식에 작품값이 극적인 급등을 보이지는 않을 것이라고 예상했고, 실제로도 그랬다.

향수와 환상이 뒤섞인 천경자의 작품은 화가 사후에도 열성적인 마니아층을 형성했고 작품값 또한 꾸준히 상승했다. 2007년 11억 5천만 원에 거래된 대작 〈정원〉은 화가 사후인 2016년 경매에 다시 나왔다. 9년 전 11억~15억 원이던 추정가는 13억~20억 원으로 상승했고 최종 17억 원에 낙찰되며 화가 최고가 기록을 세웠다. 앞서 이 작품이 팔렸던 2007년은 뉴욕발 금융위기로 타격을 입기 직전 국내 미술계의 호황이 절정이던 때라 당시 가격을 웃도는 낙찰가는 미술시장의 회복 신호탄으로 해석되었다. 천경자의 이전 경매 최고가 작품은 12억 원에 팔린 〈초원 II (1978)〉였다. 또 2014년 9월 K옥션 경매에서 9천만 원에 팔린 〈여인(1974)〉은 종이에 그린 소품이었음에도 3년이 채 안 된 2017년 4월 서울옥션 경매에서 1억 5천만 원에 낙찰됐다. 다만 천경자 화백의 경우 국립현대미술관이 소장한 〈미인도(1977)〉라는 작품의 진위공방이 노이즈 마케팅으로 작용해 화가에 대한 주목도를 높이기는 했지만, 시장에서는 결코 긍정적이지만은 않았다. 화가 자신이 "내 그림 아니다"라고 한 작품을 두고 미술관과 감정기관이 "맞다"고 주장한 이 희대의 논란은 아직도 진행 중이다.

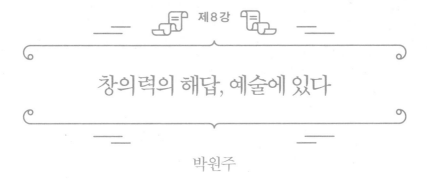

제8강

창의력의 해답, 예술에 있다

박원주

'약함의 힘'을 탐구해온 현대미술가. 전통적 방법론이 아닌 예술을 지향하며, A4 용지로 만든 2인용 전기의자 조형물 '고독공포를 완화하는 의자'가 대표작이다. 국내외 〈예술가 초빙 프로그램〉 지원으로 창작 활동을 해왔으며, 미국 필첵 글래스 스쿨 강의, 오스트리아 트랜스아트 인스티튜트 석사 멘토링, 국립현대미술관, 서울시립미술관, 뉴욕 스컬프처 센터 등에서 작품을 발표했다. 2013년 한국문화예술위원회와 문화관광부가 발간한 《100.Art.kr: Korean Contemporary Art Scene》에 '100인의 한국 현대미술가'로 소개됐다. 인하대에서 전문창작 과정을 지도하고 있다.

미술, 그 난해한 예술성에 대하여

미술작품 앞에 서면 사람들은 대체로 솔직한 감상평을 주저한다. 왜 그럴까? 직관적인 해독이 안 되기 때문이다. 그림은 문학처럼 공히 쓰는 자모음 28자로 구성된 규칙이 아니기 때문이다. 규칙을 전혀 모르는 사람이 축구경기를 보면서 '가만있는 공을 갖고 괜히 왜들 저래?'라는 생각이 드는 상황과 같지 않을까. 옆 사람이 아무리 열광해도 내 마음은 움직이지 않는 것과 같은 이유다.

더군다나 현대로 오면 미술이 가진 난해함은 더욱 커진다. 까다로운 현대인들은 BLT(베이컨, 양상추, 토마토) 샌드위치 하나라도 미리 만들어 놓은 대로 사 먹으려고 하지 않는다. 호밀빵으로 할지 바게트로 할지, 베이컨은 얼마나 익힐지, 양상추와 토마토는 어떻게 자를지 등 '각자' 뜻대로 골라서 먹는다. 기호가 이렇게 다양하니 미술도 세부 규칙이 더 복잡해지는 것은 당연한 일이다.

궁금해야 이해할 수 있고, 불편해야 편해진다

미술품을 보고 "저게 뭘까?" "왜 저렇게 했을까?" 하고 궁금해진다면, 작가가 살았던 시대와 작품이 나온 시기를 찬찬히 들여다볼 것을 권한다. 각각의 시대와 시간은 그럴 만한 배경을 제공한다. 그렇게 시작해 조금씩 살펴보고 비슷한 다른 작품도 알게 되면 어느새 '이게 무슨 미술인가?' 하는 불편함이 호감으로 바뀔지도 모를 일이다.

만화영화 〈톰과 제리〉를 보자. 둘은 늘 쫓고 쫓기는 추격전을 벌인다. 1940년부터 둘은 늘 그랬다. 이들의 추격전은 다이내믹한 양상을 넘어 가히 초현실적이기까지 하다. 그런데 톰과 제리가 뼈만 남아 있다면 어떤 모습을 하고 있을까. 조각가 이형구는 2007년 두 앙숙의 추격전을 스켈레톤(전신골격상)으로 재현한 〈펠리스 카투스 아니마투스Felis Catus Animatus〉와 〈무스 아니마투스Mus Animatus〉를 발표했다. "톰과 제리 뼈가 발굴되었다고? 실제로 살았단 말야?" 벅스 바니도 있다. 유난히 커다란 앞니가 매력인 이 토끼를 작가는 〈레푸스 아니마투스Lepus Animatus〉라 불렀다.

작가는 원 동물의 골격을 바탕으로 의인화한 캐릭터의 특징을 더해 작품을 만들었으리라 짐작한다. 작가가 설정한 세계에서는 톰과 제리, 벅스 바니가 실제로 우리와 함께 살았던 것이다. 자연사박물관의 공룡화석

상과 함께 쥐라기로 돌아가 갖은 경험을 해본 사람이라면 전혀 황당한 일이 아니다. 어린 시절 깨끗이 씻고, 숙제를 마치는 것으로 하루 일과를 마무리하고 나서야 만날 수 있었던 가상의 친구들 톰과 제리, 그리고 벅스 바니. 저녁밥 먹으라고 불려가기 전까지 그들은 우리의 절친한 친구들이었다. 누가 그들을 고양이와 생쥐, 혹은 토끼라 부른단 말인가? 제리에게 매번 당하는 톰이 불쌍해 속상했던 기억은 가상을 뛰어넘어 현실로 존재했었다.

화가 손동현이 2006년 그린 〈영모도 翎毛圖〉에는 대피 덕 Daffy Duck*이 등장한다. 전통 동양화 양식과 기법으로 대피를 그렸다. 털 있는 동물을 주인공으로 나무와 꽃을 배경으로 곁들인 전통 영모도에는 오리도 있다. 1980년생인 작가에게 왜 진짜 오리 대신 대피 덕을 내세웠는지 이유를 묻는다면 아마 "오리는 자세히 본 적이 없어요. 제게 오리는 대피 덕이죠"라고 답할 것만 같다. 〈송하맹호도 松下猛虎圖 (호랑이와 소나무)〉 〈묘작도 猫鵲圖 (고양이와 까치)〉 등에서도 우리에게 익숙하고 가까운 고양이 가필드나 실베스터가 등장한다. 〈영웅배투만선생상〉 〈막강이인조술액동기도〉 같은 그림도 있다. 인기 만화 주인공 배트맨, 슈렉과 동키의 초상화다. 뜻을 짐작하며 차분히 제목을 음미하니 국악기로 연주하는 크리스마스 캐럴을 듣는 느낌이다. 미묘하게 어긋나 어색한 음정이 신선해 귓전에 맴돌던 기억이 난다. 손 화가의 또 다른 작품 〈왕의 초상〉 연작에서는 왕좌

---

* 1937년 4월 워너 브라더스가 제작한 만화영화에 나오는 오리 캐릭터로 벅스 바니의 천적이다.

에 앉은 마이클 잭슨을 그렸다. 이순신 장군이나 세종대왕 같은 위인에 더하여 화가 자신과 같은 시대를 숨 쉬며 살았던 '내 우상'을 추대한 것이다. 마이클 잭슨에 열광했던 많은 사람들은 이 작품을 반겼다. 이형구, 손동현 모두 가상 캐릭터와 함께 긴밀하게 살아온 TV 영상시대 사람들의 마음을 잘 알고 있었다.

'대중'이란 개념을 미술에 도입한 앤디 워홀Andy Warhol은 1962년 당시 인기를 끌었던 간편식 통조림을 그린 〈캠벨스 수프 캔 Campbell's Soup Cans〉을 내놨다. 똑같은 크기와 모양으로 된 그림 서른두 개가 가로세로 같은 간격으로 열 지어 있는 단체 정물화다. 표면이 매끈한 판화라 얼핏 컴퓨터 바탕 화면에 자동 정렬된 아이콘 같아 보인다. '닭고기 국수' '아스파라거스' '껍질콩' '토마토' '버섯' 등 캔마다 각기 다른 내용물이 상품명처럼 적혀 있다. '마트 전단지 아냐? 이런 걸 왜 미술관에서 굳이?' 작품을 처음 본 순간 떠올랐던 의문이었다.

여백이 필요 없는 정물화의 탄생

정물화란 말 그대로 움직이지 않는 사물을 보고 그린 그림이다. 앞서 말한 캠벨스 캔 내용물로 정물화를 그린다면 아마 이런 모습일 것이다. 하얀 천을 자유롭게 늘어뜨린 테이블 위에 노릇하게 잘 구워진 닭고기 한 덩이를 담은 움푹한 접시가 화폭 정중앙을 약간 빗겨 왼쪽에 놓여 있고, 반대편에는 옆으로 비스듬히 쓰러진 바구니에서 붉고 푸른 토마토가 흩어져 내려 있다. 떨어져 나온 거무스레한 꼭지도 군데군데 보인다. 바구니와 닭고기 사이에는 느슨히 묶인 아스파라거스 한 다발이 접시에 비스듬히 기대어져 있고, 주변으로 껍질콩과 버섯, 토마토가 적당히 뒤섞여 있다. 뒤쪽으로는 커다란 항아리나 주둥이가 긴 어두운색 술병 같은 것도 더해질 수도 있다. 직선이라곤 없이 제각각으로 생긴 자연물이 두서없이 늘어져 나름대로 질서를 이룬다.

우리에게는 자연물이 그대로 놓여 있는 그림이 더 익숙하다. 하지만 워홀의 그림 속 정물들은 본성을 농축시킨 채 캠벨스가 찍힌 단체복을 입고 각각의 이름표로만 자신을 드러낸다. 낯설다.

19세기 후반의 어느 날, 과일을 팔던 미국인 캠벨 씨가 토마토로 수프를 끓여 깡통에 담아 팔기 시작했다. 이제 저녁거리로 캔을 먹기로 한 사람들은 가게로 가서 먹고 싶은 맛을 골라 뚜껑을 따 데워 먹으면서 캔이 설정해둔 일정한 질서의 궤도를 따라가게 되었다. 요즘 같은 원터치 캔이 나오기 전 일이지만, 따개를 어딘가에 빠뜨렸다든지 하는 오류가 나면 수습이 난감할 정도로 엄정한 질서이고, 이전에는 없던 일이었다. 생각해보니 통조림 캔은 컨베이어 벨트 위를 지나며 하나하나 완성되는 과정에서도, 선반에 진열되어 팔려나가기를 기다리는 모습에서도 그 크기며 간격이 한 치의 오차도 없이 일정하다. 그 맛은 또 어떤가. 늘 같아야 한다. 고객의 개별 취향을 존중한다며 다른 맛 세 가지를 하나로 묶은 팩을 사다가 찬장에 두고 하나씩 꺼낼 때도 나머지 둘은 미동도 없이 태연하다. 정해진 가치를 유지해 예측 가능한 세상을 이루는 기술시대의 덕목이다.

자연스럽게 단정히 묶인 아스파라거스 한 다발은, 두어 줄기를 빼내면 나머지들이 알아서 각자 필요한 만큼 몸을 슬쩍 굴려 빈자리를 채우고 형태를 새로이 잡는다. 우연한 사건이 이루어 내는 불규칙한 질서 체계로 캠벨스 아스파라거스 캔의 그것과는 확연히 다르다. 워홀은 새로운 질서가 평범한 일상이 되어가는 과정을 지켜보았고, 이 삶의 변화를 그림으로 기록하였다. 주인공으로는 당연히 탑 10 스테디셀러로 자리매김한 캠벨스 캔이었다. 통조림이라는 독자적 캐릭터에게 주변에 자연스레 어우러질 조연이 더 이상 필요할까. 캔은 캔버스를 가득 채워 여백이 바듯하다. 시스템의 효율성에서 보면 여백은 무의미하다는 뜻일까? 아니면 힘주어 뚜껑을 조심스레 들어 올리면 수프가 찰랑찰랑하게 가득 담긴 모습을 담으려고 한 것일까.

일상의 최전방에서
차이를 찾아내다

덴마크를 여행하며 우연히 플럭서스Fluxus와 관련된 전시회를 본 적이 있었다. 플럭서스는 독일에서 시작된 '반문화counterculture' 운동이다. 제2차 세계대전 후유증에 더해 월남전이 속도를 내기 시작하던 1960년대 초반에 태동했는데, 사람들은 모든 것이 허무하기만 해 무엇을 해야 할지 몰라 방황했다.

여기서 작품 하나를 소개하자. 흔한 휴대용 성냥갑이 하나 있다. 서랍처럼 빼꼼하게 열린 틈으로 가지런히 누운 성냥이 보인다. 갑에는 '이 성냥으로 세상의 모든 예술을 불살라라. 마지막 한 개비로 이 성냥갑도 불태워 버리라'라는 뜻의 문구가 있다. 벤 보티어Ben Vautier의 〈토탈 아트 매치박스Total Art MatchBox(1965)〉다.

미술관을 나오며 동행한 덴마크 조각가 마리앤에게 느낌을 물었다. 그는 호프 농장을 경영하며 틈틈이 손쉬운 재료로 장식용 조각품을 만들고 있었다. 미술을 학문으로 경험한 적이 없는 그가 뭐라 대답할지 궁금했다. 그런데 "흠, 자기네들끼리 재미있게 잘 놀았네"라고 하는 게 아닌가. 정말 맞는 말이지 싶었다. '지금 우리 눈'으로 보기에는. 그들은 왜 잘 놀았을까? 그렇게 놀았을 뿐인데 어떻게 다가올 미래의 예술 방향을 제시하는 랜드마크가 되었을까.

플럭서스의 놀기를 생각하니 '냉파'라는 신조어가 떠오른다. '냉장고 파먹기'. 남은 자투리 식품이 가득 쌓이면 소진할 때까지 더 이상 새로운 식재료 구입을 절제하고 냉장고 안의 재료로만 버티기 식생활을 한다는 뜻이다. 풍요와 거리를 두고 삼가는 태도로 비우다 보면, 가진 것들이 더욱 자세히 보인다. 알고 있던 것을 곱씹으며 가치를 새롭게 발견하는 과정이다. 당근, 파, 양파 같은 부재료만으로 요리를 만들어내기도 한다. 요리과학으로 일가를 이룬 전문가 선생님이 보신다면 장난이라 할까? 하지만 여기에도 다른 풍미의 도움이 없기에 재료 본연의 맛을 이해하려는 지성이 필요하다. 낯선 도전인지라 화력과 조리시간 같은 조건을 섬세하게 통제할 수 있는 이성도 필수다. 그렇게 만들어진 음식은 익히 알려진 조리법은 아니지만 나름대로의 상황에 근거를 두고 정교하게 짜인 과학적 결과물이다. 이렇게 한 시절의 결핍에서 창조된 '특식'은 장차 새로운 시그너처 메뉴로 등극하기도 한다. 발견 – 재발견 – 창조의 과정이다.

플럭서스는 세계대전의 발발과 희생을 겪은 유럽 사회와 문화 전반을 청산하려고 했다. 지나온 시대를 반성해 몸을 움츠리고, 소소한 것에서 의미를 찾아 삶의 목적을 초기화하겠다는 의지다. 비움을 향한 이 진지한 움직임은 농담같이 생겨나 커져갔다. 아무도 돈 주고 사지 않을 듯한 장난 같은 몸짓은 장삿속만 차리는 예술의 이면을 풍자했다. 그들이 저지르는 무례한 난장판은 힘 있는 소수만을 위해 작동하는 엘리트주의에 맞서는 자리였다.

후미진 골방에 스스로를 가두고 덥수룩한 머리를 벅벅 긁거나 거친 손으로 캔버스를 북북 찢으며 창작의 고통을 감내하는 고립된 인간, 드라마 같은 데서 흔히 보는 예술가의 모습이다. 세상 돌아가는 줄 모르고 오직 자신과 싸우고 있을까. 자신과 싸우는 내면의 고통이 예술의 주제가 될까? 이형구나 손동현도 우리처럼 만화나 비디오를 보며 얼마나 낄낄거렸을지, 주인공들과 동화되어 있는 자신을 어떻게 발견했을지, 얼마나 많은 관찰과 연습으로 작품을 만들었을지 짐작해보자. 워홀은 통조림 가게를 얼마나 많이 가봤을까? 통조림을 사용하는 사람들의 움직임과 동선을 얼마나 오랫동안 지켜봤을까? 토마토를 먹을 때와 토마토 통조림을 먹을 때는 어떤 차이가 있는지, 그 차이가 주변 상황을 어떻게 바꾸어 놓는지 얼마나 요모조모 따져봤을까?

예술가들은 이렇듯 평범한 일상의 최전방에 있다. 같이 휩쓸려 살며 살펴보고 찾아낸다. 그리고 자신이 정한 규칙에 맞을 때까지 열심히 작업한다. 이 작업은 다시 새로운 규칙을 이룬다. 그렇게 우리가 살아가는 동안 새로운 작품은 계속 태어나고 우리는 그것을 현대미술이라 부른다.

미술관 앞 찻집에 잠시 앉았다. 마리앤이 또 내게 물었다. "하지만 이런 거로는 집을 장식할 수 없겠지요?" 내가 답했다. "정신을 장식하죠."

이름 없는 그곳

사이·뒤·옆·앞·안

서랍을 열 때마다 뭔가 쓸리는 소리가 난다. 마음먹고 서랍을 바짝 당겨 안을 들여다 보니 종이뭉치 같은 게 모서리에 걸려 있다. 긴 자로 지그시 눌러 당겨내어 보니 꼬깃꼬깃 접힌 쪽지다. 연필로 삐뚤빼뚤 "너 혼자 봐 ㅋ"라고 써놨다. 언제 적 일이야 이게? 이리저리 치이다 점점 떠밀려 걸린 모양이다. 혹시나 싶어 여기저기 좀 더 찔러보니 천 원짜리도 하나 잡힌다. 다른 서랍 뒤도 좀 봐야겠다. 서랍 뒤, 책장 뒤, 호주머니 안, 그 집 앞, 우리 사이, 내 옆. 우리가 잘 알고 있는 공간이다. 뜻밖에 횡재를 안겨주기도 하고, 옛 추억을 떠올리게도 한다.

어떤 공간은 사람을 살리기도 한다. 제2차 세계대전 중 나치를 피해 암스테르담에 살던 유대인 소녀 안네 프랑크는 강제수용소로 끌려가기 직전 사라져버린다. 아무도 모르게 책장 뒤로 난 계단을 살금살금 올라가야만 닿을 수 있는 방에서 가족과 숨어 지낸 것이다. 결국 게슈타포에 발각되고 말았지만 2년 남짓 더 살 수 있었다. 안네는 이렇게 있는지도 몰랐던 곳에서 생활하며 일기를 썼고, 일기는 훗날 책으로 만들어져 세상에 알려졌다. 안네의 공간은 없는 듯 존재했다. 누구에게도 들켜서는 안되는 비밀 장소였다.

주체가 있어야만 존재하는 공간은 또 있다. 집에 먼저 도착할지 모를 친구에게 "현관 오른쪽 파란 화분 밑을 봐!"라고 문자를 보내면 친구는 화분을 들추어 열쇠만 집어낸다. 화분 밑도 빈 공간이지만 우리 의식에서는 열쇠 때문에 곧바로 무시된다. 주체가 있어야 생기는 공간, 주체가 아니면 볼 필요가 거의 없다. 그래서 이런 공간은 주인공이 되지 못한다.

시각적 황무지에서
블루오션을 발견하는 힘

이렇게 시각적으로 소외된 공간을 양으로 따지면 아마 이 세상의 절반쯤을 차지할 것이다. '현관 오른쪽 파란 화분 밑'이란 문장에서 따져 봐도 현관과 파란 화분이란 두 개의 주체에 그 여백 공간은 각각 하나씩 붙어 있다. 거의 같은 비율이다. 이렇듯 우리 눈 밖에 있는 시각적 황무지를 공간의 블루오션으로 발견하고, 하나둘 그 모습을 만들어 보여주는 예술가가 있다. 영국 출신 현대미술가 레이철 화이트리드Rachel Whiteread다.

화이트리드의 작품 중 〈토르소Torso(1988)〉를 보자. 아플 때나 추울 때 물이나 얼음을 채워 체온을 조절하는 데 쓰는 고무주머니 안에 연분홍 석

고액을 채우면 주머니 모양 그대로 굳는다. 붕어빵 틀 속 빈 공간에 반죽을 채워 익히면 붕어빵이 되어 나오는 것과 같은 이치다. 물주머니는 자신을 감싸고 있는 몸과 2인무를 추듯 스스로 모양을 맞추며 점점 마음을 편하게 한다. 몸과 마음이 불편할 때 양팔로 감싸 가슴에 안으며 위로를 받는 차가운, 혹은 뜨거운 물 한 덩이는 알고 보니 얼핏 목이 조금 보이는 남자 가슴팍처럼 생겼다고 조각가가 알려준다.

품에 안긴 따뜻하고 말랑말랑한 물 덩이가 남자 가슴 모양이 되기도 한다는 사실을 미리 짐작했던 것일까? 아니면 우연히 하고 보니 그렇다는 것을 알게 되었을까? 르네상스를 대표하는 예술가 미켈란젤로의 일화는 흥미롭다. 시스티나 성당 천장에 그린 〈천지창조〉가 제일 유명하지만, 그는 수많은 대리석 조각을 걸작으로 남기기도 했다. 어느 날 돌덩이를 막 깎기 시작할 때 지나갔던 동네 사람이 마침 작품이 완성될 즈음에 다시 보게 되었다. 그 사람은 "아니, 선생님! 그 돌 안에 그런 여자가 들어 있는 걸 어떻게 아셨어요?!"라며 무척 신기해했다고 한다.

"돌덩이에는 제각각의 조각상이 들어 있다. 조각가는 그 상을 찾아내어 돌에서 해방시켜야 할 과업이 있다"고 미켈란젤로는 말했다. 안팎 없이 속이 꽉 차 있는 돌덩이를 두고 '안'을 말한다. 돌 '속'이 조각상이라니! 돌을 깎아 만드는 것이 아니라 안에 이미 들어 있는 것을 찾는 것이라고 말한다. 물론 여기서 돌덩이라고 한 것은 대리석으로 조각하는 미켈란젤로 자신의 입장에서 한 말이다. 지금 우리 식으로 바꾸면, 이 세상 안에

내가 찾는 것이 다 들어 있다. 어딘가에서 나를 기다리고 있으니 잘 찾아
내고 가꾸어야 한다는 뜻이다. 창의성이란 '발견의 힘'인 것이다.

보이지 않는 곳을
굳이 보여주는 수고로움

화이트리드의 또 다른 작품 〈집House (1993)〉은 빈
주택 안을 시멘트로 통째로 떠낸 것이다. 집을 안팎으로 뒤집어 구석구
석 매무새를 반듯이 잘 만져놓은 듯하다. 재봉틀로 동물인형을 만들 때,
다 박고 나서 뒤집을 때 특히 귀나 꼬리 같은 끝부분 구석구석을 꼬챙이
로 찔러가며 각을 제대로 잡아 모양을 내는 것처럼 말이다. 그런데 인형
이나 양말이 아닌 규모가 상당한 삼층집이다. 원래 방문에 붙은 둥근 손
잡이는 오히려 움푹 패어 있다. 바로 아래에는 열쇠 구멍이 마치 열쇠인
양 삐죽 나와 있다. 착시인가? 집 안 모든 것이 뒤집힌 모양새로 집을 허
물어 낸 자리에 원래대로 천연덕스럽게 서 있다. 집 안 빈 공간이 사라진
집채 흉내를 내며 오롯이 남았다. 장작을 넣었을 벽난로 안 우묵한 화덕
도 반대로 배가 불룩하게 나와 있다. 그을음이 그대로 묻어 있어 이 뒤집
힌 상황이 현실임을 그대로 알려주고 있다.

화이트리드는 또 한 벽면을 가득 차지한 서가의 뒷면을 흰 석고로 떠
내었다. 화이트리드는 빼곡히 꽂힌 책들과 벽 사이 아무것도 없던 공간
을 만져볼 수 있는 물체로 바꾼 것이다. 원래 벽을 향해 있던 책배 쪽이

180도 방향을 틀어 일제히 전면으로 나서 눈앞에 펼쳐져 있다. 흰 석고 표면에는 울긋불긋한 세로선들이 희미하게 그어져 있다. 자세히 보니 가지런히 꽂혀 있던 책배 쪽 표지 색이 석고액에 묻은 자국이다. 선 길이와 간격이 제각각인 걸로 봐서 단행본들이었던 모양이다. 하단부에는 색은 없이 머리카락보다 가는 세로선이 같은 높이로 무수히 가로로 줄지어 찍혀 있고, 조금 더 굵은 세로선이 이들 사이사이에 같은 간격으로 끼어들어 한 묶음씩 구분하고 있다. 흰색 표지의 문고판 전집인 것 같다. 양옆으로 훨씬 더 두툼한 세로선을 끼고 있는 가는 세로선 묶음들도 있다. 이 묶음은 원기둥을 보는 것처럼 볼록한 모양을 하고 있다. 하드커버다. 이렇게 자국을 보며 그것이 무엇인지 맞춰가다 보니 TV 프로그램 〈그것이 알고 싶다〉가 생각난다. 그것이 사라지면서 남긴 흔적만을 모아 잘 짜맞추어 알 수 없던 '그것'을 찾아가는 것과 비슷하다.

화이트리드는 벽에 붙은 전등 스위치나 방문도 석고를 덮어씌워 떠냈다. 그게 뭐 대단하다고 그런 수고를 했을까? 그 앞 빈 공간을 만들어 보여주는 것이다. 스위치와 방문이 대하는 상대가 있는 공간, 바로 내 자리를 보여주는 것일까? 어둠 속에서 내 손가락이 더듬어 다가가고, 다가선 내 발걸음이 응답을 기다리며 잠시 머무는 곳이다. 잘 아는 곳이지만 나는 볼 수 없는 곳이다. 내가 그 공간에 들어 있기 때문이다.

책배 앞, 스위치 앞, 문 앞, 집 안은 책배, 스위치, 문, 집을 아주 닮았다. 이름도 따로 없어 상대에게서 절반을 빌려 쓰는 곳이다. 화가는 이곳을 군이 끄집어내고 뒤집어내어 보여준다. 그리고 〈무제Untitled〉라 불렀다.

용기와 도발

1917년 뉴욕 독립예술가회 작품 공모에 평범한 남자 소
변기가 접수되었다. 보통 보아온 모습에서 90도 뒤로 누워
좌대 위에 올라앉아 있었다. 〈샘Fountain〉이라는 제목에 'R.
Mutt 1917'로 서명된 이 작품은 사실 J. L. Mott사에서 만들어 파는 기성
품ready-made을 사다 놓은 것이었다.

"예술은 몇몇 사람의 기호와 뜻대로 가치를 매길 수 있는 단순한 것이
아니다"라고 주장하는 독립예술가회는 제도권의 심사와 시상 관행에 반
대하는 젊은 예술가들이 결성했다. 회비 6달러를 내면 누구라도 알파벳
순으로 전시회에 출품할 수 있도록 정했다.

위원회는 작품 〈샘〉을 얼떨결에 접수는 했으나 "예술 작품인지 확실하
지 않다"고 결론지었고 결국 출품작에서 제외했다. 열린 마음으로 새 시
대를 열겠다는 진정성으로 뭉친 사람들이었지만, 영혼이 깃든 수제 창작
품은커녕 입에 올리기도 민망한 물건을 놓고 갑론을박하는 것에 자괴감

과 모욕감이 팽배했을 것이다. 창립 위원이던 마르셀 뒤샹^{Marcel Duchamp}은 회칙에 반하는 결정에 항의해 사퇴했고, 전시장 칸막이 뒤에 내팽개쳐진 〈샘〉도 곧 사라져버렸다.

얼마 후 '리차드 머트^{R. Mutt} 사건'이라는 제목의 기사가 한 저널에 실렸다. 〈샘〉의 사진을 포함해 사건 전말이 자세히 소개된 것이다. 알프레드 스티글리츠 스튜디오에서 촬영한 사진에는 독립예술가회의 접수표가 뚜렷이 나와 있어 작품은 없어졌더라도 이 사건이 사실이라고 말해주고 있었다. 당시 사진계의 대부로 새로운 미술 운동을 이끌던 스티글리츠는 기사에서 "지인과 뒤샹이 함께 〈샘〉을 가지고 사진을 찍으러 왔다"고 밝히며, 뒤샹이 "젊은 여성 예술가가 출품한 작품으로 〈샘〉을 소개했다"고 전했다. 그 지인도 일기에 뒤샹과 촬영에 동행한 것을 기록해두었다고 한다.

그 무렵, 뒤샹의 여동생은 오빠에게서 이런 내용의 편지를 받는다. "리차드 머트라는 친한 여성 예술가가 소변기를 조각품으로 출품한다고 내게 보내 왔는데, 위원회가 그 작품을 부당하게 탈락시켜 그 반발로 나는 사임한 상황이다." 하지만 이런 이름의 미술가는 어디에도 존재하지 않았다. 뒤샹이 바로 리차드 머트였기 때문이다.

타성에 젖은
예술과 야합에 대한 냉소

'리차드 머트 사건'은 당시 근대의 끝자락에서

이미 수명을 다한 사상과 예술사조에 지쳐 있던 이들을 흔들어 깨웠다. 파격적 행보에 얼음물을 맞은 듯 찌릿했던 것이다. 시판 제품을 사다 놓고 작품으로 대우하면서 미술가의 솜씨가 예술의 전부가 아니라니. 밤새우기를 마다하지 않으며 성실히 작품을 만들고 그리던 예술가들에게는 그야말로 경천동지할 일 아닌가? "뜻에 맞게 잘 선택하는 것"이 손수 만드는 것보다 더 진실한 예술이라는 도발은 걷잡을 수 없는 파장을 낳았다.

얼핏 보면 '어떻게 작가의 노동 없이 작품이 나올 수 있나. 더구나 양이 질을 만들어낸다고들 하는데?'라는 의구심을 떨쳐버릴 수 없다. 노동은 사람이든 기계든, 문명 이래 지속되어온 생산의 유일한 수단이다. 그렇다면 '작가의 노동과 작품의 가치는 별개의 문제'라는 말머리에 '이제는'이라는 단어를 넣고 그때로 다시 시간을 되돌려보자.

원래 일은 사람만이 할 수 있었다. 남달리 바지런한 몇몇 사람은 자기가 해오던 일을 맡길 수 있는 기계를 고안했고, 그 기계를 생산하고 다루는 일이 새로 생겨나자 사람들은 일자리를 옮겨갔다. 물론 예술계에서도 시판 소변기가 기능을 상실한 채 나타나서는 '기계를 부리는 시대에 사는 예술가는 이에 걸맞은 노동으로 새로운 생산을 해야만 한다'고 주장한다. 이를테면 수백 년 전 사용했던 그릇이 발굴되어 박물관에 소장됐다고 치자. 그 기법과 모양대로 지금 만들어낸 그릇은 유물 대접을 받으며 방탄유리장 안으로 따라 들어갈 수 있을까? 흙을 털어내고 깨진 쪽을

짜 맞춰 겨우 원래 모양을 갖춘 그 그릇에는 60기가 USB에 못지않은 정보가 들어 있다. 그것이 생명이다. 형식과 기술만을 베끼며 정통이라 하는 단단한 믿음, 〈샘〉은 이 타성과 야합에 오줌을 갈겨버렸다.

뒤샹은 사건 이후 〈샘〉에 관련해서는 일체 함구했다. 파리와 뉴욕을 오가며 미술 활동을 했지만, 엉뚱하게도 체스에 더 전념해 기사로 상당한 명성을 쌓아가고 있었다.

1964년 한 이탈리아 화상이 〈샘〉을 복제할 계획을 세우고 원작자의 동의를 구하고자 찾은 사람은 바로 뒤샹이었다. 그리고 사건 후 47년 만에 14점이 복제되었다. 느닷없이 나타나 미술계에 번개를 내리꽂고는 마술처럼 사라져버렸던 '카데라'의 실체가 돌아온 것이다. 이번에는 변기를 사서 한 것이 아니라 스티글리츠의 사진을 토대로 〈샘〉을 새로 제작했다. 뒤샹은 직접 같은 자리에 'R. Mutt 1917'이라는 서명을 했다. 뒷면에는 1917년 본을 복제한 14점 중 하나임을 밝히는 보증표가 있다. 만약 미술관에서 〈샘〉을 본다면 바로 이들 중 한 점이다.

'선택하고 뜻을 심는 것이 새 시대의 예술이랬잖아? 그것이 〈샘〉이었고! 그런데 사지 않고 특별 제작을 했다고? 그것도 14점씩이나?' 나는 의구심이 들었다. 하지만 곰곰이 생각해보니 뒤샹이 옳았다. 복제품 〈샘〉은 리차드 머트 사건의 〈샘〉과 다른 작품이다. 1917년 당시에는 '도전과 전복'이 목적이었기에 기성품, 즉 예술로 보기에는 전대미문의 존재여야만 했다. 하지만 이제는 뜻을 기리는 기념비를 세우는 것이니 그 옛날 기성품을 소환하는 것은 더 이상 의미가 없었다.

생각이 노동이고,
기획이 예술이다

만약 뒤샹이 이 '특별한 베낌' 제의에 역전의 용사 같은 절개로 "놉Nop! 그것은 내 레디메이드 정신에 위배되오"라며 단호히 거절했더라면 역사는 그를 어떻게 기록했을까. 거장이 100년 전 당시에는 최고의 성능인 카메라로 찍었겠지만 지금 보기에는 조악할 뿐인 인증샷 한 장과 함께 그저 시대정신의 수호자로만 남았을 것이다. 그리고 거기서 박제되어 버리고 말았을 것이다. 하지만 뽀얗고 반짝이는 자기로 된 열네 개의 클론 〈샘〉은 영롱하면서도 영원한 실물로, 초고화질 세대와 어울리기에 충분한 모습이다. "내가 그때 말이야!" 하는 샤우팅과 함께.

'소변기 미술관 난입 사건'이 던진 도발은 점차 진정되어 갔다. 솜씨가 얼마나 좋은지, 손수 그리거나 만들었는지는 예술성을 증명하는 조건에서 점점 물러나고, 그 빈자리는 창의성이라는 예술가의 '남다른 생각'이 대신하게 되었다. 형식이 아니라 내용이 작품의 주체로 자리매김하고, 개별 작품보다 작가가 우선이 되는 초유의 변화는 미술에만 국한된 것이 아니었다. 생산 자체의 원동력을 중시하여 소프트웨어의 가치를 추구하는 시대와 궤적을 같이하는 것이었고, 현대라는 패러다임을 구축하는 것이었다.

예술계를 떠들썩하게 만들었던 뒤샹은 해명 한마디 하지 않고 미술에는 별다른 흥미가 없다는 듯이 지냈다. 하지만 〈샘〉이 어떻게 살아 움직이고 있는지 잘 알고 있었고, 마침내 〈샘 1964〉로 대장정을 완성했다. 얼토당토않았던 궤변은 다가올 미래를 향한 마중물로 자리매김해 본받고 보존해야 할 인류의 자산으로 남게 되었다. 뒤샹은 "〈샘〉이 원래처럼 다수의 복제품으로 다시 돌아가게 되어 기쁘다"고 담담히 말했다. 예술 작품을 무생물이라 할 수 없는 이유가 여기에 있다.

그럼 뒤샹은 어떻게 노동했는지 살펴보자. "만들지 말라"고 했던 뒤샹은 〈샘〉을 마술사처럼 주문을 외워 뚝딱 탄생시켰을까? 아니다. 그 역시 부단히 작업했다. 물론 작업장에서 재료와 도구로 만들고 그리던 다른 예술가들의 노동과는 달랐지만 말이다.

뒤샹은 누구나 다 아는 평범한 물건을 샀다. 주제에 꼭 맞을 신중하고 진지한 '선택'이었다. 그리고 주제는 아름다운 봄꽃이나 가을 풍경 같은 익숙한 것이 아니고 '물의 일으키기'였다. 물건을 이상하게 틀어놓고 서명까지 해 소변기라 하기에도, 아니라 하기에도 애매한 상황을 만들어 버렸다. 상식과 질서를 교란시킨 것이다. 뒤샹은 자신이 주장한 대로 '선택'이라는 새 시대의 창작 행위를 몸소 보여줬다.

다음 단계로는 R. Mutt라는 가상의 인물을 내세웠다. 자기 이름으로 직접 출품할 경우 동료를 무시할 수 없어 위원들이 선심을 베풀 수도 있었다. 그래서 탈락될 수밖에 없도록 만전을 기한 것이다. 만약 출품한 변기가 작품으로 인정받았다면 세간의 이목은 끌었겠지만 비난의 폭탄에 쓸려 사람들의 기억 속에서 곧 지워졌을지도 모른다. 양치기 소년처럼 다시 시도할 수 있는 일이 아니었다.

새로운 시도와 도발은 여린 씨앗과 같다. 그 뜻을 설득하고 인정받을 때까지는 보호해야 한다. 우선 유명한 스티글리츠의 사진이라는 확실한 보증을 획득하고, 동생에게 일부러 편지를 써서 보조 물증도 확보해두었다. 그리고 본격적인 분란을 시작했다. 창립 위원직 사퇴라는 끓는 기름을 붓고, 동조자들과 함께 저널을 통해 사실을 널리 알리면서 자신은 한 발 빼고 있어도 스스로 몸집이 커지도록 환경을 조성한 것이다. 그러고는 마침내 신화를 만들었다. 소임을 다한 소변기를 없애 동정심과 호기심을 증폭시켜 놓고 스스로 함구한 것도 탁월했다. 소변기는 스티글리츠가 촬영 후 내다 버린 것으로 추정된다. 기획과 각본이라는 새로운 노동, 뒤샹의 빛나는 예술 활동이었다.

뒤샹은 사춘기 소년이 비행을 저지르듯 꿈을 실행했다. 스스로 일으킨 바람을 되맞으며 한 걸음씩 나아갔다. 자신을 송두리째 던지는 길밖에 없었다.

슈퍼 모던 맨, 마네

까칠한
도시 남자의 하루

1877년 프랑스 파리 생 라자르 역. 증기를 내뿜으며 기차 한 대가 서서히 역으로 들어오고 있었다. 마침 그 자리에 서 있던 화가 모네Claude Monet가 역장에게 물었다.

"역장님, 제가 여기서 그림 좀 그려도 될까요?"

"뭘 그리시게요? 여긴 이 연무 때문에 도통 아무것도 안 보여서 그릴 게 없을걸요?"

"예! 예! 제가 그걸 그리려고요!"

2006년 4월 영국에서 방영했던 BBC 드라마 〈인상주의자들〉의 한 장면이다. 역장은 의아했다. 나타났다 사라지는 공기가, 보고 그릴 거리가 되는 것인지 도대체 알 수 없었다. 물론 모네의 시각은 달랐다. 천지를

뒤덮다 순식간에 흩어져 사라지는 연기는 그야말로 장관이었고 꼭 그려
봐야 할 새로운 소재였다. 더구나 기차는 당시 최고의 신상이 아니던가.
생 라자르 역은 그 시절 진정한 핫 플레이스였다.

연무에 뒤덮이는 철로, 멋진 도시 파리, 들뜬 마음으로 기차에서 내리
는 멋쟁이 여행자들. 어디 지금 공항 패션에다 견주랴. 고속으로 달려온
수많은 사람들과 설레는 환영객들. 하지만 서로를 알아보려면 이 연무가
가실 때까지 좀 기다려야 했다. 여기에 더해 새로운 진풍경에 발걸음을
잠시 멈추고 기다리는 행인들까지. 생 라자르 역의 공기는 이렇게 새 세
상을 맞이한 사람들의 떨림과 흥분을 품고 가슴 구석구석 스며들어 희망
으로 자리 잡았다.

모네보다 앞서 에두아르 마네Edouard Manet는 생 라자르 역이 훤히 내려
다보이는 집에 살았다. 2층에서 내려다보는 거리는 어느 때보다 활기차
다. 백인백색의 일로 세상은 바삐 돌아가고, 스쳐 지나가는 길모퉁이의
풍경마저 버릴 수 없는 진실한 삶의 모습이었다. 최신 발명품인 카메라
를 조심스레 만지고 있는 사진사와 일가족, 기관사가 되겠다며 증기에
뒤섞여 기차를 따라 달리는 소년들, 모두 이전에는 볼 수 없었던 새로운
모습이다. 또 기차역 모퉁이에는 울타리에 붙어 서서 안을 들여다보는
여자아이가 있고, 길 건너에서는 붓을 들고 2층 창가에 바투 서서 그 뒷
모습을 그리는 화가도 있다.

화가가 그리는 소녀 옆으로는 무릎에 잠든 강아지를 안고 벤치에 앉아
책을 펼쳐 든 여자가 보인다. 모자가 멋지다. 마네가 그린 〈철로The Railway

(1873)〉의 장면이다. 굵지 않은 검은 쇠창살이 세로로 가지런한 울타리 안은 연무로 뽀얗다. 마치 그림의 주인공인 양 한가운데를 차지하고 뭉게뭉게 피어오르고 있다. 기차가 막 도착했나? 떠났나? 철로는 보이지도 않는데 왜 그림 제목을 〈철로〉라고 했을까? 연무가 가실 때까지 기다려볼까? 아니, 그림 뒤로 돌아가면 철로가 보일까? 이 여자와 아이는 같이 왔을까? 아니면 그림 바깥 어디 가까운 데에 아이 엄마가 이제 그만 보고 가자며 채근하고 있을까?

손에 책을 든 여자는 앞을 바라보고 있다. 혹 내가 그림 앞으로 다가서서 이 여자가 인기척을 느낀 것일까? 그래서 책을 읽다 고개를 들어 나를 보는 것일까? 그럼 내가 이곳을 뜨면 보던 책으로 다시 눈길을 돌리려나? 그때쯤이면 울타리 안은 연무가 걷히고 원래 모습을 모두 드러낼까? 혹시 해서 뒤를 돌아 여자가 보는 쪽을 한번 본다.

마네는 책을 보는 여자가 아니라 책을 보다 잠시 멈추고 앞을 보고 있는 여자를 그렸다. 그러면서 책을 보고 있던 때를 함께 요약해 넣었다. 여자의 시선은 그림 밖에 서서 그녀를 보고 있는 내 존재도 암시하고 있다. 그림을 뒤덮은 증기는 막 떠났거나 도착했을 기차와 가려진 철로의 모습도 함께 전한다. 나들이에 한껏 차려입은 여자아이가 팔을 뻗어 울타리를 붙들고 선 뒷모습은 머잖아 사라지는 연무를 따라 몸을 돌려 움직일 것이라고 상상하게 만든다.

마네의 그림에서 인물들은 특별한 메신저가 아니다. 어떤 사건을 설명하는 역할을 하는 것도 아니다. 누구랄 것도 없이 거리를 걷다, 카페에서 차 한잔 마시다, 또 시장에 나왔던 길에 마네의 눈에 띄어 그림 속으로 잠시 초대된 것이다. 그림 밖에서 사는 우리와 다르지 않은 사람들이다.

얼리 어답터

스페인풍 군악대 복장을 한 남자가 홀로 서서 플루트를 불고 있다. 발그레한 볼이 앳되어 보인다. 마네가 그린 〈피리 부는 소년Le Fifre (1866)〉이다. 이전에 보아온 초상화들과 다른 점은 그가 도대체 어떤 사람인지, 서 있는 곳이 어딘지 알 수 없다는 데 있다. 포토샵으로 사람 부분만 떼어내 전혀 다른 색 바탕 위에 살짝 올려놓은 듯 현실감이 없다. 말 그대로 '피리 부는 소년' 외에는 아무것도 없다.

눈매가 또렷한 얼굴과 균형 잡힌 자세에 비해 검은 재킷과 붉은 바지 안에 든 몸집은 제대로 알아보기 어렵다. 빈 바지 밑으로 빈 구두만 슬쩍 끼워둔 듯 가벼워 보인다. 재킷도 그렇다. 몸통을 감싸며 자연스레 만들어 낼 법한 굴곡이나 주름이 별로 없어 검은 색종이를 모양대로 오려 붙인 듯 평평하다. 전체적인 색감은 소년의 뽀얀 얼굴과 복장이 전부다. 검정, 빨강, 하양이 강렬하게 대비를 이룬 채 단조로운 무채색 배경에서 완전히 분리되니 주인공이 더욱 도드라져 보인다, 여기에 황색조가 모자와 악기에서 포인트를 만들며 단추와 함께 중심을 잡고 회색과 함께 섞여서는 나머지 바탕을 다 채우고 있다. 네댓 가지 색조로 단출하다.

지금은 생전에 한 번쯤은 봐야만 하는 버킷리스트에 오를 작품 중 하나로 꼽히지만 그 당시에는 어땠을까? 비평이 가혹했다.

"배경은 다 비워두고 왜 저리 황칠하듯 서둘러 끝냈지?" "그림자도 없네?" "색감이 너무 단조롭지 않아? 애들도 아니고. 그린 게 아니라 색칠만 했네" "성의껏 그려서 산 사람답게 살집을 좀 보여줘야지, 마리오네트 같아!" 프랑스 최고 권위의 살롱전에 응모했다 낙선하며 마네가 들어야 했던 비난이다. 실제 사람으로 보기에는 부족하다는 지적 일색이었다. 과거 그림에 익숙해진 눈으로 보면 그럴 수밖에 없었다.

익숙한 그림이란, 대체로 배경에는 실내나 풍경을 그려 주인공의 신분이나 그림의 동기를 설명하고, 중력의 힘으로 땅에 발을 확실히 딛고 있어 안정감을 주어야 하며, 진짜처럼 보이도록 입체감도 살려야 한다. 이렇게 완성된 그림들은 형태나 명암이 과장되어 실제보다 더 극적으로 보인다. 요즘 막장드라마에 나오는 과장된 캐릭터나 부담스러운 사건 전개와 느낌이 비슷하다.

드라마든 그림이든 대체로 밋밋한 현실보다는 좀 더 작위적이어야 시선을 끌 수 있다는 무언의 압박이 있다. 그리고 이 비현실성을 실제인 것처럼 보이려고 더욱 생생하게 표현하니 사람들은 과장된 상태가 진정한 현실이라고 믿게 된다. 마네는 이 꾸밈과 과장을 무시한 것이다.

〈피리 부는 소년〉은 타로 카드의 그림을 흉내 낸 것이다. 타로 카드의 그림은 단순한 선과 색으로 간결하게 내용을 함축해서 보여준다. 훌륭한 사람들의 제대로 된 모습도 많은데 왜 하필 대충 그려진 타로를? 세계적인 명화가 고작 이런 것에서 영감을 얻었다고? 정말 예사롭지 않다.

마네는 타로의 인물과 기법이 아니라 가벼운 그 느낌을 좋아했다. 물감을 여러 번 덧발라 살결의 색감을 흉내 내지 않아도 진짜 사람처럼 보이게 하거나, 일일이 세밀하게 그리지 않아도 충분히 그림이 되고, 가볍게 한두 번 쓱쓱 붓질하니 산뜻해지는 그런 느낌을 좋아했다. 명절에 친지들과 함께 기름에 부친 모둠전에 갈비찜, 잡채 등 무거운 특별식을 잔뜩 먹고 나면 동네 친구라도 만나 상큼한 요거트 아이스크림으로 입가심이라도 하고픈 법이다. 마네도 다르지 않았다.

마네는 벨라스케스Diego Velazquez의 그림에서 배경을 생략하니 주제가 더 명료해진다는 사실을 배웠다. 화가 중의 화가로 추앙받는 17세기 궁정화가 벨라스케스는 왕이건 하인이건 지위나 풍모를 보여줄 '그럴듯한' 상징보다는 그 사람 자체를 표현해낸 것으로 유명하다. 그래서 간혹 그림 속 자신의 진짜 모습에 불쾌해하는 경우도 있었는데, 교황 이노센트 10세Innocent X도 그중 하나였다. 성령으로 충만한 자애로운 교황의 풍모라기보다는 신경질적인 초로의 남자로 보였기 때문이다. 벨라스케스는 '내 눈'이 보는 대로 그리는 화가였고, 자신의 그림이 권위나 풍자 같은 상징의 도구가 되는 것을 원치 않았다.

근대의 도시인. 그들은 마네의 뮤즈였다. 과학기술이 보편화되면서 생겨난 새로운 직업인들. 교통의 발달로 매일같이 전해지는 이국 문물을 즐기며 주도적인 삶을 영위하는 신인류였다. 격식에 맞춰 겹겹이 갖춰

입던 옷차림은 새 시대의 속도와 일에 맞게 점점 그 겹을 벗어던지고 가벼워졌다. 폭염이 기승을 부린 2018년 여름에도 플립플롭에다 숏팬츠에 티셔츠 한 장씩만 걸치고 싱그러움을 뿜어내는 젊은이들이 해가 지는 길모퉁이에 삼삼오오 모여서 급식체나 음습체로 문자를 주고받으며 멋을 부려댔다. 마네도 그때 그랬다. 그래서 그의 그림은 물감도 벗고 배경도 벗고 다 벗어던졌다.

야심 찬 마네는 기성 예술계가 던지는 따돌림과 야유를 하나도 빠짐없이 되새기며, 아무도 몰라준다는 절망을 넘어설 힘을 잃지 않도록 마음을 다독였을 것이다. 구닥다리는 죽어도 싫었을 그는 '난 누구를 그려주는 기술자가 아니야! 시키는 대로 그리는 심부름꾼도 아니라고!' '기차를 봐, 증기를 보라고. 천지를 뒤덮었다 순식간에 사라지지. 이 세상은 점점 더 빠르고 더 가벼워질 거야! 바야흐로 현대modern (근대)라고!' 이렇게 혼자서 외쳤을 것이다.

무려 50년이 지나서야 사람들은 그 뜻을 이해하기 시작했다. 그가 혼자 너무 일찍 본 '현대'가 비로소 모든 사람들에게 골고루 보이게 된 것이다. 물론 마네는 모른다.

'피리 부는 소년이 누구긴, 내 그림 안에 사는, 내가 만든, 내가 좋아하는 사람이지!'

먹느냐 먹히느냐, 모델과의 결투

젊은 시절의 프랜시스 베이컨Francis Bacon을 찾는 포스터
가 베를린 시내를 덮었다. 현상금 1억 5천만 원이 걸려 있
었다. 82세를 일기로 베이컨이 사망하고 9년이 지난 2001
년의 일이다. 포스터에는 베이컨의 사진이 아니라 루치안 프로이트Lucian
Freud가 그린 베이컨의 초상화가 담겨 있었다. 이 그림은 1988년 순회 전
시 중 도난당했고, 테이트 미술관 회고전을 앞둔 프로이트는 이 작품을
꼭 포함시키고 싶었던 것이다. 심지어 소장하고 있는 사람에게 잠시만
빌리자고 간곡하게 요청했지만 끝내 응답이 없었다. 이 그림은 지금도
어디에 있는지 종적이 묘연하다.

동반자이자 경쟁자였던
두 남자

프로이트와 베이컨은 20세기 최고의 구상화가들이다. 영국으로 이주한 유대계 독일인 프로이트와 아일랜드 출신 베이컨은 추상 미술이 주류를 이루던 당시 예술계의 추세에 아랑곳하지 않고 인물을 주제로 한 구상회화에 몰두했다. 이름이 같은 16세기 철학자 프랜시스 베이컨은 화가의 먼 친척이다.

분실된 그림은 A4 반절보다 작은 동판에 유화로 그려진 것인데 프로이트가 베이컨을 그린 첫 번째 작품이었다. 대략 손바닥만 한 크기니 주머니에 쏙 집어넣기 좋고 동판이어서 구겨질 염려도 없었을 듯하다. 세밀화 같은 그림으로 프로이트의 초기 화풍을 볼 수 있다. 그는 그림 한 점을 완성하는 데 시간이 오래 걸리는 편이라 베이컨도 그림 속 모습으로 3개월이나 앉아 있어야 했다고 한다.

작은 그림이지만 베이컨의 표정은 너무나 생생하다. 실제 얼굴에 있는 모든 것을 하나도 빠짐없이 축소하여 옮긴 듯 자세하게 묘사했다. '이렇게 모든 것을 다 그리려면 얼마나 가까이서 봐야 했을까?' '손가락으로 만져도 봤겠지?' 보통 그림을 그릴 때 윤곽을 정확하게 파악하기 위해 만져보기도 한다. 프로이트도 그랬는지는 알 수 없지만 말이다.

기골이 장대한 두 남자가 손바닥만 한 화폭을 사이에 두고 서로 마주 앉아있는 장면을 상상해보라. 무릎은 어떻게 했을지 무척 궁금했다. 가까이 다가가려면 무릎이 문제다. 얼굴을 들여다보면서 중심을 잡으려고 베이컨의 무릎에 손을 짚기도 하지 않았을까? 남과 신체적으로 일정한 거리를 두는 것이 몸에 밴 서양 사람들이니 그런 일은 아예 없었을까? 모델이 동요하지 않도록 눈으로만 봤을까? 생각이 꼬리에 꼬리를 물었다.

그림을 조금 더 들여다보자. 가까운 사람을 소진해야 직성이 풀리는 베이컨은 눈을 내리깐 채 있는 힘을 다해 대항하고 있고, 그림의 반대편에는 죽어도 지지 않을 법한 잘난 프로이트가 집요한 눈길로 쏘아붙이고 있는 것만 같다. 모델이 스스로 경계를 무너뜨리고 본질을 드러내도록 하고야 마는 집요한 화가의 눈빛이 베이컨의 얼굴에도 그대로 나타나 있다. 취조실 같은 느낌이다. 아무리 봐도 서로에게 최소한의 거리를 유지하며 그려낼 수 있는 그림은 아니다. 먹느냐 먹히느냐 정글의 생존법칙이 느껴진다.

프로이트는 13세 연상의 베이컨과 1940년대부터 가까워졌다. 서로를 염탐하고, 작업을 감시하고, 비판하고, 비난하고, 매일 저녁을 같이 먹으며 25년 동안 격렬하게 지냈다고 한다. 생의 동력을 최대한 끌어올려 살아가는 청년 시절에 마치 한 몸처럼 붙어살았다면, 서로를 만들어갔다고도 할 수 있지 않을까.

그러나 둘은 상대의 작품이 끔찍하다고 비난하며 끝내 헤어졌다. 프로이트는 베이컨이 실제 모델이 아닌 사진을 보고 그린다며 정면승부를 회피하는 엉터리라고 했고, 베이컨은 프로이트가 이른바 금수저 출신으로 속물근성에다 고리타분하기까지 하다고 욕했다(프로이트는 정신분석학자 지그문트 프로이트의 손자다). 주변에선 그들의 아슬아슬한 연정과 우정이 더 일찍 깨어지지 않은 것이 놀라운 일이라 할 정도였다.

온전한 생명체, 인간을 그리다

프로이트는 전통 방식으로 화가 대 모델의 관계를 유지하며 그림을 그렸다. 그의 자화상 중에는 양손에 각각 붓과 팔레트를 들고 물감투성이 워커만 신고 있는 누드화가 있다. 이 그림을 보면 홀로 최후의 결전에 나선 카우보이의 비장함이 느껴진다. 베이컨도 인물을 그렸지만, 프로이트와는 달리 당시 신경향인 사진이나 영화 장면 등을 적극적으로 도입하였다. 에이젠슈타인의 영화 〈전함 포템킨〉에 나오는 피 흘리는 유모의 절규나 깨진 안경 같은 이미지는 핵심 주제가 되었다. 감정의 극단을 보여주고자 한 베이컨으로서는 이런 일상을 넘어선 극적인 '자료'가 중요한 역할을 했을 것이다. 이렇듯 다르다는 이유로 서로에게 빠져들었지만, 프로이트는 자신보다 명성이 높던 베이컨을 비난하며 질투심을 달랬는지도 모르겠다.

프로이트는 아무런 설정도 되어 있지 않은 무장 해제한 동물 상태로서 인간의 본질을 탐구했다. 그의 가족도 좋은 모델이 되었는데, 세속 규범으로 보자면 예사롭지 않았을 다 큰 딸들도 예외는 아니었다. 프로이트의 그림에서 모델은 주로 벌거벗은 채 침대나 의자에 널브러져 있다. 자신의 구석구석까지 파헤치며 필요한 것을 찾아내려는 화가의 눈빛도, 적나라하게 드러난 자신을 빤히 들여다볼 관객도 의식하지 않고 있다. 그들은 미·추의 이분법적 경계를 넘어선 거대한 살덩어리가 되어 있다.

루치안 프로이트는 아버지가 돌아가신 후 어머니를 그리게 되었다. 보스턴 글로브의 미술평론가 시배스천 스미는 그의 저서 《프로이트》에서 전한다.

> "어머니는 자살하려 했다. 1972년부터 돌아가시기 전까지 15년간 아침에 모셔와 같이 식사하고 어머니를 그렸다. 대략 4천 시간 정도 된다. 물론 어머니의 기분을 북돋아드리고 뭔가 할 일을 만들어 드리려는 이유도 있었다."

이 구절을 읽는 순간 나도 모르게 옅은 탄식이 나왔다. 아버지가 돌아가셨을 때가 생각났다. 내 예술은 그 그릇이 얼마나 작기에 평생을 같이한 동반자를 막 놓쳐버리고 홀로 남은 엄마 하나 담지 못했을까? 일해야 한다는 구실로 슬슬 피해 다니기만 했던 나였다.

> "나는 어머니를 그리기 시작했다. 어머니는 나를 포함해 세상 모든 것에 흥미를 잃으셨기 때문이다. 그전엔 어머니의 직감이 너무 뛰어난 나머지 내 사생활이 위협받는다는 느낌이 들어 항상 어머니를 피

해 다녔다. 그런데 어머니가 내게 더 이상 관심을 가지지 않게 되자, 내게는 좋은 모델이 생겼다."

그림 앞에서 한판 승부를 벌이는 프로이트의 눈은 살아온 시간만큼 두터워진 관념이라는 덧살을 헤쳐내고 '온전한 자신만으로 된 생명체'인 한 인간의 모습을 찾아내고야 말았다.

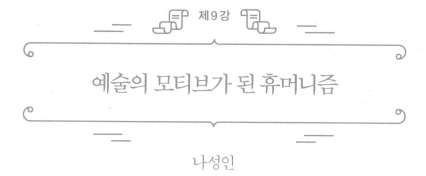

예술의 모티브가 된 휴머니즘

나성인

문학과 클래식의 연결 고리를 이어가는 클래식 칼럼니스트 겸 음악감독. 서울대 독어독문학과 학사 및 석사. 독일 아우크스부르크 대학에서 음악과 문학의 관계 연구로 수학한 뒤, 현재 클래식 전문지 《음악저널》의 예술감독을 맡고 있다. 추계예술대학 성악과에 출강하고 있으며 신세계 아카데미, 라이나 전성기캠퍼스 등에서 대중강연을 하고 있다. 저서로는 《베토벤 아홉 개의 교향곡》이 있다.

보편적인 인류애의 메시지

베토벤 〈합창〉

베토벤Ludwig van Beethoven의 교향곡 9번 〈합창〉은 클래식 최고의 명곡으로 꼽힌다. 장대한 관현악과 합창의 어울림도 아름답지만, 가사에 담긴 메시지가 더없이 아름답기 때문이다. 〈합창〉이 전하는 메시지는 이것이다. 고난을 극복한 인간의 환희는 제 삶에만 머무르지 않고 보편적인 인류애로 확장된다는 것. 이 같은 메시지 때문에 베토벤의 〈합창〉은 숱한 절망의 순간과 숱한 환희의 순간마다 연주되었다.

〈합창〉은 세계대전 이후 다시 문을 연 많은 극장들의 재개관 프로그램이었고, 1989년 베를린 장벽 붕괴 기념 연주회와 이듬해 독일 통일 기념 연주회의 프로그램이었으며, 2008년에는 유럽연합의 공식 찬가로서 코소보 독립 때에도 연주되었다. 지난 2011년 광복절을 축하하기 위해 내한한 서동시집West-Eastern Divan Orchestra 오케스트라가 비무장지대에서 남북 평화를 기원하며 연주했던 곡 또한 〈합창〉이었다. 서동시집 오케스트라는 유대 혈통의 지휘자 다니엘 바렌보임과 팔레스타인 혈통의 문화학자

에드워드 사이드가 평화의 메시지를 전하기 위해 스페인의 세비야에 본
거지를 두고 창단한 오케스트라다. 오케스트라는 팔레스타인과 중동, 이
스라엘의 연주자가 앙상블을 이룬다. 그런 서동시집 오케스트라가 지상
최후의 분단국인 한국에서 〈합창〉을 연주한 것은 이 곡이 가진 상징성을
잘 보여준다. 환희와 인류애, 평화와 축제. 인류 공동체 전체가 자랑스러
워할 만한 뜻과 아름다움으로 인해 베토벤의 〈합창〉은 2001년 세계기록
문화유산으로도 등재되었다.

보은의 시,
환희의 송가가 되다

　　　　　　〈합창〉 교향곡은 원래 한 편의 결혼식 축시에서
시작되었다. 1784년, 독일의 젊은 극작가 프리드리히 실러^{Friedrich Schiller}
는 정처 없이 떠돌고 있었다. 군주의 폭정을 고발하는 작품을 썼다가 괘
씸죄에 걸린 것이다. 그 가운데 〈간계와 사랑〉이라는 작품은 군주 입장에
서 정말 눈엣가시였을 법하다.

　작품 속의 군주는 자기 아들이 별 볼 일 없는 악사의 딸과 사랑에 빠지
자 그녀의 부모를 협박하고 가짜 연애편지를 쓰게 해 질투를 부추겨 둘
사이를 갈라놓고 급기야 죽음으로 내몬다. 하지만 희생당하는 보통 사람
은 더없이 고결하다. 이처럼 실러는 시민을 주인공으로 내세운 비극으로
대중의 박수갈채를 받았지만, 인기가 높아질수록 군주의 핍박은 예고되

어 있었다. 국외로 추방을 당한 실러는 여러 도시를 전전하며 지칠 대로 지쳐 있었다. 그런데 바로 그때 천군만마와도 같은 편지가 한 통 날아든다. 드레스덴에서 실러의 후원자가 나타난 것이다.

후원자 하면 흔히 나이 지긋한 신사나 귀부인을 떠올리게 마련이지만, 실러의 후원자는 아직 파릇파릇한 쾨르너라는 젊은이였다. 실러의 기개와 사상에 매료된 그는 실러가 계속 작품을 쓸 수 있도록 드레스덴의 자기 오두막을 선뜻 내주며 따뜻한 호의와 함께 경제적 도움을 주었다. 실러가 머물렀던 오두막은 드레스덴을 유유히 굽이쳐 흐르는 엘베강의 북쪽 야트막한 언덕배기에 있었다.

엘베강과 드레스덴이 연출한 풍광은 어떠한가. 작센 왕국의 검고 남성적인 건축물에는 오랜 영웅들처럼 거친 위엄이 서려 있고, 너른 엘베강의 은빛 잔물결은 여인의 품처럼 넉넉하고도 시원하게 강을 휘감고 있다. 건축물의 거친 살결이, 엘베강의 보드라운 애무가 찬란한 바로크의 숨결과 어우러져 마치 루벤스 그림 속 육감적인 남녀의 모습이 떠오르는 곳, 그것이 드레스덴의 아름다운 풍경이었다. 오랜 도피 생활 끝에 아름다운 도시에서 새로운 전기를 맞이할 수 있게 된 실러는 작은 오두막에서 명작 〈돈 카를로스〉 집필을 시작한다. 훗날 사람들은 이들의 우정을 기념하는 부조를 실러의 오두막 맞은편에 남기기도 한다.

그리 오래지 않아 실러에게 그의 고마운 친구에게 보답할 기회가 찾아온다. 이듬해 1785년 여름, 젊은 쾨르너가 그의 약혼녀 미나와 결혼식을

올리게 되었다. 자비로운 친구를 위해 무엇인들 못 하리. 실러는 기꺼이
결혼 축시를 썼다.

환희여, 아름다운 신들의 섬광이여,
낙원에서 나온 딸들이여,
불꽃에 취해 우리는 들어선다.
천상의 이여, 당신의 성소로!
당신의 마력은 다시 엮어준다.
시류의 칼날이 쪼개 놓은 것을!
거지들도 왕자들의 친구가 된다.
그대 날개 잔잔히 드리운 데서!

〈합창〉
두 팔 벌려 끌어안으라, 수백만의 사람들아!
온 세상이 보내는 입맞춤을 받으라!
형제들아, 저 별들의 장막 위에
사랑의 아버지 살고 계시리니!

이처럼 환희에 차고 힘이 넘치는 결혼식 축시가 세상에 또 어디 있을
까. 축하하는 마음, 살아남게 된 짜릿함, 고마움과 승리감이 합쳐진 이
시에서는 기쁨이 쩌렁쩌렁 울리다 못해 글자 밖으로 마구 터져 나오는

느낌이다. 이 시가 바로 그 유명한 〈환희의 송가〉였다. 절체절명 위기의 순간, 극적인 구원의 손길을 만난 실러는 기쁨과 감사를 그저 제 안에만 담아두지 않고 더 증폭시켜 세상에 내놓은 것이다. 후에 이 시는 2행을 수정해 보다 인류애를 강조하는 방향으로 개작된다. 특히 "거지들도 왕자들의 친구가 된다"는 부분을 "모든 사람들이 형제가 된다"고 고친다. 그리고 베토벤은 수정된 텍스트에 곡을 붙였다.

누구나 절망에서 벗어나 '환희'에 동참할 수 있기를

실러의 〈환희의 송가〉는 선창부와 합창부가 구분되어 교대로 나온다. 슈베르트는 이 구조를 그대로 따라 가곡 한 편을 남겼다. 그런데 음악이 자꾸 끊어져서 보다 화려하고 스펙터클한 축제를 연출하는 데 한계가 있었다. 그러나 베토벤은 실러의 텍스트를 다시 배치했다. 환희를 말하는 선창부만 따로 떼어 '환희의 주제'를 만들고, 만유의 아버지에 대해 말하고 있는 합창부를 '우주의 주제'로 따로 떼어 만들었다. 주제들은 여러 차례 변주되면서 음악적 긴장감을 증폭시키고 곡의 마지막 부분에서 모든 감성이 상승해 열광적인 축제 장면으로 이어진다.

베토벤은 본래 결혼식 축가였던 실러의 시가 누구나 이해하기 쉬운 음악이 되기를 바랐다. 수백만을 아우르는 인류를 위한 축제에 쓰일 수 있도록 말이다. 베토벤은 선율을 찬송가로 사용할 수 있을 만큼 따라 부르기 쉽게 작곡했다. 음악은 쉬운 만큼 추상적이지 않아야 했다. 어떤 의미인지 명확하게 전달되어야 했다. 그래야 누구나 절망에서 벗어나 '환희'에 동참할 수 있기 때문이다. 순수하게 음악만으로 작곡되어야 한다는 교향곡의 전통을 뒤집어 베토벤이 실러의 가사를 전격 도입한 것은 더 많은 사람들과 공감하고 소통하려는 의지에서 비롯되었다.

젊은 날의 베토벤은 이렇게 말한 바 있다.

> "작곡가가 어떤 시를 작곡하려면 그 시만큼이나 정신적으로 높이 성숙해야 한다. 그런데 누가 감히 실러를 상대로 그런 일을 할 수 있겠는가."

베토벤의 말대로 그 일은 쉽지 않았다. 환희의 주제를 품은 지 20여 년. 베토벤은 마침내 해냈다. 베토벤이 해낼 수 있었던 것은 실러의 감사와 환희가 결혼식 축시로 세상 밖으로 나왔기 때문이다. 더불어 감사와 환희가 청각을 잃은 음악가 베토벤을 절망에서 구원해주었기 때문이다. 감사와 기쁨의 표현은 아무리 해도 모자람이 없다. 베토벤의 곡이 독일어를 모르는 전 세계 사람들을 절망에서 건져 환희의 세계로 이끌어주고 있는 것만 보아도 그 이유는 충분하다.

함께 들으면 좋은 음악

| **슈베르트 : 〈환희에게〉 D 189** |

바리톤 : 디트리히 피셔 디스카우 | 피아노 : 제럴드 무어

| **베토벤 : 교향곡 제9번 〈합창〉 Op.125, 제4악장** |

지휘 : 다니엘 바렌보임 | 소프라노 : 안나 사무일 | 메조소프라노 : 발트라우트 마이어 |

테너 : 미하엘 쾨니히 | 베이스 : 르네 파페 | 영국국립청소년합창단 | 서동시집 오케스트라

함께, 자유롭게, 꿈을 꾸다
파리의 문화살롱

외젠 들라크루아Ferdinand Victor Eugène Delacroix의 그림 〈민중을 이끄는 자유의 여신〉은 프랑스대혁명의 이상과 시민의 연대를 상징적으로 보여준다. 그림 속 자유의 여신은 오른손에는 프랑스의 깃발을, 왼손에는 총검을 들고 선두에서 전쟁을 지휘한다. 자유를 향한 급진적이고 진취적인 이미지다. 하지만 자유의 여신은 동시에 두 젖가슴을 드러냄으로써 이 전쟁이 단지 정복을 위한 것이 아니라 쓰러진 민중을 다시 품에 안기 위한 싸움이라는 메시지를 담고 있다.

들라크루아가 그려낸 자유의 여신은 파리의 문화살롱에서 실제 모습을 찾을 수 있다. 진취적이면서도 문화의 어머니 역할을 자처한 여성들이 바로 그들이다. 동유럽의 문화 수도가 오스트리아의 빈이라면, 서유럽의 문화 수도는 파리였다. 파리는 혁명과 자유사상의 본산으로서 진보적인 지식인과 예술가들이 오스트리아보다도 더 강렬한 개인적 연대로 엮여 있었다. 예술적 관계의 중심에는 문화살롱이 있었고, 구심점이 되는 인물은 조르주 상드George Sand였다.

조르주 상드는 흔히 쇼팽Fryderyk Franciszek Chopin의 연인이자 팜므파탈로 그려지곤 한다. 하지만 그녀는 빅토르 위고와 오노레 드 발자크의 칭송을 들은 작가로, 자유와 평등사상을 문학 속에 담은 사회소설의 대가며 노동운동의 선구자였다. 사회적 약자를 돕기 위해 편견과 경계선을 넘은 헌신적 지식인이기도 했다. 당시 파리에는 이상은 높지만 현실적으로 어려움을 겪는 무수한 예술가들이 있었다. 이상과 현실의 괴리는 그들을 고독하게 만들었고, 같은 이상을 꿈꾸는 동료들을 찾게 만들었다.

그래서 파리의 예술가들은 서로를 돕는 데 인색하지 않았다. 피아노의 대가 리스트는 작곡가 베를리오즈를 금전적으로 도왔고, 변방 폴란드 출신의 쇼팽을 파리 사교계에 소개하기도 했다. 조르주 상드는 병약했던 쇼팽의 예술혼을 지켜내려는 모종의 사명감을 느끼고 10년간 그의 뮤즈가 되었다. 상드와 결별한 뒤에는 들라크루아가 쇼팽의 곁에 남아 더없이 친밀한 우정을 나눴다.

자유가 있는 새로운 세상에서
함께 꿈을 꾸는 것

이상이 높은 만큼 그들은 고독했고, 고독한 만큼 서로 의지했다. 높은 이상은 세상의 편견을 키웠고, 고독은 때로 그들을 병들게 했지만, 그들이 한자리에 모여 삶을 나누었을 때 숱한 예술 작품이 탄생되었다. 꿈꾸기는 했으나 현실에서는 쟁취하지 못한 자유가 그들의 음악에 담겼다. 때로는 화려하고 때로는 극히 섬세한 '파리지앵'의 음악을 들으며 그들의 고독과 꿈 속으로 함께 들어간다. 아직 현실에서 맛보지 못한 자유를 꿈꾸고 그것을 음악에 담아냈다.

쇼팽이 피아노곡에 담아낸 것도 새로운 자유였다. 비록 마주르카, 왈츠, 폴로네이즈 같은 춤곡의 이름을 달고 있지만, 쇼팽의 피아노는 이전에 양식화된 춤곡에서 벗어난다. 바로 내면의 춤이자 상상력의 춤이다.

쇼팽은 가장 고독한 악기이자 가장 간접적인 기계인 피아노 건반 위에서 이전에는 존재하지 않던 새로운 서정을 경험하도록 해주었다. 그의 기교는 과시적이지 않았다. 과거, 극의 내용과는 유리된 채 보여주기식 과시로 점철되었던 오페라 아리아들과 근본적으로 다르다. 쇼팽의 피아노 음악은 새로운 표현 가능성을 찾아내려는 자유의 몸짓에서 자연스럽게 피어난 것이기 때문이다. 그래서 쇼팽의 영롱한 기교는 쇼팽 특유의 서정적 감성과 모순을 일으키지 않는다. 여전히 살아 있는 자유의 몸짓과 현실의 우울이 쇼팽의 음악 속에 흐르고 있다.

리스트가 파리 시절에 남긴 프랑스 가곡들에도 예술가들이 꿈꿨던 자유와 사랑, 그리고 고독이 묻어난다.

오, 내가 잠들었을 때, 내 침대로 와 줘요.
로라가 페트라르카에게 다가갔듯이.
그대 내게 올 때, 그대 숨결로 날 만져 줘요.

내 닫힌 입술이

단번에 열리도록!

내 침울한 얼굴 위에는 아마 너무 오래도록

어두운 꿈이 드리워져 있었을 거요.

별빛 같은 그대의 눈길로 그것을 걷어 줘요.

내 꿈이 따스한 빛으로

단번에 반짝이도록!

그러면 광택이 감도는 내 입술 위로

하나님 순수하게 지켜주신 사랑의 광휘가

입맞춤으로 자리하고, 천사는 여인이 될 거요.

그리고 내 영혼은

단번에 깨어날 거요!

빅토르 위고의 시로 쓴 이 가곡은 리스트의 멜로디에서 가장 아름다운 작품 가운데 하나다. 여기서 위고는 단순히 한 여인과 나누는 로맨스를 말하는 데 그치지 않는다. 그녀는 생명의 숨결이자, 어둠을 걷어내는 별 빛이며, 천사였던 존재, 곧 이상을 품고 있는 여인이다. 살롱에서 그들이 예술 작품 속에 담아놓은 사랑은 바로 이런 것이다. 자유가 있는 새로운 세상에서 함께 꿈을 꾸는 것. 그리고 그러한 꿈을 끝내 잃어버리지 않으려고 서로를 열정적으로 끌어안았다.

예술가는 결코
꿈꾸기를 멈추지 않는다

함께, 자유롭게, 꿈을 꾼다. 사실 이것이 우리가 알고 있는 낭만주의의 지향점이었다. 낭만주의, 즉 로맨틱은 '로만roman을 지향한다'는 의미다. 로만이란 라틴어의 반대 개념으로서 배우지 못한 이들의 입말인 '민중어'를 뜻하는 말이었다. 학문을 배우지 못한 로만어로 된 이야기들은 주로 사리에 맞지 않는 환상이나 꿈, 괴담 등의 내용이 많았다. 곧 낭만주의란 단순히 감정이 풍부한 것을 말하는 것이 아니라 현실을 넘어서 꿈꾸는 민중을 지향한다는 의미다. 19세기, 혁명을 꿈꾸던 낭만주의 예술가들이 꿰뚫어 본 것도 바로 그 지점이었다. 민중의 환상은 그저 유희적인 베짱이 놀음이 아니라 더 나은 현실을 상상하고 갈구하는 일종의 저항적인 생각이었다.

현실 앞에 예술은 늘 무력하다. 쇼팽도 현실을 뒤바꿀 수 없는 예술의 유약함이 어떤 것인지 잘 알고 있었을 것이다. 결핵으로 콜록대면서 피아노나 두들기는 음악가가 과연 현실을 뒤바꿀 수 있겠는가. 금방 찾아올 것 같았던 자유·평등·박애의 세상은 이미 물 건너간 것처럼 보였고, 혁명이 실패로 돌아간 뒤 왕들은 더 엄격한 잣대로 사상을 검열했다.

그럼에도 예술가는 결코 꿈꾸기를 멈추지 않는다. 현실에서 좌절을 겪을수록 그는 또한 끝없이 꿈을 꾼다. 그리고 꿈의 내용을 그들의 예술 작품 속에 담아 놓는다. 꿈은 아름답다. 이 아름다움으로 인해 시간을 견디고 살아남는다. 그리하여 그들의 꿈은 오랜 세월이 지난 뒤 우리에게까지 전달된다. 그들이 꿈꿨던 자유를 현실에서 누리고 있는 우리들은 이제 그들의 꿈을 도리어 기념하며 아름다움을 함께 누린다. 그러나 우리가 지금 누리는 그들의 아름다움은 모종의 책임 의식을 요구한다. 쇼팽의 음악은, 리스트의 멜로디는 우리에게 이렇게 묻고 있다.

당신은 더 나은 현실을 꿈꾸고 있는가. 그 꿈을 위해 살아가고 있는가.

함께 들으면 좋은 음악

| 쇼팽 : 〈전주곡〉 Op.28 No.17 |
피아노 : 조성진

| 리스트 : 〈오 내가 잠들었을 때〉 |
소프라노 : 디아나 담라우 | 피아노 : 헬무트 도이치

슈베르트를 키운 8할의 친구들

슈베르티아데

많은 사람들이 클래식 음악을 일종의 '귀족 문화' 내지는 사치스러운 여흥 정도로 이해한다. 오해다. 바흐 이래로 뭇 사람의 사랑을 받은 명작은 거의 대부분 시민 예술가에 의해 탄생했다. 특권과 부는 핏줄에 의존하여 살아가는 이들에게 있었다. 시민 예술가들에게는 다른 것이 있었으니 그것은 근면과 성실, 그리고 자유를 향한 절박함이었다. 새 시대의 예술은 그러한 진실된 근면에서만 나올 수 있었다. 이 글을 읽는 당신도 하루하루 부지런하고 절실하게 살아갈 것이다. 그렇다면 클래식 음악을 쓴 예술가들은 귀족들보다는 여러분과 더 많이 닮아 있다.

화가 모리츠 폰 슈빈트는 작곡가 슈베르트^{Franz Peter Schubert}의 친구였다. 그가 그린 슈베르트의 얼굴은 통상적인 초상화 대신 한 장의 가벼운 스케치로 남아 있다. 오스트리아 빈 교외의 한 선술집에서 기분 좋게 건배를 나누는 그의 모습은 격식도 허물도 없는 동네 친구 그대로다. 음악사를 장식한 위인이라는 타이틀을 떼고 보면 우리 주위에서 흔히 만날 수 있는 평범한 한 인간의 모습이다. 다소 많은 양의 술과 야식을 즐겼고, 경제관념이 희박해 늘 친구들의 걱정거리 순위에 올랐던 녀석. 경제 여건이 풍족하거나 여유를 부릴 만한 대책을 세워놓지 않았으면서도 돈이 급하게 필요한 친구에겐 제일 먼저 자기 주머니를 털었다는 의리의 사나이. 전날 밤에 무엇을 했건 아침이면 예외 없이 작곡에 몰두했던 약간 독한 구석도 있는 녀석. 인간적으로 보자면 어딘가 허술하지만 왠지 좀 잘 풀렸으면 싶은, 말 없고 온순한 친구 슈베르트의 모습이다. 신화적으로 치장되기에는 사람 냄새를 너무 많이 풍기는 인물이다.

이 대목에서 슈베르트는 중대한 의미를 지닌 작곡가다. 음악가 집안의 모든 유산을 물려받은 바흐, 누가 보아도 이 세상 사람 같지 않던 신동 모차르트, 평범함은 눈을 씻고 보아도 찾을 수 없던 베토벤과 달리 슈베르트는 범상함 속에 은은히 빛나는 진주였다. 왕과 귀족이 아니라 보통사람들이 키워 세상에 내놓은 첫 번째 시민 예술가가 바로 슈베르트다.

19세기 문화살롱 슈베르티아데

슈베르트를 키운 것은 8할이 친구들이었다. 음악을 좋아했던 슈베르트와 달리 그의 아버지는 아들이 교사가 되길 원했다. 음악을 해서 어떻게 먹고사느냐는 아버지의 말은 그때나 지금이나 반박하기가 어렵다. 그런데 이때 슈베르트의 편에 선 사람들이 바로 친구들이었다. 아홉 살 연상의 친구 슈파운은 어린 슈베르트를 오페라 극장에 처음 데리고 갔고, 남몰래 오선지를 사주었으며, 연주 자리를 주선하고 악보 출판을 위해서도 애를 썼다. 1816년에는 이 젊은 작곡가에게 연줄을 만들어주려고 괴테에게 장문의 추천 편지 쓰기를 자청하고 나섰다. 비록 괴테의 응답을 받지는 못했지만 말이다.

시인 쇼버는 가출 후 갈 곳이 없던 슈베르트를 집에 재워주기도 했다. 더욱 중요한 것은 그가 슈베르트의 '북소믈리에Book Sommelier' 역할을 했다는 점이다. 나이가 어렸던 슈베르트가 괴테와 실러뿐 아니라 당시 낭만주의 시인들의 작품들까지 폭넓게 섭렵할 수 있었던 것은 쇼버의 조력 덕분이다. 게다가 쇼버는 포글이라는 최고의 성악가를 슈베르트에게 소개해주었다. 다채로운 해석력으로 소문 난 바리톤 포글은 자신보다 거의 30년 아래의 젊은 작곡가에게 금방 매료되었다. 그래서 은퇴 결정을 번복하고 슈베르트 작품을 열심히 소개하기 시작했다.

시인 마이어호퍼는 슈베르트의 예술적 동반자가 되었는데, 슈베르트는 그의 시 47편에 곡을 붙였다. 이는 괴테 시 57편(반복 작곡 포함 70곡 이상)에 이어 두 번째에 해당하는 분량으로, 슈베르트와 마이어호퍼가 얼마나 예술적으로 공감한 사이였는지를 보여준다.

슈베르트에게는 화가 친구들도 많았다. 만일 그들이 없었더라면 빈의 슈베르트 박물관(생가)은 슈베르트의 유명한 안경만 달랑 전시된 아주 휑한 곳이 될 뻔했다. 평생 자기 집은커녕 자기 피아노, 자기 가구 하나를 가져보지 못한 터라 전시할 유품이 별로 없었던 것이다. 하지만 슈빈트나 리더, 쿠펠비저 같은 화가 친구들이 열심히 그의 얼굴을 그려준 덕에 걸어놓을 그림이라도 생겼다. 그나마 다행한 일이 아닌가.

이처럼 사람 냄새를 진하게 풍기는 친구들이 슈베르트를 중심으로 모이기 시작했는데 그것이 바로 '슈베르티아데Schubertiade'다. 한 친구의 집에 모여 슈베르트가 그들에게 자신의 곡을 들려주고, 음악과 함께 사색과 담소로 기분 좋은 저녁 시간을 보냈다. 가곡이 가정용 음악이라는 폄하를 받던 시절, 슈베르티아데는 슈베르트의 가곡을 선보이는 분출구의 역할을 했다.

하지만 그들이 모여서 음악만 들은 것은 아니었다. 슈베르티아데는 독서토론회에 가까웠고 시대와 예술에 대한 다양한 관점이 오고 가는 자리였다. 음악가, 시인, 화가만이 아니라 부유한 시민도 이 모임에 힘을 보태주었다. 이처럼 다양한 사람, 다양한 예술이 한자리에 모인 슈베르티아데는 19세기 문화살롱의 가장 대표적인 사례가 된다.

우리에게 진정한 슈베르티아데가 있는가

슈베르트의 음악은 신적 능력을 부여받은 예술가가 일방적으로 베푸는 시혜가 아니었다. 고립된 천재는 더욱 아니었다. 그는 친구들과 함께했고, 시민사회 속에서 더불어 자라났다. 어쩌면 슈베르트는 슈베르티아데에서 더 많은 것을 받았는지도 모른다. 그를 가장 많이 후원한 사람은 그를 아끼고 사랑한 보통 사람이었다.

예술가와 시민의 상생과 공존은 여전히 빈약한 우리 예술계 저변을 다시금 떠올리게 한다. 예술을 전공하는 학생들이 국내 몇몇 전문학교를 거쳐 유학을 다녀와서 그들만의 음악을 하고 있는 게 현실이다. 사회로부터 철저하게 고립되는 것이다. 음악가의 친구들은 음악가들뿐인 경우가 너무 많다. 대중의 입장에서는 예술가란 너무나 먼 존재고 어려운 사람이다. 각자의 세상에 살다 보니 서로의 삶을 이해하기 어렵다.

슈베르트가 살던 시절을 현대로 옮기면 예술가와 회사원이 서로 존중하며 교류하는 것과 비슷하다. 예술가는 시민이 꿈꾸는 자유와 환상이라는 이상 세계를 미적으로 경험하게 해주었다. 대중은 예술가를 삶의 비전을 알려주는 존재로 보고 고마워했다. 이런 자세는 오늘을 사는 우리에게도 절실하다. 예술에는 예술가의 이야기만 담겨서는 안 된다. 정시 퇴근이 무개념이고 감정노동이 일상이며 '나는 누구, 여기는 어디'라는 질문의 여유조차 누리기 어려운 보통 사람의 삶이 담겨야 한다.

예술가를 베짱이라고 손가락질해서는 안 된다. 개미들은 먹을거리를 모을 때 그들이 일용할 감정의 샘을 비축한다. 사회가 메말라 본래 물로 이루어진 인간이 인간다움을 잃어버릴 때, 예술가는 우리가 인간다움을 되찾을 수 있도록 습기를 공급한다. 그런데 어찌 예술가를 놀고먹는 베짱이에 비유하며 쓸데없는 존재라고 폄하할 수 있는가. 이제 우리도 진정한 슈베르티아데를 만들어야 한다. 예술가와 시민이 친구가 되어야 한다. 그럴 때 비로소 우리는 쇼버가 시를 쓰고 슈베르트가 곡을 붙인 〈음악에게〉가 무엇을 말하는지 진정으로 이해할 수 있을 것이다.

> 너 마음씨 고운 예술이여, 얼마나 많은 잿빛 시간들,
> 황량한 삶의 쳇바퀴가 날 마구 휘감던 그때,
> 바로 네가 따스한 사랑 되도록 내 맘 불 밝혀주어,
> 더 나은 세상 황홀경으로 날 보내 주었구나!
>
> 너의 하프에서 때때로 한숨 하나 흘러나오고,
> 너에게서 달콤하고 성스러운 화음이 나와
> 더 나은 시절, 그 하늘을 내게 열어 제쳤으니,
> 너 마음씨 고운 예술이여, 나는 네가 참 고맙구나!

함께 들으면 좋은 음악

| **슈베르트 : 〈음악에게〉 D 547** |

테너 : 프리츠 분덜리히 | 피아노 : 후베르트 기젠

형편없는 시골 음악가처럼 연주할 것

말러의 뿔피리 가곡과 교향곡

그는 보헤미아 어느 선술집의 첫째 아들이었다. 풍족하지는 않지만 먹고살 정도의 가정 형편이었다. 그러나 아버지가 어머니를 손찌검하는 폭력을 목도했으며, 엄마의 숨죽인 울음소리가 문 너머 술집에서 들려오는 흥겨운 노랫소리에 금세 가려져 버리는 그런 집안 분위기였다. 소년이 엄마를 위해 할 수 있는 일은 없었다. 자기를 좋아하던 동생이 갑작스런 열병으로 죽어갈 때도 마찬가지였다. 왁자한 동네 사람들의 건배 소리를 뚫고 동생의 작은 관이 바깥으로 나갔다. '세상은 저렇게 흥겹고 떠들썩한데 죽음과 슬픔은 저리도 고요하구나…….' 아이의 멍한 표정 밑에는 슬픔과 무력감이 가만히 새겨졌다.

아버지와 어머니가 심하게 다툰 어느 날, 극도의 무서움에 집을 뛰쳐나와 한참을 정신없이 달리던 소년 앞에 이름 모를 음악소리가 들려온다. 허름한 풍각쟁이, 슬픈 듯 익살스러운 듯 세상만사가 뒤죽박죽 섞인 민속음악이 거리 악사의 깽깽이에서 울려 퍼진다. 소년의 마음속에 그 소리가

생생하게 각인되기 시작했다. 예술적 황홀경과 저급한 감상이 뒤섞인 잡
종의 멜로디. 그러나 그에게 평생 말할 수 없는 위로를 전해준 음악이었
다. 장성해 음악가가 된 그 소년이 바로 구스타프 말러Gustav Mahler다.

삶의 부조리를 꿰뚫어 보는
이방인의 시선

말러는 훗날 세계의 음악 수도 빈 오페라의 지
휘자가 되었다. 그저 뛰어나다는 수식어로는 부족한 위대한 지휘자였다.
그의 경력에 필적할 수 있는 이는 후대의 제왕 카라얀 정도밖에 없을 정
도로 최고였다. 하지만 그는 여전히 이방인이자 방랑자였다. 오스트리아
에서는 보헤미안 촌뜨기로, 독일에서는 구닥다리 오스트리아 사람으로,
유럽 어디를 가든 해충 같은 유대인이던 그는 삼중의 이방인이었다.

늘 뿌리가 뽑힌 듯한 감정을 품고 살았기에 마음속의 허전함을 달래기
위해 말러는 일 중독에 빠져들었다. 그는 봉을 휘두르며 지휘하고, 지휘
하고 또 지휘했다. 그러나 지휘만으로는 채워지지 않았다. 자신의 이야
기를 어떻게든 표현하고 싶었다. 오케스트라를 속속들이 알고 있는 지휘
자로서, 삶의 부조리와 요지경을 꿰뚫어 볼 줄 아는 이방인으로서 그는
지금껏 존재하지 않은 새로운 음악을 써 내려가기 시작했다.

네덜란드의 지휘자이자 피아니스트였던 빌렘 멩엘베르흐는 이렇게 말
했다.

"바흐 음악의 핵심이 코랄chorale(독일 프로테스탄트 교회 특히 루터파의 찬

송가)이라면, 말러 음악의 핵심은 민요다."

말러 음악의 핵심이 민요라는 말을 이해하려면 민요집 《소년의 마술
뿔피리Des Knaben Wunderhorn》를 먼저 알아야 한다. 독일어권에서는 괴테시
대 때부터 이미 민요운동이 활발하게 벌어졌다. 민족의 혼과 얼이 민요
에 담겨 있다고 여겼기 때문이다. 낭만주의시대에 이르러 시인이자 소
설가인 아힘 폰 아르님Achim von Arnim과 시인 클레멘스 브렌타노Klemens
Brentano는 구전으로, 전단으로, 신문 지면으로 떠돌던 민요를 한데 모아
책으로 엮었는데 이게 《소년의 마술 뿔피리》였다.

민요집은 출간 후 대단한 호평을 받았다. 특히 음악가들에게 많은 영
향을 주었는데, 편저자인 아르님과 브렌타노가 책에 실린 민요를 '진짜'
노래로 다시 불렀으면 좋겠다는 희망을 공공연하게 밝혔기 때문이었다.
그 덕분에 책은 당시 베를린의 궁정악장이요 가장 이름난 가곡 작곡가
라이하르트Rei´chardt에게 헌정되었다. 괴테 역시 긍정적으로 서평을 썼으
며 이 책은 '작곡가와 음악 애호가의 피아노 위에 올려놓는 것이 제격일
것'이라고 덧붙인다. 평소 낭만주의자들을 비판했던 하이네 역시 책에
깃든 생생한 감정과 순수한 '노래다움'을 칭찬했다. 그리하여 멘델스존,
슈만, 브람스 등 많은 작곡가들이 민요집에 곡을 붙이기 시작한다. 그런
데 그들의 '뿔피리 가곡'들은 대개 관습대로 단순성의 이상을 보여주는
'민요풍의 가곡'들이 대부분이었다. 책에 있는 가사 가운데 가장 유명한

것은 브람스가 작곡한 〈자장가〉다. 따라 부르기 쉽고 어린이들이 불러도 좋을 만큼 순수한 내용, 그것이 곧 민요의 미덕이라 여겼다.

진짜 세상의 모습을
예술 안으로 끌어들이다

《소년의 마술 뿔피리》가 출간된 지 반세기가 흐르자 민요는 다시 하나의 이상으로 굳어지고 있었다. 소위 민요라는 것은 단순한 형식과 교훈적인 어조, 독일적인 생활상과 건전한 시민사회의 가치를 보여주는 노래라는 식의 학문적 정의가 내려졌던 것이다. 일반인들도 따라 부르려면 쉬워야 하고, 해롭지 않으려면 교훈적이어야 한다 등의 제약을 하나씩 더하다 보니 세상사 시시콜콜한 이야기들을 죄다 읊조린다던 민요는 점차 아르님과 브렌타노가 처음에 의도했던 생생함과 직접성을 잃어버렸다. 부르주아 가정에서나 소용될 음악 소비상품이 되어버린 것이다.

그러나 현실주의자 말러가 이해한 민요는 달랐다. 늘 변화하고 첨가되고 새로워질 수 있는 노래요, 그 어떤 이념보다 실제적인 삶의 감정을 반영하는 노래여야 했다. 그는 선배 작곡가들이 생각하지 않았던 '기묘한' 텍스트에 곡을 붙이기 시작한다. 아름답고 예쁘고 천진한 시는 다 제쳐두고 진짜 밑바닥 인생들의 처지를 그려낸다.

"엄마, 엄마, 나 배고파요.

빵 주세요, 아니면 나 죽어요."

"조금만 참으렴, 이쁜 내 새끼!

내일 되면 우리 얼른 빵 구워 먹자."

그리고 빵이 다 구워졌을 때

아이는 관 속에 누워 있었다.

– 〈밑바닥 인생〉

굶어 죽는다, 납치당한다, 사기당한다, 군대에 끌려간다, 돈이 없어 사랑을 놓친다……. 노래는 그들이 처한 진짜 삶의 모습을 불편할 정도로 솔직하게 담아내고 있다. 여기에는 당연히 사회에 대한 통렬한 비판이 추가된다. 알아도, 배워도, 고쳐지지 않은 나쁜 근성을 이렇게 비꼰다.

설교는 그렇게 은혜로웠는데!

모두 그냥 그대로라네!

– 〈파두아의 성 안토니우스의 물고기 설교〉

이처럼 말러의 〈뿔피리〉 가곡들은 이상적 도식을 까발린다. 그리고 "실제 민중의 삶은 어땠을까?" 하는 물음을 제기한다. 그러니 군인 → 충성심 → 충성심 고양의 행진가, 연인 → 사랑 → 이상적인 헌신에 대한 찬미 등의 전형적인 이미지를 벗어난다. 그는 군인을 그릴 때 탈영병의 노래를 쓰고, 연인에 관한 가곡은 사랑하는 연인의 다툼이나 어쩔 수 없는 이별을 그린다. 그동안 잘 다뤄지지 않던 현실적인 인간군상이 모습을 드러낸다. 세상엔 아름답고 바람직한 것뿐 아니라 추하고 어그러진 것들도 가득한데, 실은 이것이 진짜 세상의 본모습이라는 데 주목하고 이를 예술 안으로 끌어들인 것, 바로 이것이 말러 음악의 현대성이다.

말러 가곡의 주인공은 영웅이나 예술가가 아니라 별로 눈에 띄지 않는 평민이다. 그래서 말러의 노래들은 때때로 군악 같기도 하고, 촌 동네의 경로당 음악 같기도 하고, 저급한 유행가 같기도 하고, 교회 성가대 노래 같기도 하다. 대립과 충돌이 전면에 부각된 음악, 신랄한 반어와 독기가 숨겨진 유머가 동반된 음악. 그러나 힘없는 사람들이 실제로 느끼는 박탈감과 좌절감을 담아내려면 세상이 정말로 질서 있게 돌아간다는 조화의 이상에서 벗어나야 했다. 그런데 우리는 이상하게도 말러의 좌충우돌한 음악에서 묘한 위로를 받는다.

말러는 이와 같은 민요의 정신을 교향곡에까지 이식한다. 말러 교향곡 제1번의 3악장, 제2번의 3·4악장, 제3번의 5악장, 제4번의 4악장 등은 모두 민요, 혹은《소년의 마술 뿔피리》에 기반을 두고 있다. 그의 제1번 교향곡 3악장에는 이런 지시어가 있다. "형편없는 시골 음악가처럼 연주할 것." 최고의 오케스트라 단원들에게 이것이 쉬운 지시일까, 아니면 가장 어려운 지시일까? 베토벤 이후 가장 숭고한 정신성을 담아낸다던 교향곡에 저급한 유행가를 뒤섞은 말러는 덕분에 엄청난 공격을 받았지만 철학을 굽히지 않았다. 만일 세상이 시궁창과 같다면 시궁창을 잘 그려 내는 것이 예술의 사명이라고 믿었던 까닭이다.

함께 들으면 좋은 음악

| 말러 : 교향곡 제1번 〈거인〉 중 제3악장 |

지휘 : 클라우스 텐슈테트 | 시카고 심포니 오케스트라

절대 잊지 않겠다는 다짐

쇤베르크의 〈바르샤바의 생존자〉

"아우슈비츠 이후에 시를 쓴다는 것은 야만적인 일이다."

아도르노의 이 말은 전후 예술의 딜레마를 단적으로 보여준다. 두 번의 참혹한 전쟁은 인간성과 아름다움에 대한 믿음을 무참히 짓밟았다. 인간에 대한 믿음 없이 어떻게 예술이 계속 만들어질 수 있을까. 사람들은 깊은 회의에 빠져들 수밖에 없었다.

사실 인간에 대한 신뢰는 계몽주의 이래 일어난 모든 세계사적 변화의 뿌리와도 같았다. 이 위대한 신뢰는 종교, 사상, 인종, 성별 등의 다름에 의해 행해지던 뿌리 깊은 차별을 거부하도록 만들었다. 인간은 모두 이성적 존재이므로 앞날을 스스로 결정할 능력이 있으며 이를 위해 보편적 자유가 보장되어야 한다. 그동안의 예술은 곧 이와 같은 자유와 인간성에 관한 신뢰를 표현하는 역할을 해왔다.

그러나 홀로코스트는 계몽과 혁명, 진보의 전통을 일거에 부정해버린 엄청난 역행이었다. 단지 핏줄 때문에 600만 명 이상의 유대인을 학살한 미친 짓이 철학과 예술의 고향이라고 자부해온 나라에서 일어났음을 어떻게 받아들여야 하는가. 그러므로 예술은 폐허 속에서 새로운 사명을 찾아내야 했다. 아름다움 대신 고통을 노래하는 게 필요했다. 곧 전쟁과 야만에 대한 증언과 고발을 사명으로 받아들인 것이다.

절대로 잊지 않도록
모든 유대인들에게 고함

아르놀트 쇤베르크Arnold Schonberg의 〈바르샤바의 생존자〉는 가장 인상적인 사례 가운데 하나다. 이 유대인 음악가는 역사 이래 가장 야만적인 사건이었던 홀로코스트를 충격적인 음악으로 기록한다. 원래 그는 스스로를 '불신자'라고 칭했을 만큼 유대교 전통과 무관하게 살아왔고, 당대 예술계의 일반적 경향에 따라 정치와도 일정한 거리를 두고 있었다. 하지만 그는 나치 집권 후 유대인 탄압과 학살을 직간접적으로 경험하면서 오히려 자신의 예술가적 사명을 깨닫게 되었다.

바르샤바의 봉기를 접했던 그는 쿠르트 리스트에게 보낸 편지에 다음과 같이 적는다.

'생존자'의 텍스트가 나에게 무엇을 의미하는가? 그것은 처음에는 우리에게 벌어졌던 일이 어떤 일이었는지를, 그리고 그 일이 가능하도록 얼마나 많은 사람들이 그들(나치)에게 암묵적으로 동의했는지를 잊지 않도록 모든 유대인들에게 경고하는 것을 의미한다.

　여기서 "잊지 않는다"는 것은 결코 소극적인 의미가 아니다. 그것은 곧 망각에 적극적으로 맞서서 이런 일의 재발을 막겠다는 의지의 천명이다. 예술 작품은 그러한 의지를 눈에 보이고 귀에 들리는 실체로 만들어 줄 뿐 아니라 이를 특별한 예술적 경험으로 뒤바꿔 다음 세대에 물려주는 역할을 한다.

　위안부 할머니들을 기념하는 소녀상 건립이 왜 의미를 지니는가. 위안부의 존재를 잊지 않음으로써 이런 일이 다시는 발생하지 않도록 하자는 메시지를 조각상 속에 영속적으로 보존하려는 것이다. 쇤베르크가 〈바르샤바의 생존자〉를 통해 한 일도 이와 같다. 그 내용은 다음과 같다.

　모든 것이 기억나지는 않는다. 나는 거의 대부분의 시간 동안 무의식 상태였던 것이 틀림없다. 나는 오직 그들 모두가 노래하기 시작한 그 장엄한 순간만을 기억한다. 오랫동안 우리가 잊고 있었던 옛 기도, 그것은 잃어버렸던 믿음이다! 그러나 어떻게 해서 내가 바르샤바의 시궁창 속에서 그렇게도 오랜 시간을 견뎌낼 수 있었는지는 도무지 기억할 수 없다.

　그날도 평소처럼 시작되었다. 아직 어두운데 울리는 기상나팔. 일어나라! 너희가 잠을 잤든, 걱정 근심으로 밤을 뜬눈으로 지새웠든, 너희는 지금 너희 아이들에게서 부인에게서 부모들에게서 떨어져 있고, 그들에게는 무슨 일이 일어났는지 알지 못한다. 그런데 어떻게 너희에게 잠이 올 리가 있겠는가! 다시 트럼펫 소리가 울렸다! 하사관이 소리친다.

"정신 차려! 꼼짝 마! 이제 다 됐나! 아니면 내 개머리판 맛이라도 보여줄까? 그래, 좋아! 너희가 그렇게도 원한다면!"

하사관과 그의 부하는 아무나 마구 때렸다. 젊은이건, 늙은이건, 강한 자건, 약한 자건, 죄가 있건, 무죄하건. 그들의 아프고 슬픈 신음 소리를 듣는 것은 고통이었다. 나도 매우 세게 맞았다. 너무 세게 맞아서 쓰러질 수밖에 없었다. 그렇지만 그 고통스러운 신음 소리는 내 귀에 계속 들렸다. 그리고 땅바닥에 쓰러져 일어날 수 없는 우리 모두에게 그들은 머리통 한 대씩을 더 후려쳤다.

나는 무의식 상태였음이 틀림없다. 그다음 내가 들은 것은 한 군인의 이런 말이었다. "그들은 모두 죽었습니다." 그리고 하사관은 우리를 제거하라고 명령했다. 반쯤 정신을 차린 나는 가장자리에 누워 있었고, 주위가 아주 조용해졌고, 두려움, 또 고통!

그때 나는 하사관이 명령하는 소리를 들었다. 번호! 그들은 천천히 그리고 불규칙적으로 번호를 세기 시작했다. "하나, 둘, 셋, 넷! 정신 차려!" 하사관이 다시 소리쳤다.

"더 빨리! 처음부터 다시 시작해! 1분 안에 몇 놈이나 가스실로 보낼지 알아야겠다! 번호!"

그들은 다시 세기 시작했다. 처음에는 천천히 하나, 둘, 셋, 넷. 갈수록 빨라지고 점점 빨라져 마침내 탈주하는 야생마들의 거친 말발굽 소리처럼 그렇게 빨라졌다. 그러다 갑자기, 그 한가운데서 그들은 노래하기 시작했다! 셰마 이스라엘을!

음악은 기상나팔로 시작한다. 트럼펫 소리는 군대를 표현하는 음악 상징으로 거의 굳어져 있다. 그런데 이 곡의 첫머리에 나오는 트럼펫 악구는 이미 일반적인 조성 개념이 사라진 것으로서 당당함, 군대적인 명랑함이 거세된 공포스러운 이미지다. 때때로 나오는 작은북의 연타 역시 군대나 전투 혹은 죽음을 상징한다. 특별히 쇤베르크는 이 작은북 연타를 매우 분절된 형태로 강하게 사용해서 표현의 강도를 높이고 있다. 한편 목관악기군의 트릴, 현악기군의 높은 피치카토는 마치 해골이 춤추는 것을 연상시키기 때문에 죽음의 상징으로 자주 쓰였다.

우리는 남겨진 자의
책임을 다하고 있는가

〈생존자의 음악〉은 이처럼 전쟁과 죽음의 한복

판에서 벌어진다. 거기에 독일어로 된 하사관의 무서운 외침 소리는 제2
차 세계대전을 그대로 옮겨놓은 것 같은 강렬한 효과를 보여준다. '내면
의 공포'를 증폭시키는 이러한 효과는 전쟁의 참상을 제대로 '증언'해준
다. 그러나 숨죽인 유대인들의 흐느낌과 거친 독일인 하사관의 외침이
부딪치는 팽팽한 긴장 상태는 마침내 생명에 대한 강렬한 욕구를 일깨
운다. 그들은 마지막 순간 그들이 잊고 있었던 옛 노래를 합창하기 시작
한다.

> 이스라엘아 들으라 우리 하나님 여호와는 오직 하나인 여호와시니
> 너는 마음을 다하고 성품을 다하고 힘을 다하여 네 하나님 여호와를
> 사랑하라.
>
> ─ 신명기 6 : 4~5

죽음을 앞두고 부르는 유대인들의 노래는 이디시어(중부 유럽에서 사용된
현대 유대어의 변종)로 되어 있다. 영어와 독일어를 알아듣는 청자도 이 합
창의 뜻을 이해할 수 없다. 갑작스럽게 등장하는 저항적인 합창과 낯선
언어는 듣는 이에게 모종의 두려움을 불러일으킨다. 또한 낭독과 합창의
구도는 형식적으로 설교 혹은 성경 봉독과 코랄이 결합된 칸타타를 연상
시켜 종교적 경외감을 전한다.

내용적으로도 이 부분은 '옛 기도' '잃어버린 믿음' '장엄한 순간' 등으
로 표현되었던 '생존자'의 종교적 고백이다. 곧 '생존자'는 신 앞에서 두

번 다시 반복되어서는 안 될 만행을 고발하고 있는 것이다. 음악을 듣는 청자들 역시 인류 역사에서 고통스러웠던 순간을 함께 경험하며 그들의 고통을 추념하게 되는 것이다.

　우리에게도 그렇게 기억해야 할 삶이 많이 남아 있다. 이산가족들, 위안부 할머니들, 세월호의 아이들. 그들은 지금 우리 땅에서 돌아보는 사람 없이 사라져가는 마지막 사람들일지도 모른다. 그들에 관한 기억은 우리 땅의 예술이 책임져야 할 몫이다. 바로 이것이 우리가 쇤베르크의 〈바르샤바의 생존자〉를 수용하면서 얻을 수 있는 가르침일 것이다.

함께 들으면 좋은 음악

| 쇤베르크 : 바르샤바의 생존자 Op. 46 |
내레이션 : 프란츠 마추라 | 지휘 : 사이먼 래틀 | 버밍엄 시립 교향악단

PART 4

천체와 신화

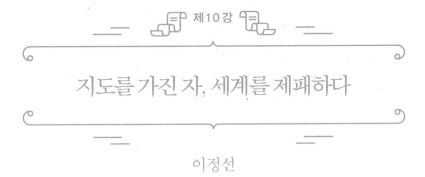

지도를 가진 자, 세계를 제패하다

이정선

조선의 문화와 고지도에 관심이 많은 국문학자. 한양대 국문과 박사학위를 마치고 혜정박물관 연구교수를 거쳐 강원대, 한양대, 상명대, 강원대, 공주대 등에 출강하고 있다. 저서로는 조선 후기 한시에 나타난 '조선풍'의 실체와 범주를 실제 작품의 양상을 통해 살피고 그 특징을 종합한 《조선 후기 조선풍 한시 연구》 등이 있다. 고려시대 서민의 애환이 담긴 고려가요를 연구한 《고려시대의 삶과 노래》는 2017년 세종도서로 선정되었다.

고지도의 매력과 유혹

"역사는 땅 위에 기록된다. 과거 인간이 지나간 모든 흔적은 땅에 남았다." 20세기 프랑스의 역사학자 조르주 뒤비 Georges Duby의 말이다. 그의 말대로 지도는 기호, 색깔로 역사적 사건의 현상을 표현한 그림이자 그 시대 사람들의 정신이 깃든 지적 유산이다.

캐나다 배핀섬 Baffin Island의 에스키모는 자신들의 주거 공간 바깥에 주술사의 힘으로 지배되는 신화적인 세계가 있다고 믿었다. 또 캘리포니아 인디언 유로크족 역시 바다 건너 다른 육지에 사람들이 살고 있다고 믿었다. 배핀섬의 에스키모나 캘리포니아의 유로크족에게 세계는 안과 밖이 분명했다. 잘 알고 있으며 사회적으로 의미가 부여된 영역과, 잘 모르지만 외부에 존재하는 미지의 영역으로 구분된다. 외부의 공간은 상상력에 기대 이해하고 개척해나갔다. 이처럼 상상력으로 확장한 공간은 인류에게 미지의 세계에 대한 개념을 바꾸는 계기를 마련해주었다.

세계관과 역사를 품은
상상력의 보고

아주 오래전부터 사람들은 땅에 관심을 갖고 지도를 만들기 시작했다. 옛날 사람들이 만든 지도에는 그 시대 사람들의 생각과 소망이 담겨 있다. 인류가 머물렀던 지리적 한계에도 불구하고 지도는 당시 세계를 어떻게 상상하고 이해하려 했는지 짐작할 수 있는 단서를 제공해준다.

그리스의 천문학자이자 지리학자인 프톨레마이오스Claudius Ptolemaios 는 150년경 《지리학geography》을 썼다. 총 8권으로 구성된 책의 지도를 보면 당시 유럽인에게 알려진 세계의 범위와 8천여 지점의 위치를 좌표로 열거했으며, 26개 지역에 대해 설명하고 있다. 고대 로마와 페르시아의 지명 사전과 저서, 여행자들의 기록을 바탕으로 그리다 보니 지중해에서 북서 유럽까지의 지역은 비교적 정확하고 자세히 나타나 있다. 하지만 다른 지역은 정확하지 않다. 동서가 남북보다 길고 인도보다 스리랑카가 더 크게 표현되어 있다. 아프리카가 남극과 붙어 있으며, 아시아는 인도와 중국까지만 그려져 있어 우리나라와 일본은 지도에 존재조차 하지 않는다. 하지만 이 지도에서 사용한 축척, 기호, 방위는 오늘날에도 사용된다. 거리를 측정하기 위한 과학적인 도구가 없었던 점을 감안하면 이런 지도 제작은 경이로운 일이다. 지구 둘레에는 방위를 나타내는 12명의 신이 바람을 부는 모습을 그려넣었다. 이들에 의해 지구가 공중에 떠 있다고 생각한 것이 흥미롭다.

중세 유럽인들은 유럽을 세상에서 가장 중요한 땅이라고 생각했다. 그리고 다른 곳에 어떤 모양의 땅이 있는지, 어떤 사람들이 사는지 궁금해 했다. 그래서 지도의 중심에 유럽을 그린 후 주변에 아프리카, 아시아를 상상해서 그린 지도를 만들었다. 중세시대의 〈T−O 지도〉가 대표적이다. 이 지도에는 나일강, 돈Don 강, 지중해에 의해 T자형으로 분할된 세 개 대륙(아시아, 유럽, 아프리카)의 둘레를 둥근 O자형의 큰 바다가 둘러싸고 있다. 이 원형의 세계는 성지 예루살렘이 세계의 중심에 위치한다는 것을 보여준다. 중세 유럽인들은 《성경》에 나오는 이야기를 지도에 표현했다. 이는 신의 가르침과 깨달음을 지도에까지 반영하려는 것이었다. 또한 유럽인들은 신을 이 세상의 주인이라고 생각하며 동경했다. 그래서 신화에 나오는 제우스나 아폴론, 포세이돈과 같은 신들의 이야기까지 지도에 담았다.

이처럼 고지도는 사람들이 세계를 어떻게 이해했는지 보여주는 값진 유산이다. 지도는 조망할 수 없는 세계에 대한 종합적인 인식을 담아내려는 상상력과 함께 그려지고 읽힌다. 다만 지도의 상상력은 다른 예술 분야와 달리 정보와 공유를 전제로 한다. 타인과 공유되지 않고 타인이 인정할 수 없는 정보로 제작된 지도는 지도 본연의 기능을 잃기 때문이다.

보이는 세계와
보이지 않는 세계의 공존

　　　　　　　현재까지 남아 있는 고지도는 인류가 상상한 세계를 담아낸 특별한 앨범이다. 지도는 동시대인들과 소통을 전제로 하지만 과거를 상상하고 미래를 꿈꾸는 오늘의 시점에서 또 다른 소통의 차원을 열어준다. 고지도에는 땅과 바다의 위치뿐만 아니라 각 시대를 살았던 사람들의 세계관과 역사가 그대로 녹아 있다. 한 장의 지도 속에는 나라와 민족의 흥망성쇠가 있고, 환상과 꿈이 있다. 사람들은 미지의 새로운 세계를 발견할 때마다 지도에 추가했고, 지도는 역사가 됐다. 따라서 고지도는 오늘날 우리가 알고 있는 것처럼 세계를 있는 그대로 정확히 그려낸 것이 아니다. 정확한 세계지도는 근대에 이르러 교통과 항해술이 발달하면서 지리 정보가 축적된 뒤에야 가능했다.

　　독일 철학자 하이데거Martin Heidegger는 "예술 작품은 하나의 세계를 건립하면서 대지를 설립한다"고 말했다. 예술 작품은 어떤 의미나 가치를 보여주려 하는 동시에 그것을 감추려 한다는 의미다. 그런데 예술 작품의 세계를 만들어내는 주체는 제작자가 아니라 예술 작품을 바라보는 사람의 안목과 상상력에 있다. 예술 작품의 의미는 한 가지로 규정된 것이 아니라 예술 작품을 만나는 사람의 인식에 의해서 다양하게 창출되기 때문이다.

　　하이데거는 예술 작품을 말했지만 이러한 속성은 모든 사물에 내재되어 있으며 고지도에도 그대로 적용된다. 한 점의 고지도에는 표시된 세계와 표시되지 않은 세계 사이의 갈등과 대립이 있다. 지도가 그려지고 유통되던 시대와 나 사이에는 수백 년의 시간이 놓여 있다. 그러니 고지도를 해석하는 것은 표시된 세계와 표시되지 않은 세계 사이의 갈등을 읽어내는 일이고 넓은 바다를 건너 미지의 세계를 찾아가는 것과 같은 행위다. 귀한 것은 언제나 눈에 잘 보이지 않는 법이다. 물 위로 보이는 빙산의 일각에만 눈길을 빼앗기면 보이지 않는 물 아래 빙산을 놓치게 된다. 지도에 표시된 선과 문자와 그림은 표시되지 않은 더 넓은 세계로 안내하는 이정표일 뿐이다. 실상 우리를 유혹하는 것은 여백으로 처리된 세상이다.

사방이 고요하고 마음이 차분해지는 저녁이나 깊은 밤, 여러분의 책상 위에 한 장의 지도를 올려놓는다고 상상해보라! 빛바랜 종이 위에 굵고 가는 불규칙한 선들이 땅의 모양을 만들고 그 안에는 산과 강, 도시와 성이 자리 잡았다. 그 사이에 낯선 글자들이 놓였는데 대부분 나라나 마을, 산과 강의 이름이다. 때로는 동물과 괴물, 그리고 신도 한자리를 차지하고 있다. 한참을 응시하고 있으면 종이 위에서 문이 열려 중무장한 군사들이 여러분을 끌고 들어가거나, 아름다운 여인이 맞이하기도 할 것이다. 지도와 나 사이에 아무런 간격이 없는 물아일체의 경지에 이르는 것을 느낄 때, 침묵하는 듯한 지도 속에서 수많은 의미를 만날지도 모른다. 고지도의 침묵은 끝 모를 깊이와 광대한 너비의 표현인 셈이다. 여기에 고지도의 매력이 있다.

한눈에 보는 세계지도의 역사

"지도를 가진 자 세계를 제패한다." 문명의 시작부터 현대에 이르기까지 인류의 흔적은 모두 지도 위에 나타나 있다. 찬란했던 문명은 흥망성쇠의 길을 걸으면서도 산맥을 넘어 미지의 땅을 개척하고, 더 멀리 더 빨리 하늘을 날려던 인간의 첫 도전도 지도 위에 남았다. 이제 새로운 세상을 향해 떠났던 인간의 상상력은 지구 너머 우주로 확장되고 있다.

원시 인류가 동굴에서 생활하던 시절, 인간은 어느 산에서 어떤 열매를 주울 수 있는지, 또 어느 지역에 어떤 동물이 살고 있는지 동굴 벽에 그려놓았다. 이러한 그림은 생명을 유지하기 위한 중요한 행위이자 인류가 지구 표면에 남긴 최초의 지도가 된다. 이런 바위 지도는 지금도 세계 도처에서 발견되고 있다. 1931년경 이라크 키르쿠크 근처에서 발굴 작업을 하던 고고학자들에 의해 발견된 바빌로니아시대의 점토판 지도가 있다. 점토판에는 두 개의 산과 수로, 마을이 그려져 있고 쐐기 문자로 '아잘라Azala'라고 쓰여 있다. 아잘라는 토지 주인의 이름으로, 이 지도는 토지의 소유권을 명확히 하기 위해 만들어진 것으로 추측된다. 기원전 2300년경으로 추정되며, 현존하는 지도 중에서 가장 오래된 지도로 알려져 있다.

이탈리아 북부 브레시아 지방의 발카모니카에서 발견된 '바위지도'는 기원전 1500년경에 그려진 것으로 추정되며, 사람들이 살았던 촌락·길·경작지 등이 직선과 곡선을 이용해 그려져 있다. 기원전 600년경에 제작된 바빌로니아 세계지도도 있다. 점토판에 그려진 이 지도에서 지구는 고리 모양의 물길에 둘러싸인 조그만 원반처럼 묘사되어 있다. 지도의 중앙에는 수도 바빌론과 시가지를 관통해 흐르는 유프라테스강이 그려져 있다. 이는 지구 전체를 나타내고자 의도한 최초의 세계지도다.

땅에 대한 이해에서
천문에 대한 상상까지

이처럼 고대인들은 자기들이 살고 있는 땅을 지도로 그려 이해하려고 했다. 고대의 세계지도는 대부분 실제로 관측해 그린 것이 아니라 신화 속 이미지를 형상화하거나 주변의 정황 표시 정도를 나타낸 것에 불과했다. 그러나 고대 그리스인들은 실제 여행이나 항해를 통해 얻은 지식을 바탕으로 지도를 그리려 노력했다.

본격적인 세계지도 제작은 알렉산드로스 대왕Alexander III Magnus의 세계 원정 이후부터 시작되었다. 당시 그리스인들은 폭넓은 항해와 무역을 통해 새롭게 발견한 땅에 관한 지식을 얻을 수 있었다. 비로소 실제와 가까운 지도를 그리기 시작했으며 알렉산드로스 대왕의 경우 측량기사를 데리고 다닐 정도로 열의를 보였다. 이러한 지식을 바탕으로 그리스 철학자들은 '지구는 하나의 대양으로 둘러싸인 구형'이라고 생각하게 됐다. 특히 천문학자였던 에라토스테네스Eratosthenes는 지구를 완전한 구형이라 가정한 후 지구 둘레를 계산했고, 처음으로 지도에 경도·위도를 표시하기까지 했다. 그가 측정한 지구 둘레의 크기를 현대에 와서 측정한 것과 비교하면 불과 15퍼센트 정도밖에 차이가 나지 않는다.

그리스를 중심으로 발달한 지도 제작술은 지리학자이자 천문학자였던 프톨레마이오스에 의해 비약적인 발전을 이루게 된다. 그는 《지리학》을 통해 세계지도를 소개했다. 로마시대의 지리적 지식을 모아 유럽에서 중국에 이르는 세계를 지도에 담았다. 그가 그린 반구도半球圖에는 현재와 비슷한 모양의 세계지도가 실려 있다. 동서를 잇는 위도는 현재와 같이 적도를 0도로 시작해 북극까지 90도로 커지는 방법으로 나타내고, 남과 북을 잇는 경도는 동쪽과 서쪽으로 180도로 나누어 표시했다. 현재의 경도와 비교해도 불과 몇 도밖에 차이가 나지 않을 정도로 정밀하다. 당시에 이런 고도의 지식을 갖출 수 있었던 이유는 그가 세계 곳곳을 여행한 상인이나 로마 관리들과 많은 이야기를 나눌 수 있었기 때문이다.

그런데 서구의 중세시대는 이렇게 발달된 지도 제작술을 계승하지 못했다. 중세 사회는 폐쇄적이고 봉건적이었기에 지역 간의 교류가 막히면서 지도에 대한 필요성을 크게 느끼지 못했기 때문이다.

중세시대의 대표적인 지도로 〈T-O 지도〉를 들기도 한다. 그러나 이는 현대의 기준으로 보면 지도라기보다 기독교의 신앙관을 나타낸 '신화지도'에 불과하다. 이 지도는 아시아·아프리카·유럽 대륙을 3분하여 표시하고, 지중해와 나일강 등이 표현되어 있다. 하지만 지도의 중심에 예루살렘이 위치하고 지도의 꼭대기에 그리스도를 표현한 것 등 과학과는 거리가 멀다. 이는 조선시대 중기에 만들어진 둥근 모양의 세계지도인 〈천하도〉와 흡사하다. 〈천하도〉 역시 지도의 중심에 중국을 두고 조선은 주변에 작게 표시했으며, 내해와 환대륙에 수십 개의 가상 국가를 표시했다. 중국 중심의 세계관을 표현한 관념도로 볼 수 있다.

지도사에 업적을 남긴 이슬람 문화

서구 사회가 중세시대를 보내고 있을 무렵, 아랍 세계는 이슬람이라는 새로운 종교를 바탕으로 아시아에서 북아프리카, 유럽에 이르는 거대 이슬람제국을 건설하면서 문화 중흥기를 맞이했다. 당시 이슬람 세계가 일궈낸 문화 수준은 상상을 초월한다. 이슬람 지도학자들은 이미 9세기에 프톨레마이오스의 작품을 아랍어로 번역해 분석하기 시작했다. 또한 이들은 중국과의 교역을 통해 얻은 지식도 지도에 반영했다.

지도 제작에서 가장 주목할 만한 업적을 남긴 이슬람 학자는 알 이드리시\Abdullah Al-Idrisi다. 당시 지리학에 특별한 관심이 있던 시칠리아의 왕 로제르 2세\Roger II를 만나면서 그의 지도 제작술은 활짝 피어났다. 그가 그린 세계지도는 이전과 달리 남과 북이 거꾸로 되어 있다. 스칸디나비아 반도는 물론 중국 연안까지 지도에 포함시킨 것이나, 중국의 동쪽 해상에 '신라\Al-Silla'로 이름 붙인 섬 5개를 배치한 점이 인상적이다. 이는 우리나라를 표시한 최초의 세계지도다.

15세기에는 유럽의 지도 제작술이 획기적인 발전을 이뤘다. 프톨레마이오스의 세계지도에 유럽인들도 관심을 갖기 시작했기 때문이다. 1406년에 《지리학》이 라틴어로 번역되었고, 이 번역서에 근거해 만들어진 지도들이 곳곳에서 제작되었다. 유럽인들이 지도 제작에 새로운 눈을 뜬 것이다. 15세기는 포르투갈의 엔리케\Henrique 왕자가 최초로 탐험대를 파견해 대항해시대를 개척한 때이기도 하다. 항해에 필요한 정확한 세계지도의 필요성이 절실해졌다. 거기에 1450년대 이후 급속히 발달하기 시작한 인쇄술은 《지리학》에 대한 열광과 지도 제작술 발달의 요인이 되었다. 이 책이 개정판을 거듭할수록 새로운 지도가 첨가되거나 보완되었다. 1427년에는 북유럽 부분이, 1472년에는 프랑스와 이탈리아·스페인 등이 추가 및 보완되었다. 이처럼 프톨레마이오스 세계지도의 재발견은 서양 지도 제작에 큰 영향을 주었다.

이후 세계지도는 콜럼버스에 의해 발견된 아메리카까지 추가되면서 점점 현대의 세계지도와 닮아갔다. 콜럼버스가 아메리카를 발견하기 전까지만 해도 유럽인들은 지구가 표면의 약 3분의 2를 덮고 있는 하나의 대륙과 그것을 둘러싼 바다로 이루어져 있다고 생각했다. 그러나 신대륙 발견으로 그것이 잘못된 생각이란 사실을 깨달았다. 뒤이어 계속된 마젤란의 세계일주로 유럽인들은 지구에 대해 새롭게 알게 되었다. 수많은 탐험과 발견을 통해 세계지도는 바다와 육지의 윤곽이 점점 분명해지게 되었다.

네덜란드는 지도 제작술이 획기적으로 발전하면서 지도학이 가장 먼저 발달했다. 네덜란드의 지도학자 메르카토르Gerardus Mercator는 1569년 '메르카토르 도법Mercator projection'을 발명해 근대 지도학의 아버지로 불린다. 이 도법에 따르면 경선의 간격은 고정한 채 위선의 간격으로 각도를 정확하게 그릴 수 있어 평면지도에 주로 사용한다. 그러나 대륙과 대양의 형태와 크기가 왜곡되어 남아메리카 대륙보다 8배나 적은 그린란드가 더 크게 표시되었다. 이후 플란치오Petro Plancio, 오르텔리우스Abraham Ortelius, 혼디우스Jodocus Hondius, 블라외Willem Janszoon Blaeu 등 여러 지도학자가 세계지도를 제작했다.

동아시아에 진출한 여러 서구 열강 중 특히 지도 제작에 뛰어났던 프랑스는 동아시아의 지도학 발전에 커다란 역할을 했다. 이는 지도 제작을 적극 지원했던 루이 14세Louis XIV와 지리학에 관심이 많았던 청나라 강희제康熙帝의 뒷받침이 있기에 가능했다. 이들의 지원으로 지도학자들은 지도 제작을 위한 대대적인 측량 사업을 통하여 동아시아의 지리 정보를 과학적으로 얻을 수 있었다. 당시 프랑스 최고의 지도 제작자로 이름 높았던 당빌Jean Baptiste Bourguignon d'Anville이 가세하면서 동아시아 지도 제작은 활기를 띠었다. 그는 1737년 새로운 동아시아 지도인《신중국지도총람》이라는 지도책을 완성하는데, 이 책에는 〈조선왕국전도Royaume de Corée〉가 실려 있다. 이는 조선을 독립국가로 인정한 최초의 유럽 지도다. 우리는 조선시대의 대표적인 지도로 김정호의 〈대동여지도〉를 떠올린다. 그러나 김정호가 이전의 자료를 바탕으로 지도를 편집·제작한 점을 상기할 때, 당빌이 제작한 지도도 〈대동여지도〉 제작에 일정한 영향을 주었을 것으로 판단된다.

지도를 그릴 때, 누구나 정확하게 그리는 것을 최우선으로 생각한다. 그러나 세계지도와 같이 여러 나라가 동시에 포함된 지도를 그릴 때는 이 외에 또 다른 요소가 개입하게 마련이다. 가장 큰 문제는 국경선이다. 지도에 어떻게 표시하느냐에 따라 국경선이 달라지고 그 나라의 면적이 달라지기 때문이다. 따라서 나라마다 지도는 조금씩 차이가 있다. 이는 정치 권력의 압력을 받은 지도 제작자가 자국에 유리한 지도를 그렸다는 뜻이다. 이는 북아메리카를 놓고 벌어진 열강의 지도 전쟁이나 아프리카 지도의 국경선 쟁탈전에서 명백하게 나타난 사실이다.

인간이 생존을 위해 그렸던 지도는 근대 역사에서 세계를 지배할 수 있는 하나의 도구가 되었다. 지도를 가진 자가 더 넓은 땅을 차지하고 더 많은 부를 획득할 수 있었기 때문이다.

탐험의 시작, 미지의 세계를 향하다

〈신세계 교향곡〉으로 널리 알려진 드보르작Antonín Dvořák의 대표곡인 교향곡 9번 마단조 Op.95 〈신세계로부터〉는 그를 일약 유명 작곡가의 반열에 올려놓았으며, 낭만주의시대 교향곡 중에서도 가장 인기 있는 작품으로 알려져 있다. 곡에는 그가 조국 체코를 떠나 미국으로 건너가면서 느꼈을 새로운 세계에 대한 기대와 두려움이 고스란히 녹아 있다.

자신이 경험해보지 못한 세계를 접할 때면 사람들의 마음속엔 두려움과 기대가 교차한다. 그러나 두려움보다는 새로운 세계에 대한 기대 심리(상상력)가 커야만 진정한 신세계를 만날 수 있다. 인류의 역사를 되돌아보면 탐험은 그렇게 이루어졌다. 단 하나의 상상력이 중세 500년의 세계사를 뒤바꾸었다. 그것은 바로 바다에 대한 상상력이다.

바다로 뻗어나간
포르투갈

500년 전, 바다를 둘러싼 유럽과 아시아 양 진영의 상상력은 서로의 운명을 확연하게 갈라놓았다. 13세기 유럽 해양 국가들은 아시아에서 유래된 나침반을 실제 항해에 적용하며 정치경제적 위상에 혁신적인 변화를 불러왔다. 나침반으로 안개 속에서 길을 잃는 일이 없어지면서 원거리 항해가 가능해지자 조선 기술도 발전했다.

당대 중국의 해양 역량은 유럽을 능가할 정도로 강성했다. 명나라 초기 영락제永樂帝 때, 환관이자 무관인 정화鄭和가 영락제의 명령으로 일곱 차례나 해외 원정을 시도해 먼 아프리카까지 해상 루트를 개척했기 때문이다. 거기에 무역 상인들이 중국 내륙에서부터 중동에 이르기까지 수로와 육로를 통해 소통했다. 아라비아 숫자, 비단, 차, 도자기, 향신료, 의약품, 조세 제도에 이르기까지 다양한 선진 문물과 제도가 교류되었다.

그렇다면 그토록 막강했던 중국의 위상은 왜 지속되지 못했을까?《문명과 바다》를 쓴 역사학자 주경철은 그 이유를 바다에 대한 상상력에서 찾는다. 15세기 이후 세계는 갑자기 바다를 통해 영향력과 지식의 지평을 확대했다는 것이다. 콜럼버스 이후 불과 수십 년의 짧은 기간 동안 전 세계가 바다를 통해 새로운 세계를 경험했기에 진정 세계사라는 단어는 이때부터 적용되어야 한다는 이야기다. 내륙 지향성을 유지했던 중국을 중심으로 한 아시아적 상상력과 해양 지향적 상상력을 직접 실행에 옮긴 유럽의 시도가 양 대륙의 운명을 갈라놓았다.

포르투갈은 유럽이 해상에 상상력을 펼치며 앞다퉈 진출할 시기에 가장 도전적인 선발대였다. 15세기의 포르투갈은 국토 면적 9만제곱킬로미터에 인구가 100만 명에 불과했던 작은 나라였다. 대한민국(22만제곱킬로미터)의 절반에도 미치지 못한다. 그런데도 포르투갈은 스페인과 더불어 15~16세기 대항해시대를 주도적으로 이끌었다. 포르투갈의 왕자 엔리케의 풍부한 상상력과 치밀한 준비가 있기에 가능했다.

그는 1416년 포르투갈 남단 산 비센테 곶 사글레스에 위치한 '빌라 두 인판트 Vila do Infante (왕자의 마을)'에 해양 연구소를 세우고 유럽 각국으로부터 많은 학자와 항해자, 지도업자들을 초청해 탐험과 항해에 필요한 항해술·천문학·지리학을 연구하도록 했다. '사글레스 학파'로 불렸던 그들은 항해학을 발전시켰으며 포르투갈이 후대에 식민지를 확장하는 기반을 다졌다. 엔리케는 세계에 관한 정보를 체계적으로 분석하고 부국강병을 위한 전략적인 목표를 세웠다. 당시 중세 유럽을 주도하고 경제와 문화의 중심지를 형성한 곳은 지중해 지역이었다. 그 중심에는 이탈리아가 있었다. 이탈리아 상인들은 자신들이 확보한 무역로와 교역품으로 정치경제의 주도권을 쥐었다. 영국, 스페인, 프랑스 사이에 끼인 작은 나라 포르투갈은 좁은 땅 대신 넓은 바다로 상상력을 넓혀야 했다.

당시 유럽인들이 가진 상상력의 끝은 아프리카 서북부에 돌출한 보자도르 곶에 멈춰 있었다. 그때까지만 해도 유럽인들의 머릿속에는 카나리아 제도가 한계였기 때문이다. 그곳을 넘어서면 바닷물이 끓기 시작한

다고 생각해 그 너머로 항해할 생각은 엄두도 내지 못했다. 그런데 포르
투갈은 유럽이 '세상의 끝'이라고 규정한 상상력의 장벽을 뛰어넘으면서
모험에 성공했다.

그 덕분에 포르투갈은 대항해시대를 여는 수많은 탐험가들을 배출하
게 된다. 바르톨로뮤 디아스(아프리카 남단 희망봉 발견, 1488), 바스코 다가
마(인도 항로 개척, 1497), 페드루 알바르스 카브랄(인도 항해 도중 브라질에 표
착, 1500), 페르디난드 마젤란(인류 최초의 세계일주 항해 지휘, 마젤란 해협, 태
평양, 필리핀, 마리아나 제도 등을 명명, 1505~1521)이 대표적인 인물이다. 포
르투갈은 아프리카, 남미, 인도를 장악하면서 과감하고 모험적인 투자를
통해 유럽의 변방국에서 스페인, 프랑스, 이탈리아와 같은 강대국과 어
깨를 나란히 하며 식민제국을 건설하고, 앞선 항해술과 지리 정보를 장
악할 수 있었다.

바다의 문을 닫은 중국

유럽의 변방 포르투갈이 엔리케라는 인물의 등
장으로 세계 역사를 바꾸었다면, 중국에는 유럽보다 훨씬 앞선 정화라
는 인물이 있었다. 1405년 가을, 명나라 정화의 함대는 217척에 달하는
거대한 선단을 이끌고 원정길(1405~1407)에 나섰다. 정화가 이끈 선단은
선박 건조술이나 항해술 면에서 유럽보다 몇 세기 앞선 기술을 보유하고

있었다. 그들은 이미 나침반도 사용했다. 자바, 수마트라, 스리랑카, 케랄라와 남서 인도를 방문해 외교 관계를 맺고 보석, 생강, 후추, 계피 등 향신료를 교역했다. 귀환길에는 해적을 소탕하고 우두머리를 난징으로 압송해 황제 앞에서 처형시켰다. 제5차 남해 원정(1417~1419)은 아라비아를 거쳐 아프리카 말린디까지 이르렀다. 이는 바르톨로뮤 디아스가 희망봉을 발견했던 1488년보다 80여 년이 앞선다.

정화에게 대항해를 명령한 영락제는 그 무렵 육상을 통해 서쪽으로 진출하기보다 해상에서 동남아시아를 제압해 더 넓은 세계로 진출하고자 했다. 그 무렵 중국을 찾아온 세계 각국의 상인과 여행객들은 대항해가 가능하도록 세계 지리에 대한 지식을 전해주었다. 그러나 자금성 축조와 해양 원조를 주도하는 등 영토 확장에 심혈을 기울이던 영락제가 사망한 후 명나라는 더 이상 해외 진출에 관심을 갖지 않았다. 그보다는 내부 통치에 관심을 기울였고, 정화의 원정대 역시 제7차로 종결되기에 이르렀다. 1433년 중국은 정화의 마지막 원정을 끝으로 바깥 세계와 연결된 문을 닫아버렸다. 신대륙을 찾는 데 혈안이 된 유럽이 걸어간 길과 정반대로, 중국은 항해용 선박 건조를 금지하는 칙령을 발표하고 이를 어긴 사람은 사형으로 처벌했다.

1405년부터 1433년까지 일곱 차례에 걸친 해외 원정을 통해 정화가 수집한 정보와 기술을 제대로 활용했다면 아마도 중국이 세계를 정복하고 수많은 식민지를 지배하게 되었을지도 모른다. 당시 정화의 원정이 달성한 거리와 선단의 규모는 포르투갈의 엔리케와는 압도적인 차이를 보였다.

당시 명나라가 내륙을 선택한 가장 중요한 이유는 북방 이민족들의 지속적인 침략으로부터 내부를 방어하기 위함이었다. 농민 봉기와 같은 직접적이고 현실적인 정치 불안도 있었다. 이런 상황에서 실리가 분명치 않으면서 비용이 많이 드는 바다 원정을 고집할 이유가 없었다. 나라의 수도를 남경에서 북경으로 옮긴 것에서도 황제의 의중이 드러난다. 이후 중국은 내륙 지향적 중화주의를 택했다. 내부에서 모든 것이 충족되었기에 굳이 원정을 통해 외부에서 조달하거나 수입해야 할 필요가 절실하지 않았던 것이다. 이러한 태도는 결국 중국을 세계사의 큰 흐름에서 뒤처지게 했다. 아시아 국가 중 바다 너머 세상을 꿈꾼 일본의 부상과 쇄국정책으로 외부를 차단한 조선의 종말도 결국 바다 밖의 세계에 대한 도전과 응전의 결과라 할 수 있다.

포르투갈이 대항해시대를 열자 스페인과 영국, 네덜란드, 프랑스가 줄줄이 해양 원정에 경쟁하듯 뛰어들었다. 유럽 국가들의 해양 원정과 식민지 건설은 근대의 세계지도가 탄생하는 직접적인 배경이 되었다. 세계는 지배와 피지배, 선점과 분할, 제국과 식민지로 굳어졌고 이 지도는 20세기까지 지속되었다.

지도상 바다 명칭의 유래와
우리 바다 '동해'

우리가 잘 알고 있는 태평양, 대서양, 인도양의 이름에는 그 유래가 있다. 라틴어 'Mare Pacificum(평화로운 바다)'에서 유래한 '태평양Pacific Ocean'이라는 이름은 탐험가 마젤란이 지었다고 한다. 마젤란은 에스파냐에서 새로운 항로와 대륙을 개척하기 위해 항해를 하고 있던 중 남아메리카 남쪽 끝에 도착하면서 좁은 해협을 어렵게 통과했다. 그런데 그곳에서의 기억이 채 가시기도 전에 또다시 아시아로 가는 넓은 바다를 만나자 너무 감동한 나머지 '태평양'이라는 이름을 붙여주었다고 한다. 그러나 실제의 태평양은 마젤란이 생각한 것처럼 '평화로운 바다'로 일컫기에는 미안할 정도로 태풍과 폭풍이 그치지 않는 험난한 바다다.

대서양은 'Atlantic Ocean'이라고 부른다. 여기에서 'Atlantic'은 그리스 로마 신화에 나오는 거인의 신인 '아틀라스'에서 나온 말이기에, 'Atlantic Ocean'은 '아틀라스의 바다'라는 뜻이 된다. 당시 유럽인들은 자신이 사는 지역 바깥에 거대한 미지의 대륙이 있다고 생각했다. 그곳을 찾기 위해서는 바다를 건너야 한다고 여겼고, 서유럽 너머의 광대한 바다를 '대서양'이라고 칭했다. 유럽인들이 다른 대양을 발견하기 전까지 대양ocean이란 '대서양'만을 일컫는 표현이었다. 그리스인들이 세계를 둘러싸고 있다고 믿었던 '오케아노스*'라는 거대한 강의 이름에서 'ocean'이라는 단어가 유래했다고 한다.

한편, 서양에서는 아시아를 인도로 지칭했다. 유럽인들은 아시아로 가는 바다를 인도로 가는 바다로 해석해 'Indian Ocean', 곧 '인도양'이라고 이름을 붙였다. 그들이 바라보았을 때 아시아는 태양이 떠오르는 동쪽에 있다고 생각했다. 그래서 아시아를 '동양'이라고 부르며 신비로운 땅으로 여겼다. 동양에는 무서운 괴물과 사람들이 한곳에 어울려 살고, 땅속에는 황금이 아주 많을 것이라고 상상했다. 아시아를 '향신료의 땅' 또는 '행운의 섬'이라고도 불렀다. 아시아에는 독특한 향을 지닌 향신료가 넘쳐난다고 전해졌기 때문이다. 이탈리아 상인인 마르코폴로Marco Polo는 1271년부터 1295년까지 서아시아, 중앙아시아, 중국 등을 여행하면서 《동방견문록》이라는 기행록을 펴냈다. 처음에는 유럽인들이 내용을 매우 신기하게 여겨 믿지 않았으나, 그 후 많은 사람이 아시아 여행을 하면서 책의 정확함을 알게 되었다고 한다. 그리고 이 책은 훗날 콜럼버스가 아메리카 대륙을 발견하는 계기가 되었으며 지리상의 발견에도 큰 역할을 했다. 흥미로운 사실은 콜럼버스가 아메리카 대륙을 발견했을 때

---

* 그리스어 Ōkeanós, 영어 Oceanus. 고대 그리스 로마에서 대지를 둘러싼 거대한 강을 뜻하는 말로 포세이돈 이전의 2세대 바다의 신을 일컫는 말이기도 하다.

그곳을 인도로 생각했다는 사실이다. 유럽인들이 생각했던 인도에 대한 인식은 이처럼 광적일 만큼 절대적이었다.

동쪽 바다를 넘어서는 이름, 대한민국 동해

우리나라 바다임에도 불구하고 세계지도상에는 일본해Sea of Japan로 더 알려진 동해의 유래를 살펴보자. 우리나라 애국가의 첫마디는 "동해물과 백두산이 마르고 닳도록"으로 시작한다. 그만큼 동해는 우리와 밀접한 관련을 맺고 있다. 동해에 대한 기록은《삼국사기》《광개토대왕릉 비문》《고려사》《조선왕조실록》과 문집, 그리고 고지도 등에 나타난다. 동해는 단순히 '동쪽 바다'만을 의미하지 않는다. 해가 뜨는 바다로서 신성함과 기원의 대상이 되었던 곳이다. 이 때문에 우리 조상은 해가 뜨는 동해를 외경晨敬했으며, 문자가 생기기 전부터 한 해의 풍요와 다산, 평안과 번영을 기원했다. 그래서 동해묘東海廟라는 동해 신사東海神祠를 양양에 세우고 제사를 지냈다고 전한다.

한편《고려사》에는 왕건이 후백제 견훤에게 고려 건국의 당위성을 설명하는 글에 "동해의 끊어진 왕통을 이어나가게 하는 것이다"라고 말한다. 고려가 고구려의 정통성을 계승해 세운 나라라고 본다면, 왕건이 말한 동해는 고구려를 일컫는다. 동해가 국호로도 사용되었음을 말해준다. 우리 민족에게 동해는 단순히 동쪽 바다를 의미하는 방위의 개념이 아니라 해가 뜨는 바다이면서 현재로 따지면 대한민국이라는 국호와도 같은 뜻으로 사용되었다고 할 수 있다.

서양 고지도에 동해는 16세기 초까지 인도양과 태평양을 포함하는 동양해, 동방해를 뜻하는 'Ocean Oriental' 'Mer Oriental' 'Petite Mer Orientale' 'Oceanus Occidentalis' 등 다양한 언어로 표기되었다. 그러나 17세기 초부터 항해와 지리 지식의 발달로 포르투갈과 이탈리아에서 제작된 지도에는 동해를 'Mar Coria' 'Mare di Corea'로 표기했다.

18세기에 들어 서양은 동양과 교역 확대를 위해 활발하게 탐험과 선교 활동을 하면서 바다의 명칭을 구체적으로 표기했다. 그래서 동해는 'Mer de Coree' 'Gulf of Corea' 'Sea of Corea' 'Sea of Korea' 'Corean Sea' 등 나라 이름으로 표기되기 시작했고, 1750년대 중반 이후에 더욱 구체적으로 나타난다.

그런데 19세기 중반부터 동해는 세계지도상에 '일본해'로 표기되기 시작했다. 그러나 일본의 저명한 천문학자인 다카하시 가케야스高橋景保의 〈일본변계약도日本邊界略圖(1809)〉나 난학(네덜란드 학문)의 권위자인 미쓰쿠리 쇼고箕作省吾의 〈신제여지전도新製輿地全圖(1835)〉에는 동해를 일본해가 아니라 '조선해朝鮮海'로 표기했다. 이는 당시 지도의 바다 명칭을 표기하는 데 또 다른 요소가 작용했음을 알려준다. 앞 장에서 밝혔던, 국경선 표시를 사이에 둔 국가 간의 알력과 힘겨루기가 바다 이름에까지 확장된 것으로 보인다. 동해가 일본해로 표기된 것은 아마도 일본이 서양과 활발히 교류하면서 국제 사회에서 영향력을 행사했고, 다른 한편으로는

1904년 러 · 일전쟁을 계기로 바다 이름까지 바꿔 부르며 침략의 의도를 드러낸 것으로 판단된다.

다시 찾아야 할 이름

동해는 한국, 북한, 일본, 러시아 4개국이 인접한 수역이고 모든 해역이 연안국의 영해와 EEZ(배타적 경제수역)이다. 바다에 대한 명칭 표기는 1919년에 런던에서 개최된 국제수로회의에서 국제수로국IHB 창설을 결의한 후 1921년에 18개국이 모여 안전한 항해를 위해 세계의 해양과 바다의 경계를 설정하고 고유한 명칭을 부여하면서 시작되었다. 그런데 우리나라가 일본 제국주의에 의한 국권 침탈로 회의에 참석하지 못하자, 일본은 1923년에 동해의 명칭을 일본해로 등록했다. 또한 1929년에 국제수로기구에서 세계 해양의 경계 및 해양 명칭에 관한 국제 기준으로 편찬한《해양과 바다의 경계》초판(1929)에서 동해를 일본해로 표기하면서 국제적으로 동해는 일본해로 고착되었다. 이후 우리나라는 1991년 유엔 가입을 계기로 국제수로기구와 유엔지명표준화회의UNCSGN에 동해 표기의 수정을 요구하기 시작했다. 동해의 명칭을 두고 한국과 일본 간의 첨예한 대립은 지금도 지속되고 있다. 특히 국제수로기구와 유엔지명표준화회의 총회 시기가 오면 관심은 절정에 달한다. 여전히 미흡하지만 우리 정부와 시민단체 등의 지속적인 노력으로 점차 동해 단독 표기나 일본해와 병기하는 경우가 많아졌다. 2014년 미국 버지니아주가 공립학교 교과서에 동해를 일본해와 함께 쓰는 법안을 통과시킨 것이 한 예다.

지명 표기의 방법에는 해당 지역 주민이 사용하는 토착 지명을 사용하는 방법과 외래어를 사용하는 방법이 있다. 동해를 한국어로 표기할 때는 문제가 되지 않는다. 그런데 이를 외래어로 표기할 때는 상황이 다르다. 한국인이 사용하는 동해는 로마자 표기로 'DONG HAE'여야 하는데 현재 동해의 영문표기는 'EAST SEA'다. EAST SEA에는 우리 민족이 간직한 동해에 대한 정서는 없고 단순히 동쪽에 자리한 바다만을 가리킬 뿐이다. 동해 이름 되찾기 연구를 지속해온 김혜정(전 경희대학교 혜정박물관장)의 주장에 따르면 'DONG HAE EAST SEA' 표기는 우리 민족의 의식 속에 자리한 동해의 의미를 부각하면서, 우리 정부가 그동안 동해를 EAST SEA라고 주장했던 외교적 원칙을 지키는 방법이다.

지도는 꿈의 세계다. 인간은 미지의 세계에 대한 생각과 소망을 지도에 표현했다. 앞서 보았듯 바다의 명칭도 그곳을 탐험했던 사람들의 생각과 상상 속에서 만들어졌음을 알 수 있다. "내가 그의 이름을 불러 주었을 때 그는 나에게로 와서 꽃이 되었다"라는 김춘수 시인의 〈꽃〉에서 말해주듯, 이름은 사물의 상징에 지나지 않는다. 그러나 그 이름은 의미로 정립되어 우리의 의식에 각인된다는 점에서 무척 중요하다. 따라서 우리는 우리 바다임에도 일본해로 더 알려진 '동해'를 세계지도상에 올바로 표기하고, 이를 널리 알리기 위한 노력을 게을리해선 안 된다.

〈대동여지도〉,
조선의 네트워크를 구축하다

"길 위에는 귀천도 없고 신분도 없다. 다만, 길을 가는 자만 있을 뿐.
길 위에서 나는 늘 자유로웠고, 그 길을 지도에 옮겨놓을 꿈에 평생
가슴이 뛰었다. 어쩌면 이루지 못한 꿈으로 끝날지라도 나는 꿈꾸기
를 멈추지 않을 것이다."

지난 2016년 9월에 개봉한 영화 〈고산자, 대동여지도〉에서 주인공 고
산자의 대사 중 일부다. 영화는 지도가 곧 권력이자 목숨이던 시대에 진
짜 지도를 만들기 위해 두 발로 전국 팔도를 누빈 '고산자古山子 김정호'의
삶을 그렸다. 지도에 미친 사람이라는 손가락질에도 아랑곳 않고 오로지
지도 제작에 몰두하며, 나라가 독점한 지도를 백성과 나누려는 마음으로
〈대동여지도〉를 완성하고 목판 제작에 혼신을 다하는 김정호. 거기에 안
동 김 씨 문중과 대립각을 세우던 흥선대원군. 이들이 김정호의 〈대동여
지도〉를 손에 넣어 권력을 장악하려는 부분까지. 영화는 역사로 기록되

지 못한 김정호의 감춰진 이야기를 흥미롭게 소개한다.

그런데 김정호에 관한 기록은 모든 사료를 다 모아도 A4 한 장 정도에 불과하다. 그래서 창작자에게는 상상의 공간이 더 커야만 하는데, 이는 부담스러울 수 있다. 그런 탓에 한국사 교과서에는 그에 관한 내용이 단 두 줄만 언급되어 있을 뿐이다.

기록되지 못한 행간의 헌신들

김정호는 정조가 승하하고 4년이 지나 세도정치가 본격적으로 시작된 순조 4년(1804년)에 황해도 토산兎山에서 태어났다. 출신은 중인이라고도 하고 몰락한 잔반殘班 혹은 평민이라고도 한다. 정확하게 밝혀진 건 없다.

일제 강점기, 육당 최남선은 조선을 빛낸 인물 중 지리 분야에서 김정호를 꼽았다. 1925년 〈동아일보〉에 실린 기사를 통해서 김정호가 전국을 방방곡곡 직접 답사하며 지도를 만들었고, 백두산을 일곱 차례나 올랐으며, 이후 완성된 목판은 조선 정부에 의해 몰수당했다는 세 가지 설을 주장했다. 최남선의 의도는 지도의 정확성과 김정호의 헌신을 널리 알리기 위한 것이었다. 그런데 1930년대 조선인들을 교육하기 위해 일제가 만든 교과서 《조선어 독본》에는 이를 개악해 의도적으로 조선 정부와 조선인을 깎아내린 내용으로 서술되었다. 김정호는 조선의 지도가 엉망이라

애를 먹었으며, 조선 정부는 이런 무능함을 감추기 위해 목판을 모두 몰수해 불태워버렸고, 심지어 김정호가 만든 지도가 적에게 정보를 제공해준다는 이유로 김정호 부녀를 옥에 가둬 굶겨 죽였다는 것이다. 조선을 다스리던 지도자들이 얼마나 어리석고 한심한지 은연중에 보여주고 김정호와 같이 업적을 이룬 사람을 일본이 발굴했다는 식으로 왜곡한 것이다. 이 때문에 최근까지도 김정호에 대한 이야기가 사실과 다르게 전해져왔고 대부분의 사람들이 사실로 받아들였다. 그러나 김정호가 온 국토를 걸어다니며 지도를 만들었다는 사실이나, 대원군의 탄압으로 감옥에서 쓸쓸히 죽음을 맞았다는 사실, 목판본을 소각했다는 사실 모두 확인된 바 없다.

오히려 김정호는 대원군 시절에 병조판서, 공조판서를 지냈던 신헌申櫶과 실학자인 최한기崔漢綺의 도움을 받아 지도를 제작했음이 기록에 남아 있고, 일부 목판본도 현존한다. 특히 신헌은 당시 비변사에 소장된 국가 기밀 지도를 김정호에게 보여주며 지도 제작을 도왔다. 만약 김정호가 조정의 탄압을 받았다면 신헌의 도움은 불가능했을 것이다. 최한기는《청구도》서문에서 "친구 김정호는 어려서부터 지도와 지리지에 관심이 깊어 오랜 세월 지도와 지리지를 수집했고 여러 지도의 도법을 서로 비교해서 청구도를 만들었다"고 술회했다. 신헌은 "나는 우리나라 지도 제작에 뜻이 있어 비변사나 규장각에 소장된 지도나 고가古家에 좀먹다 남은 지도들을 널리 수집하고 이를 비교하고 또 지리서를 참고하면서 하나의 지도로 만들고자 했으며 이 일을 김정호에게 부탁하여 완성토록 했다. 증

명하고 도와주기를 수십 년, 비로소 1부를 완성하니 모두 23권이다"라고
《대동방여도》서문에 김정호와의 일화를 남겼다. 이규경李圭景은《오주연
문장전산고》에서 "근자에 김정호란 사람이《해동여지도》두 권을 지었는
데, 따로 바둑판처럼 만들어 글자로 부호를 붙이고 서울과 군읍에 각각
그림 하나씩을 만들어 책에 넣고 글자의 부호에 따라 찾아보면 나란히 나
타나서 착란하지 않으니, 그는 생각한 바가 다른 사람보다 뛰어나고 정밀
하기가 보통이 아니었다. 그가 또《방여고》20권을 지었는데,《여지승람》
을 가지고 잘못된 것을 바로잡고 시문에서 쓸모없는 문자나 어구를 삭제
하며 빠진 것을 보충해 매우 해박했으니, 그의 지도와 지지는 반드시 널
리 전할 만한 가치가 있다"라며 김정호와 지도 제작에 관한 내용을 기술
했다.

지도 위에 구축한
조선의 네트워크

김정호가 탄압을 받으며 지도를 만들었다면 이
처럼 당대에 높은 벼슬을 지낸 사람이 서문을 쓸 리 없다. 그가 만든 지도
들을 다 태워버렸다면〈대동여지도〉를 비롯해〈청구도〉〈동여도〉등 김정
호가 만든 지도들도 남아 있을 수 없다. 김정호 이전에 우리나라에는〈조
선전도〉〈동국지도〉〈해동여지도〉〈여지도〉〈팔도도〉등 정교하게 만들
어진 고지도가 다수 있었다. 김정호는 이러한 지도를 참고하고 집대성해

〈대동여지도〉를 탄생시킨 것이다. 그 덕분에 18세기에 제작된 지도의 장
단점을 고르게 분석, 정보를 비교 검토해서 상당히 많은 오류를 바로잡았
다. 그리고 한 번 제작한 지도는 판본을 바꿔가며 끊임없이 오류를 반복
해서 수정했다. 그렇게 탄생한 것이 1861년에 제작한 〈대동여지도〉다. 그
리고 다시 수정해 1864년에 재판한다. 일부 지역에 한해 김정호는 직접
답사도 했을 것이다. 작은 규모는 많이 다니며 그리는 것이 가능하다. 그
러나 큰 규모, 넓은 지역, 전국지도나 세계지도 등을 제작하는 데 답사와
지도의 정확성과는 크게 연관이 없다. 사람의 시야는 한정되어 정확한 자
료나 측량 자료를 기반으로 해야 하기 때문이다.

따라서 우리는 〈대동여지도〉를 볼 때, 답사를 통한 실측 지도 제작 여
부보다는 다른 부분에 관심을 기울일 필요가 있다. 〈대동여지도〉가 한국
역사상 가장 위대한 지도로 불리는 이유는 휴대성이 높으며, 정확하고
풍부한 정보를 담은 지도로 대량 생산이 가능하다는 특징 때문이다.

〈대동여지도〉는 세로 6.7미터, 가로 3.8미터로 건물 3층 높이의 거대
한 크기다. 하지만 22첩으로 구성된 분첩절첩식分帖折疊式으로 만들어져
휴대가 쉬울 뿐만 아니라 필요한 부분만 가지고 다닐 수 있다. 또한 한
장의 지도에는 산맥과 강줄기 등의 지리 정보뿐만 아니라 간략한 부호
로 군사, 행정 등의 풍부한 정보를 정확하게 담았다. 페이지마다 축척을
통일해서 대략 16만:1 축척으로 제작했으며 첫 권에는 모눈을 그려 넣
고 매방십리(눈금 한 칸이 10리=약 4킬로미터)라고 표시해두어 실제 거리를
측정하기 쉽도록 했다. 산이 많은 한국 지형의 특징을 살리기 위해 이전

처럼 산을 점으로 표시하지 않고 산맥과 줄기를 그려 넣었다. 또 십 리마다 방점을 찍어 실제 거리를 예측 가능하도록 했다. 배가 진입할 수 있는 물길은 2줄로, 진입하기 어려운 물길은 1줄로 그려넣기도 했다. 조선 팔도 군현의 인구 통계, 봉수와 성곽 위치, 군사시설 등 다양한 내용을 한눈에 확인할 수 있도록 했다. 한 장의 지도에 네트워크를 구축한 셈이다.

또한 목판으로 제작되어 목판에 먹칠을 하면 종이에 인쇄할 수 있어 대량 생산이 가능했다. 따라서 지도가 필요한 백성이 누구나 사용할 수 있었다. 김정호는 이런 수많은 아이디어와 노력을 통해 얻은 많은 정보를 담으면서도 깔끔하고 실용적인 지도를 만들었다. 한마디로 김정호는 뛰어난 데이터 수집분석가였다.

※ 제10강 〈지도를 가진 자, 세계를 제패하다〉는 송규봉의 《지도, 세상을 읽는 생각의 프레임》을 참조해 필요한 자료를 보충하였음을 밝힙니다.

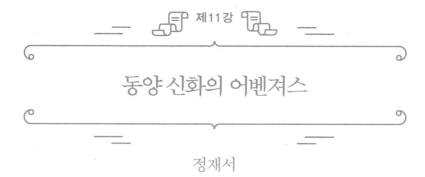

제11강

동양 신화의 어벤져스

정재서

서울대 중문과 석·박사. 하버드-옌칭연구소, 국제일본문화연구센터 객원교수를 거쳐 이화여대 중어중문학 전공 교수를 지내고 현재 이화여대 명예교수로 재직 중이다. 동양의 정신과 사상의 근원을 밝히려 평생의 화두를 '신화'와 '상상력'으로 정하고 연구해왔다. 저서로는 《이야기 동양 신화》《불사의 신화와 사상》《사라진 신들과의 교신을 위하여》외 다수가 있고, 중국의 가장 오래된 신화집 《산해경》을 번역했다. 한국출판문화상 저작상, 비교문학상, 우호학술상 등 많은 상을 받았다.

동양의 제우스, 황제

언제쯤인지 알 수 없지만 아마 혼돈의 상태가 종식되고 천지 만물이 생겨난 후일 것이다. 신들은 천하를 나누어 지배하기 시작했다. 그리스 로마 신화에서는 제우스가 하늘을, 포세이돈이 바다를, 하데스가 지하 세계를 각기 맡았다지만, 중국에서는 동·서·남·북·중 다섯 방향으로 나누어 지배한 점이 다르다. 다섯 방향, 즉 오방五方에는 공간 개념을 넘어 만물의 구성 요소이자 작용 원리인 철학 사상이 담겨 있다. 바로 음양오행陰陽五行이다. 중국 신화는 음양오행설을 바탕으로 각 방향을 관장하는 오방신五方神이 있다고 믿었다.

동방은 나무의 기운이 왕성한 곳으로 봄을 관장하는 신인 구망句芒이 다스렸다. 불의 기운이 왕성한 남방은 여름을 관장하는 축융祝融이, 쇠의 기운이 강한 서방은 가을을 관장하는 욕수蓐收가, 물의 기운이 왕성한 북방은 겨울을 관장하는 현명玄冥이 다스렸다.

오방 중에서 으뜸은 중앙이다. 중앙을 지배하는 신은 가장 강력한 신이자 신들의 임금인 황제黃帝다. 황제皇帝는 '황천상제皇天上帝'의 준말로 천상의 위대한 신이라는 의미다. 황제의 출생에 대해 한漢나라의 역사가 사마천은 《사기史記》〈오제본기五帝本紀〉에서 그가 유웅有熊이라는 씨족 출신의 뛰어난 인물이었다고 기록했다. 또 《제왕세기帝王世紀》라는 책에 의하면 그의 어머니가 들판에서 기도를 올리다가 커다란 번개가 북두칠성을 감싸는 장면을 보고 잉태했다고도 한다.

황제는 어떻게 천상과 지상을 정복하는 신이 되었나

황제의 형상에 대해서는 여러 가지 묘사가 전해 온다. 얼굴이 넷이었다고 하는데 인도의 창조신인 브라흐마와 같은 모습이었을 것이다. 황제는 중앙에 위치해 사방을 관찰하는 지배자의 형상이다. 누런 용의 몸체를 하고 있다고도 했는데 누런 것은 그가 흙의 기운을 주재하기 때문이고, 용인 것은 그가 구름·비·바람·이슬·서리·무지개 등 모든 기상 현상을 주관하기 때문이다. 특히 그는 벼락의 신이기도 하다. 제우스의 무기가 벼락인 것과 일치한다. 벼락은 황제, 제우스 등 대신大神들의 권력과 위엄을 과시하는 무기다.

그가 진정한 지배자인 이유는 인간뿐만 아니라 신들의 세계에서 일어나는 분쟁까지도 조정하는 심판자이자 모든 신을 소집·감독할 수 있는 막강한 권한을 지녔기 때문이다. 황제가 거처하는 지상의 장소는 신들의 산인 곤륜산昆侖山이다. 곤륜산은 그리스 로마 신화의 올림포스신처럼 신들만 머물 수 있는 성스럽고 거룩한 산이다.

천상천하를 호령하는 황제의 권위는 사실 끊임없는 투쟁의 결과였다. 황제는 자기의 형님뻘 되는 남방의 대신 염제炎帝와 싸워 신들의 세계에서 패권을 쟁취했고 나중에는 동방의 강자 치우蚩尤의 도전을 힘겹게 물리친 끝에 최고신의 지위를 차지할 수 있었다.

황제에 관한 많은 에피소드 중에서 흥미로운 두 가지 이야기를 살펴보자. 황제에게는 무척 아끼는 보물이 하나 있었다. 그것은 지니기만 하면 세상만사를 꿰뚫어보듯 알게 해주는 현주玄珠라는 검은 구슬이었다. 언젠가 황제는 부하 신들과 함께 적수赤水라는 강가에서 놀다가 내친김에 곤륜산에 올라 경치를 구경했는데, 궁궐로 돌아오는 길에 그만 구슬을 잃어버리고 말았다. '그동안 수없이 많은 산과 들을 지나왔는데 어디에서 구슬을 찾는다?' 대책이 서지 않던 황제는 우선 가장 지혜롭고 아는 것이 많은 신인 지知로 하여금 그것을 찾아보게 했다. 어디쯤에서 잃어버렸는지 그는 기억할 수 있을 것 같았다. 그러나 지가 온갖 머리를 짜내어 찾아보았지만 찾을 수 없었다. 그러자 황제는 세상에서 눈이 가장 밝은 신인 이주離朱로 하여금 찾아보게 했다. 이주는 머리가 셋인 신으로 곤륜산에서 낭간수琅玕樹라는 보석이 열리는 나무를 지켰다. 머리 셋이 교대로 자고 일어나 24시간 내내 나무를 지켰는데 그의 시력은 1백 보 앞의 바늘 끝을 볼 수 있을 정도였다 한다. 그리스 로마 신화에서 헤라의 명으로 100개의 눈을 가지고 번갈아 잠을 자면서 암소로 화한 제우스의 애인 이오를 감시하던 아르고스를 떠올리게 한다. 그러나 이주의 밝은 눈으로도 구슬을 찾을 수 없었다. 황제는 다시 끽구^{喫詬}라는 힘세고 끈기 있는 신을 시켜 구슬을 찾아보게 했다. 끽구는 처음부터 온 길을 더듬어 샅샅이 뒤졌으나 역시 찾아내지 못했다. 재능 있는 모든 신이 현주를 찾는 데 실패하자 황제는 거의 포기 상태에 빠졌다.

이때 상망^{象罔}이라는 신이 자기가 찾아보겠노라고 나섰다. 이 신은 홀황^{惚恍}이라고도 불리는데 문자 그대로 황홀하게 항상 술에 취한 듯 흐리멍텅한 표정인 신이었다. 황제는 상망을 믿고 싶진 않았지만 달리 대안이 없으므로 알아서 찾아보라고 마지못해 허락했다. 그런데 웬걸? 상망은 슬렁슬렁 돌아다니는가 싶더니 너무나도 쉽게 현주를 찾아 왔다. "신기한 일이로다! 저 멍청한 상망이 이것을 찾아낼 줄이야."

《장자^{莊子}》〈천하^{天下}〉편에 실린 이 에피소드는 도교의 진리를 함축한다. 여기서 찾고자 하는 현주는 인간이 도달하려는 최고의 경지, 다시 말해서 도를 터득한 경지다. 장자는 이러한 경지가 지, 이주, 끽구 등의 노력과 같이 인간의 의식적인 행위에 의해 도달될 수 있는 것이 아니라 상망처럼 욕망을 버린 무심한 상태에서 이루어진다는 점을 말하려 했으리라. 황제가 찾은 것은 검은 구슬이 아니라 혜안^{慧眼}이었다. 인간이 참다운 깨달음을 얻으려면 욕심을 비우고 겸허한 마음 자세를 갖춰야 비로소 이루어진다는 의미를 전하고 있다.

제우스와 황제의
공통점과 차이점

황제는 모든 신 위에 군림할 뿐만 아니라 세상의 온갖 귀신과 요괴도 지배했다. 여기엔 그럴 만한 사연이 있다. 황제가 언젠가 천하를 순시하다가 동해 바닷가에 이르렀는데 백택白澤이라는 신령한 짐승이 나타나 엎드렸다. 이 짐승은 말을 할 줄 알 뿐 아니라 세상 만물에 대해 다 알고 있었다. 황제가 귀신과 요괴에 대해 물어보자 백택은 이상한 기운이 만들어낸 것과 떠다니는 혼이 붙어서 된 것 등 모두 1만여 종의 귀신과 요괴들의 모습과 특징을 일일이 황제에게 이야기해주었다. 황제는 그것들을 모두 그림으로 그려내게 해 천하 사람들에게 알렸다. 이렇게 정체가 드러나자 귀신과 요괴들은 이전처럼 마음대로 날뛸 수 없었다. 황제는 귀신과 요괴의 특성을 다 파악했기 때문에 쫓아버릴 주문도 지어낼 수 있었다. 신들뿐만 아니라 온갖 귀신과 요괴들도 지배하게 된 것이다.

황제의 부인인 뇌조嫘祖는 누에 치는 일을 사람들에게 가르쳤다. 황제는 그녀와의 사이에 많은 자손을 두었다. 북방의 대신이자 훗날 황제의 뒤를 이어 신들을 지배한 전욱顓頊, 동해의 신 우괵禺虢과 북해의 신 우경禺京 부자, 홍수를 다스린 곤鯀·우禹 부자 등 이름난 신과 영웅을 비롯해 중원의 한족과 변방의 일부 종족들이 황제의 후예였다.

곤륜산의 황제는 올림포스산의 제우스와 닮은 점이 많다. 벼락을 구사한다던가, 신들 간의 다툼에 심판관이 된다던가, 자손을 많이 두는 등이 공통점이다. 그러나 두 신의 성향은 완전히 다르다. 제우스가 미녀와 스캔들을 일으키는 등 인간적인 허점을 노출한 반면, 황제는 엄숙하고 거룩한 신적인 면모만을 갖추고 있다. 제우스가 그리스시대의 비교적 활달한 인간형을 반영한다면, 황제는 고대 중국이 추구한 유교적 성인의 모습이다. 중국인은 오늘날까지도 황제를 민족의 시조로 숭배하며 황제의 자손임을 자랑스럽게 말한다. 숱한 신들과 투쟁을 거쳐 중앙의 대신이 된 황제는 주변 민족들의 도전을 물리치고 스스로를 세계의 중심이라 여겨온 중국의 자존심이자 정체성 그 자체이기 때문이다.

한국, 베트남 등 중국의 주변에 있는 나라에서는 황제의 인기가 그리 높지 않다. 우리나라의 경우 중국 신화의 모티브가 등장하는 고구려 고분 벽화나 한국의 민속자료에서 황제에 대한 표현이 등장하지만 극히 일부에 불과하다. 황제 신화는 단순한 이야기가 아니라 특정한 민족의 이데올로기로서 작용했다는 것을 의미한다.

소머리를 한 농업의 신, 염제

신화에서 신의 이름은 곧 그의 능력이나 특징을 말한다. 황제가 흙의 신이라면, 염제炎帝는 '불꽃의 임금'이라는 이름에서도 알 수 있듯 불의 신이다. 한나라 때 출간된《백호통白虎通》에서 염제는 태양신으로 규정되기도 하고, 《회남자淮南子》에서는 오방 중 남방을 관장하며 불을 지배하는 신으로 간주되기도 한다. 염제와 아울러 신농神農이라는 이름은 그가 불의 신이자 동시에 농업의 신임을 뜻한다. 그가 사람의 몸에 소의 머리인 건 그러한 사실을 뒷받침한다.

신농 혹은 불꽃의 임금

염제의 탄생에는 두 가지 설이 있다. 하나는 그가 하늘에서 내려와 곧장 땅의 지배자가 되었다는 설이고, 다른 하나는 인간의 몸에서 태어났다는 설이다. 후자에 의하면 그의 어머니 여등女登은 원래 소전少典이라는 임금의 왕비였다. 그녀가 화양華陽이라는 곳에 놀러갔다가 신비스러운 용을 본 후 임신해서 낳은 신이 염제라는 이야기다. 인간 여인이 신령한 동물이나 거인 등을 만나 그 기운을 잉태하고 신이나 영웅을 낳는다는 이야기는 중국 신화에 자주 등장한다. 신화학에서는 이를 감생신화感生神話라고 부른다.

염제 이전의 사람들은 대개 사냥을 해서 짐승의 고기만 먹고 살았다. 그런데 염제시대에 인구가 늘어나면서 짐승이 부족해지자 염제는 백성이 굶주리는 것을 보고 농업을 발명하게 된다. 그런데 여기에도 몇 가지 설이 있다. 일설에 의하면 염제가 식량문제로 고민하고 있을 때 갑자기 하늘에서 곡식이 비처럼 내렸다고 한다. 염제가 그것들을 심어 비로소 농업이 시작되었다는 것이다. 또 다른 설에 의하면 붉은 새 한 마리가 주둥이에 아홉 이삭이 달린 벼를 물고 나타나 그것을 땅에 떨어뜨렸다고 한다. 염제가 그것을 주워 밭에다 뿌렸는데 그 쌀을 먹은 사람들은 늙어도 죽지 않았다고 한다.

이 이야기들은 인류가 염제시대에 이르러서야 비로소 수렵 채취의 단계를 벗어나 농업을 시작하게 되었음을 뜻한다. 그렇다면 불은 농업과 어떤 관련이 있기에 염제는 두 개의 속성을 함께 지녔을까? 처음에 인류는 경작지가 없었기 때문에 산에 불을 질러 화전火田을 일구어 농사를 시작했다. 이 때문에 불의 신이 농업의 신과 동일시되었을 것이다. 아울러 염제는 태양신이기도 한데, 태양이 작물의 생장을 주관한다는 사고가 배

어 있다. 붉은 새가 벼이삭을 물고 날아왔다는 이야기도 여러 의미를 내
포한다. 붉은 새는 그 빛깔로 보아 불의 신인 염제의 사자임을 암시하고,
많은 곡식 중 벼이삭을 물고 온 것은 도작稻作 농업이 강남 지역에서 비롯
되었음을 시사한다. 염제는 남방의 신이기 때문이다.

 염제는 의약의 신이기도 하다. 지금까지 전해진 한의학을 창시한 신인
셈이다. 염제는 우선 어떤 풀이 인간에게 이롭고 해로운지를 감별해냈
다. 진晉나라 때에 지어진 소설집인 《수신기搜神記》에 의하면, 염제에게는
신비한 붉은 채찍이 있었는데 이 채찍으로 풀을 한번 후려치면 독성 유
무와 맛, 특징 등을 다 알 수 있었다고 한다. 이 방식으로 염제는 천하의
산과 들을 다니면서 모든 풀이 어떠한 약효가 있는지를 파악해 인간의
병 치료에 도움이 되도록 했다. 한의학의 고전으로 모든 한약재를 분류
하고 기록한 책 《신농본초경神農本草經》은 염제의 이러한 신화적 행위를 기
려 이름 붙여진 것이다. 그러나 일설에 의하면 신비한 붉은 채찍 같은 것
은 없었고 염제는 매일 직접 풀을 씹어서 맛을 보았다고 한다. 그러다가
염제는 가끔 독초에 중독되기도 했는데 그럴 때마다 찻잎을 씹어 해독했
다고 한다. 중국인들이 즐겨 마시는 차의 효능을 염제 신화에 기대어 강
조한 것이리라.

 이밖에도 염제가 인간을 위해 행한 중요한 업적으로는 시장을 개설한
일이다. 사람들이 편하게 물건을 바꾸고 자유롭게 만날 수 있도록 일정
한 장소에서 시장을 열도록 한 것이다. 태양신인 염제는 해가 하늘 한가

운데에 왔을 때를 시장을 여는 시각으로 정했다. 그때 사람들을 모이게 하고 물건을 가져와 교역을 행하도록 했다. 염제가 시장을 개설했다는 것은 고대 농경사회가 어느 정도 성숙한 단계에 진입해 초보적인 도시가 형성된 현실을 반영한다.

대륙보다 변방에서 인기 있는 한의 아이콘

염제는 한나라 때에 만들어진 신들의 계보에서 남방을 다스리는 지역신으로 설정되어 있다. 하지만 사실은 중앙을 다스리는 황제보다도 일찍 등장해 인류 문명의 초기에 많은 공적을 끼친 위대한 신이다. 그런 그가 지역신으로 격하된 원인은 무엇일까? 그가 후배 신인 황제와의 전쟁에 패해 신들에 대한 지배권을 상실했기 때문이다. 너그럽고 인자한 염제에 비해 젊은 황제는 야심만만하고 권력 지향적이었다. 염제는 황제와 두 차례 큰 전쟁을 벌였는데 한 번은 자신이 휘하의 신들을 거느리고 판천阪泉에서 싸웠고, 또 한 번은 그의 후계자인 치우蚩尤가 대신해 탁록涿鹿에서 싸웠다. 두 차례 전쟁에서 패한 염제와 치우의 신족神族은 그들이 원래 거주했던 대륙의 동방에서 쫓겨나 미개지인 남방으로 이주했다고 한다. 염제의 패배와 황제의 승리. 이것은 자유롭게 공존했던 신들의 세계가 강력한 신에 의한 지배의 시대, 중심의 시대로 접어들었음을 의미한다.

염제의 위세는 떨어졌지만 황제보다 앞서 대륙을 지배했던 까닭으로 그의 후손 중에는 유명한 신들이 많으며 중국 및 주변 민족의 시조나 영웅 중에도 그의 자손이 많다. 예컨대 불의 신 축융祝融과 물의 신 공공共工, 땅의 신 후토后土와 시간의 신 열명噎鳴 등이 모두 그의 자손이다.

염제에게는 딸이 넷 있었는데 이들 여신은 제각기 독특한 개성을 지녀 후세 사람들로부터 사랑을 받았다. 가령 소녀少女는 적송자赤松子라는 신선을 따라가 도를 닦았고, 적제녀赤帝女는 뽕나무 신이 되어 살다가 승천했다. 요희瑤姬는 무산巫山의 신녀가 되어 초楚나라 회왕懷王과 사랑에 빠졌고, 여와女娃는 동해를 건너다 빠져 죽어 새로 변신한다. 염제의 딸들에 대한 다양한 이야기는 그가 엄숙하기만 한 왕이 아니라 정감 있는 신이라는 이미지를 우리에게 전해준다.

대륙에서는 패배했지만, 염제는 주변 민족에게 인기가 높다. 그가 동방에서 남방으로 터전을 옮겼던 탓인지 동방과 남방의 민족들이 그를 시조신으로 섬기는 경우가 많다. 베트남 개국신화에서 염제는 민족의 시조신으로 등장한다. 고구려 고분 벽화에서 염제는 사람의 몸에 소의 머리를 하고 손에 벼이삭을 든 모습으로 나타나 우리를 놀라게 한다.

인류를 위해 좋은 일을 많이 했지만 황제에게 지존의 자리를 빼앗긴 염제. 자비롭고 베풀기 좋아하는 염제가 황제에게 축출되었다니 억울한 느낌마저 든다. 힘없고 약한 사람들이 느끼는 한恨의 정서는 동방의 신이었다가 남방으로 쫓겨 간 염제의 억울한 심정에 그 뿌리를 두고 있다.

그리스 로마 신화에도 염제와 비슷한 캐릭터가 있다. 바로 식인 괴물인 미노타우로스다. 그리스 로마 신화에서는 인간을 표준으로 생각했기에 미노타우로스처럼 사람과 동물이 섞인 반인반수는 모두 사악한 괴물로 간주했다. 그동안 우리는 그리스 로마 신화에 익숙했던 탓에 반인반수의 모습을 한 신은 나쁘다는 편견이 있었다. 그러나 우리는 이질적인 것이 공존하고 결합하는 다문화·융복합이 대세인 시대를 살고 있고, 이러한 추세는 더욱 보편화될 것이다. 반인반수는 다름 아닌 다문화·융복합의 상징이다.

협력하고 공감하는 창의성이 인재의 중요한 덕목으로 떠오르고 있다. 반인반수의 자비로운 신 염제야말로 지금은 물론 다가올 4차 산업혁명 시대의 아이콘이라 할 수 있다.

창조와 치유의 여신, 여와

동양의 여신 중 가장 오래되고 위대한 존재를 손꼽으라면 단연 여와를 첫째로 이름을 올릴 것이다. 후한後漢시대의 학자 허신許愼이 지은《설문해자說文解字》에서는 여와를 두고 태고의 신성한 여인이자 만물을 만들어 낸 존재라고 했다. 동진東晉시대의 도인 갈홍葛洪이 지은《포박자抱朴子》에는 여와가 땅에서 출현했다고 말하는데 이러한 견해들을 종합해보면 여와는 대지모신大地母神의 성격을 지닌 창조신이라는 것을 알 수 있다. 땅은 농작물을 비롯해 만물이 생겨나고 자라는 터전이기에 대지의 신은 흔히 어머니와 같은 신, 곧 모신母神으로 간주되었다. 그리스 로마 신화에서도 여신 데메테르는 대지의 신이면서 곡물과 농업을 주관하는 신이다.

인간을 만들고
지구의 재난을 평정하다

동양의 여신 중 가장 오래되고 위대한 존재로
손꼽히는 여와의 이야기는 모계 중심의 사회인 선사시대의 정서가 반영
되었다. 그리스 로마 신화에서 최초의 신을 대지의 여신 가이아로 보듯
여신은 남신보다 더 오래된 신이다.

여와의 가장 유명한 창조 행위는 흙을 반죽해 사람을 빚어낸 일이다.
일설에 의하면 여와가 하나하나 정성 들여 빚은 사람은 부귀한 인간이
되고, 노끈에 흙물을 묻혀 휘둘러서 생긴 사람은 비천한 인간이 되었다
고 한다. 이는 후세의 계급관념이 스며든 것으로 신화 본연의 모습이라
고 볼 수 없다.

창조신인 여와가 인간만 만들었을 리가 없다. 일설에 의하면 여와는
정월 초하루에 닭을, 이틀째 되는 날에 개를, 사흘째 되는 날에 양을, 나
흘째 되는 날에 돼지를, 닷새째 되는 날에 소를, 엿새째 되는 날에 말을
만들고, 이레째 되는 날에 사람을 만들었다. 그리고 여드레째 되는 날에
는 일반 곡식을, 아흐레째 되는 날에는 조를, 열흘째 되는 날에는 보리를
만들었다고 한다.

이러한 창조의 과정은 《구약》의 창세기에서 하나님이 곡식과 날짐승,
길짐승을 닷새에 걸쳐 미리 만들어놓고 엿새째 되는 날에 사람을 만든 후
이레째 되는 날 쉰 것과 비슷해 흥미롭다. 다만 창세기에서는 만물이 다

이루어진 후 마지막으로 인간의 창조가 이루어짐과 동시에 인간으로 하여금 생육하고 번성하여 만물을 지배하라는 하나님의 축복이 내려 강력한 인간 중심의 관념을 표명한다. 그러나 여와의 경우는 비록 인간이 가축 다음에 창조되기는 하나 인간 이후에도 곡식을 만들면서 인간이 창조의 궁극적인 목적으로 비쳐지지는 않는다. 그렇다면 인간 다음에 곡식이 창조되는 것은 무엇을 의미하는가? 아마 그것은 수렵이나 목축보다 훨씬 뒤늦게 찾아온 농업 행위의 현실을 반영하는 것이 아닌가 생각된다.

여와는 인간을 창조한 후 계속해서 생육하고 번성할 수 있도록 결혼 제도를 만들어 시행했다. 또한 남녀를 짝지어 결혼하도록 도와주는 중매의 신이 되었다. 사람들은 여와를 결혼의 신으로 숭배했는데 특별히 고매^{高媒}라는 이름으로 부르기도 했다. 고매는 신성한 중매인, 곧 결혼의 신이라는 뜻이다. 고매신의 사당은 성 밖에 건립되어 해마다 봄이 되면 태뢰^{太牢}라는 융숭한 의식으로 제사를 드렸다. 태뢰란 소·양·돼지 세 가지 제물을 바치는 큰 제사다. 이때 사당에서 제사만 드리는 것이 아니라 선남선녀가 모두 모여 축제를 벌였고 서로 눈이 맞으면 숲속 적당한 곳에서 무슨 짓을 해도 괜찮았다. 묘족^{苗族}, 동족^{侗族} 등 중국 남방에 사는 소수민족은 지금도 봄철에 이와 비슷한 축제를 벌인다. 중국 최초의 노벨문학상 작품인 가오싱젠^{高行健}의 《영혼의 산^{靈山}》에서는 주인공이 현실에 절망해 중국 변경 지대를 여행하다가 이런 축제에 참여하는 장면이 나온다. 주인공은 이후 삶의 활력을 되찾는다. 축제를 통해 우리는 신화의 시간으로 되돌아가고 태고의 창조와 갱신의 힘을 다시 획득할 수 있다.

여와는 남녀 간의 결합만 주선한 것이 아니었다. 자식 없는 사람들도 고매신의 사당에 와서 자식을 구하고자 기도했다. 여와는 생식과 성을 주관하는 신이기 때문이다. 여와의 몸체는 본래 뱀이었으나 남녀 간의 성적 결합을 주관하는 신의 기능 때문인지 후세에 인간화되어 에로틱한 매력을 발산하는 여신의 모습으로 바뀌었던 것 같다. 명나라 때의 소설 《봉신연의封神演義》를 보면 은殷의 폭군 주왕紂王이 사냥길에 여와의 사당에 들렀다가 요염한 여와의 화상畵像을 보고 음탕한 마음을 품은 결과 여신의 노여움을 사게 된다는 대목이 있다.

인간의 창조와 남녀 간의 결합, 생식을 주관한 일 이외에도 여와에게는 중요한 능력이 또 한 가지 있다. 그것은 치유와 보완의 기능이다. 아득한 태고 시절 갑자기 자연의 균형이 깨지는 큰 천재지변이 일어난 적이 있었다. 《회남자》에 의하면 어느 날 그야말로 하늘이 무너지고 땅이 갈라지는 일이 생겼다고 한다. 불길이 맹렬히 치솟고 거센 물살이 덮쳐오는 등 하늘과 땅 전체가 변동을 일으킨 것이었다. 험악한 상황에서 설상가상으로 맹수들이 사람을 잡아먹고 사나운 날짐승들이 노약자를 습격하기도 했다. 자신이 창조한 인간이 이러한 불행을 겪는 것을 자비로운 여신 여와는 내버려 두지 않았다. 여와는 우선 불행의 원인인 파괴된 하늘과 땅을 원상으로 회복시키고자 했다.

여와는 오색빛깔이 나는 넓은 돌을 잘 다듬었다. 그리고 그것으로 하늘의 뚫린 구멍을 기웠다. 다음으로는 꺼져버린 땅의 네 귀퉁이가 문제였다. 여와는 거대한 자라 한 마리를 잡아 네 발을 잘랐다. 그리고 그것들을 사방 땅끝에 세워 땅을 떠받치도록 했다. 이렇게 하니 무너졌던 하늘과 꺼져버렸던 땅이 본래의 안정된 모습을 되찾았다. 하지만 아직도 맹수들이 날뛰고 있었다. 여와는 맹수 중에서 가장 흉악한 검은 이무기를 잡아 죽였다. 그랬더니 맹수들이 점차 진정되기 시작했다. 여와는 갈대 잎을 태운 재로 넘쳐나는 물을 막았다. 이제야 온 천지의 재앙이 사라졌고 사람들은 다시 평화로운 삶을 영위할 수 있었다. 《회남자》에 의하면 따뜻한 봄, 더운 여름, 서늘한 가을, 추운 겨울의 사계절이 전처럼 순환하게 되었고 사람들은 안락하고 흥겨운 분위기에 젖어 짐승들과 동고동락하는 경지에 이르렀다고 한다. 여와의 노력으로 인간은 유토피아로 돌아간 것이다. 이 모든 일을 이룬 후 여와는 응룡應龍이 끄는 수레를 타고 구름을 뚫고 하늘나라로 초연히 떠나갔다고 한다.

세상을 낳고 길러준 어머니 신

그렇다면 인간을 창조하고, 부서진 하늘과 땅을 고치는 여와의 능력은 도대체 어디에서 나온 것일까? 전하는 말에 의하면 여와는 하루에 70번이나 변하는 능력을 지녔다고 한다. 언젠가는 여와의 창자가 10명의 신으로 둔갑한 적도 있었다. 그러니 이 세상에서 그녀가 못할 일이란 아무 것도 없을 것이다. 여와의 몸체가 뱀이라는 이야기도 여와의 뛰어난 변화의 능력을 상징한다. 뱀은 허물을 벗을 때마다 항상 새로운 몸으로 변신하기 때문이다.

여와는 마치 제우스의 아내 헤라처럼 여신 중의 여신이라 할 만하다. 헤라 역시 결혼과 가정의 수호신이다. 그러나 우리는 여와 신화의 두 가지 부분에 주목해야 한다. 첫째, 여와가 모든 일들을 단독으로 수행했다는 점이다. 여와의 모습은 인류 초기의 여성이 독립적이고 자율적인 존재라는 사실을 보여준다. 둘째, 여와의 업적에서 추리할 수 있는 여성의 생산성과 치유의 본능이다. 남신들의 파괴적인 성향과 대비되는 여와의 이러한 특성은 여성의 원초적인 능력으로서 긍정적으로 재인식될 필요가 있다. 따라서 여와 신화는 오늘날의 여성학에도 근거를 제공해줄 여지가 많다.

태고의 어머니는 강하고 독립적이었다. 먼 옛날부터 이어진 타고난 본능이 있다. 구원의 어머니에 대한 향수가 그것이다. 우리는 어머니를 꿈꾸고 그의 품에 안겨 위안을 얻고 치유받기를 원한다. 세상을 낳고 길러준 당당하고 자비로운 어머니 신 여와. 여성들은 바로 이 여신의 딸들이다.

불사약을 지닌 여신, 서왕모

인류를 창조하기도 하고 지상의 재난을 다스리기도 했던 여와는 여신 중의 여신으로, 위대하고 엄숙한 이미지의 화신이다. 그렇다면 거룩한 창조의 여신 여와와 달리 보다 친근하고 다정한 모습으로 새롭게 다가온 여신은 누구일까? 바로 서왕모 西王母다. 그러나 서왕모의 모습은 서양 여신처럼 아름답지가 않다. 동양 신화의 고전 《산해경山海經》에 따르면, 서왕모는 인간이라기보다 반인반수의 모습을 하고 있다.

죽음의 여신에서
생명과 미모의 여신으로

서왕모는 중국의 서쪽 끝에 있는 신령한 곤륜산에 산다고 전해진다. 이 산 정상의 요지瑤池라는 아름다운 호숫가에 산다

는 설과, 옥이 많이 쌓인 옥산玉山이라는 곤륜산의 한 봉우리에 산다는 설
이 있다. 그런데 서왕모의 모습이 표범의 꼬리와 호랑이 이빨을 가졌고
쑥대처럼 헝클어진 머리에 비녀를 꽂았다 하니 우리가 상상하는 품위 있
는 여신의 모습과는 상당히 거리가 있어 보인다. 기괴한 모습이지만 그
래도 여신이므로 그녀를 위한 시중꾼들이 있었다. 시중꾼들은 곤륜산 서
쪽의 삼위산三危山이라는 봉우리에 살았는데 그들은 인간이 아니라 세 마
리의 청조靑鳥였다. 이 새들의 모습은 푸른 몸에 붉은 머리, 검은 눈으로
주로 서왕모의 음식을 조달하는 일을 맡아 했다. 시중꾼은 이 파랑새들
뿐만이 아니었다. 세 발 달린 새가 한 마리 더 있는데 이 새는 그 밖의 잔
심부름을 도맡아 했다.

서왕모는 과연 그 모습답게 하는 일도 살벌하기 그지없었다. 그녀는
하늘에서 내리는 재앙이나 돌림병과 같은 무시무시한 일들과 더불어 코
를 베거나 손발을 자르는 등 다섯 가지 잔인한 형벌을 관장하는 여신이
었다. 서왕모는 왜 이렇게 살벌한 일을 담당하는 여신이 되어야만 했을
까? 그것은 고대 중국에서 서쪽이 지니는 상징적인 의미 때문이다. 서쪽
은 해가 지는 곳으로 어둠과 죽음의 땅이다. 조선시대 한양의 서쪽에 형
벌과 죽음을 관장하는 형조, 의금부 등 사법기관을 비롯해 서소문 밖 새
남터, 고태골 등 처형장이 있었던 이유기도 하다.

그러나 서왕모는 음산한 죽음의 여신만은 아니었다. 죽음을 관장했기
에 그녀는 죽음을 극복하는 힘, 곧 영생과 불사의 능력을 지닌 생명의 여
신이기도 했다. 《산해경》에 의하면 서왕모가 사는 곤륜산에는 불로불사

의 열매가 열리는 나무가 자란다고 한다. 이 불사수^{不死樹}의 주인은 물론 서왕모일 것이다. 그래서 그녀는 후일 영웅 예^羿가 불사약을 청하러 왔을 때 인심 좋게 하사하기도 한다.

프로이트는 인간의 마음속에 삶의 본능인 에로스적 충동과, 죽음과 파괴의 본능인 타나토스적 충동이 공존한다고 말한 바 있다. 죽음과 생명의 여신인 서왕모는 이러한 두 가지 모순적인 본능을 탁월하게 표현하고 있다.

죽음과 생명의 여신 서왕모는 후세로 갈수록 초기의 살벌한 죽음의 이미지는 옅어지고 온화한 생명의 이미지가 부각된다. 그리하여 서왕모는 마침내 호랑이 이빨을 한 짐승 같은 모습을 벗어던지고 아름답고 매력적인 자태로 거듭난다. 주^周나라 때 목왕^{穆王}이라는 임금이 여덟 필의 준마가 이끄는 수레를 타고 서쪽으로 여행을 떠나 곤륜산에 이른 적이 있었다. 이때 목왕은 젊고 예쁜 서왕모를 만나 사랑에 빠져 고국에 돌아갈 일을 잊었다 한다. 한나라 때에 이르러 서왕모는 죽음의 여신으로서의 모습은 사라지고 영생과 불사의 여신으로만 숭배된다. 사람들은 그녀에게 기원하면 불멸의 생명을 얻을 수 있다고 확신했다. 사당과 무덤의 벽화에 그녀가 본격적으로 등장하기 시작한 것도 이때부터다.

서왕모의 팬덤,
한무제

　　　　　　　　한나라 때에 특히 서왕모의 열렬한 팬은 다름 아닌 한무제^{漢武帝}였다. 소설《한무제내전^{漢武帝內傳}》에 의하면 한무제는 사당을 짓고 치성을 드리는 등 갖은 노력을 다해 서왕모의 강림을 기원했다. 지성이면 감천이었던지 마침내 칠월칠석날 서왕모가 아홉 빛깔의 용이 끄는 수레를 타고 천상에서 내려왔다. 이때의 광경을《한무제내전》에서는 다음과 같이 묘사한다.

> 서왕모는 두 시녀의 부축을 받아 궁전에 올랐다. 시녀들은 나이가 열여섯~일곱쯤 되었는데 푸른 비단 윗옷을 입었다. 그녀들의 반짝이는 눈동자, 맑은 자태는 보는 이로 하여금 미인임을 실감케 했다. 서왕모는 궁전에 올라 동쪽을 향해 앉았다. 그녀는 황금빛 치마를 입었는데 환하고 품위 있어 보였으며 아름답게 수놓은 허리띠에 보검을 찼다. 머리에는 화려한 비녀를 꽂고 구슬 관을 썼으며 봉황새 무늬가 있는 신발을 신었다. 나이는 한 서른 살 쯤 되어 보였는데 균형 잡힌 몸매, 은은히 풍기는 기품, 빼어난 미모는 진실로 이 세상 사람이 아니었다.

서왕모는 과거의 동물적인 모습에서 완전히 벗어나 절세 미모의 여신으로 변모했다. 두 명의 예쁜 시녀 역시 앞서 설명했던 파랑새들이 변신한 것이리라. 이윽고 한무제가 머리를 조아리며 불사약을 간청하자 서왕모는 불사의 복숭아, 선도仙桃를 내려주었다. 이 선도는 서왕모가 관리하는 반도원蟠桃園이라는 복숭아나무밭에서 딴 것인데 이곳의 복숭아나무는 3천 년 만에 꽃이 피고 다시 3천 년 만에 열매를 맺으며 그것을 한 개 먹으면 1만 8천 살까지 살 수 있다고 했다. 그런데 서왕모는 이 귀중한 선도를 하사할 때 한무제 곁에 있던 신하인 동방삭東方朔을 가리키며 그가 몇 차례나 자신의 반도원에서 복숭아를 훔쳐갔었노라고 책망한다. 동방삭은 익살맞은 이야기로 황제를 즐겁게 해주던 재담꾼, 요즘으로 말하면 일종의 개그맨이었는데 원래 그는 세성歲星이라는 별의 정령으로 잠시 인간 세상에 와서 신분을 속이고 한무제의 신하 노릇을 하고 있었다고 한다. 말하자면 그도 신이었던 셈인데 한무제는 서왕모의 말을 듣고서야 동방삭이 보통 인간이 아니라는 것을 깨달았다고 한다.

어쨌든 동방삭은 서왕모의 반도원에서 불사의 복숭아를 몇 차례나 훔쳐 먹었으니 그가 얼마나 오래 살았을지 짐작하기 어렵지 않다. 그래서 오래오래 살았다는 그를 두고 후일 '삼천갑자三千甲子 동방삭'이라는 말이 유행하게 되었다. 서왕모의 반도원은 동방삭 이후에 또 한 번 크게 도둑질을 당한다. 우리에게도 잘 알려진 명나라의 환상소설 《서유기西遊記》를 보면 천상의 잔치에 초대받지 못한 손오공이 홧김에 반도원에 침입해 선도를 거의 다 따먹어버린다.

당대 최고의 여신,
조선 최고의
인기 여신이 되다

서왕모에 대한 숭배는 이후 당나라 때에 이르러 다시 한번 크게 일어났다. 이때 서왕모는 주목왕이나 한무제와 같은 고귀한 신분의 사람들이나 만날 수 있는 숭고한 존재가 아니라 평범한 이들의 소원도 이뤄주는 존재로 바뀌었다. 보다 대중적인 지지를 받는 여신으로 변모한 것이다.

시인들은 더욱 친밀하게 그녀에게 접근할 수 있었다. 그들은 공공연하게 그녀에 대한 연모의 감정을 노래하기도 했고 그녀를 사랑하는 여인과 동일시하기도 했다. 서왕모의 사자使者인 세 마리 파랑새는 사랑의 메신저로 변모해 애정시에 자주 등장했다. 서왕모와 파랑새는 동양 문학의 상투적인 메타포가 되었다.

서왕모 신화는 당시唐詩의 영향을 많이 받았던 조선시대 시인들의 작품에서도 자주 언급되었으니 그녀의 인기가 중국에만 그치지 않았음을 알 수 있다. 선조 때 시인 정지승은 물론, 여성 시인 허난설헌은 서왕모를 좋아해 많은 시를 남겼다. 아울러 위로는 임금님으로부터 아래로는 일반 백성에 이르기까지 서왕모가 잔치하는 그림인 〈요지연도瑤池宴圖〉를 즐겨 감상했는데 이는 그림을 통해 부귀영화와 장수를 누릴 수 있다는 믿음 때문이었다.

동양의 헤라클레스, 예

영웅은 신과 더불어 흥미롭고 신비한 신화의 주인공이다. 신보다 영웅의 이야기가 더욱 박진감 있고 실감 날 때가 많다. 왜일까? 완전한 존재인 신에 비해 불완전한 영웅의 이야기는 갈등이 선명하고 그것을 극복하는 승리의 쾌감이 있다. 여기서 평범한 인간들도 깊은 공감과 비상을 꿈꿀 수 있다. 영웅은 미완에서 완성으로 가는 상향적 존재다. 그래서 그는 인간의 노력에 따른 무한한 가능성을 상징한다.

용사에서 영웅으로

동양 신화에도 여러 영웅이 등장하지만 지금 이야기하려는 예*처럼 흥미진진한 영웅은 없다. 영웅 예 신화의 줄거리는 다음과 같다.

중국의 전설적 성군인 요^堯임금이 다스리던 시대에 예라는 활을 잘 쏘는 용사가 있었다. 예의 출생 배경과 성장 과정은 전해지는 이야기가 거의 없다. 다만 《초사^{楚辭}》〈천문^{天問}〉 편에 "천제^{天帝}가 그를 하계에 내려보냈다"는 기록이 있는 것으로 보아 하늘에서 지상으로 내려온 신이거나 신의 혈통을 이은 인간임을 알 수 있다.

온 백성이 태평성대를 노래했다는 요임금의 시대에도 재난은 있었다. 어느 날 멀쩡하던 하늘에 갑자기 열 개의 태양이 동시에 떠오른 것이다. 열 개의 태양은 본래 천제의 아들들로 황금빛을 발하는 세 발 달린 신성한 까마귀, 삼족오^{三足烏}였다. 그들은 원래 동방의 양곡^{湯谷}이라는 곳에서 하루에 하나씩 떠오르게 되어 있었다. 양곡은 뜨거운 물이 흐르는 골짜기로, 그곳에는 부상^{扶桑}이라는 거대한 뽕나무가 있었다. 열 개의 태양이 이 부상 나무의 가지에서 아침마다 하나씩 교대로 떠올라 온종일 하늘을 운행한 후 서쪽의 우연^{虞淵}이라는 연못에 이르면 하루가 저물곤 했다.

그런데 어느 날 운행의 규칙을 무시하고 천제의 아들들이 한꺼번에 떠올랐다. 몇 천 년 동안 수없이 계속해온 일에 싫증이 나서 장난기가 발동했는지도 모를 일이다. 열 개의 태양이 동시에 떠오르자 지상은 불구덩이로 변했다. 강물이 말라붙고 초목과 곡식이 타 죽으니 백성은 갈증과 굶주림에 시달렸다. 요임금은 백성의 고통을 지켜볼 수 없어 무당을 시켜 열 개의 태양을 말려보도록 했지만 소용이 없었다. 희망을 걸었던 무당의 노력마저도 물거품이 되자 요임금과 온 백성은 절망에 휩싸였다.

그들의 절망과 비탄의 한숨이 하늘에까지 닿았다.

뒤늦게 하계의 심각한 상황을 파악한 천제는 철부지 아들들의 행동에 책임을 통탄했다. 천제는 곧 활을 가장 잘 쏘는 용사 예를 불렀다. 천제는 예로 하여금 난동을 부리는 태양들을 진정시키도록 했다. 비록 자신의 아들들이지만 하늘의 법도를 무시한 죄는 용서하기 어려웠다.

천제의 명을 받든 명궁 예는 아내 항아嫦娥와 함께 지상으로 내려갔다. 그리고 환영하는 요임금과 백성 앞에서 호흡을 가다듬고 태양을 겨누었다. 곧이어 시위를 떠난 화살은 열 개의 태양 중 하나에 명중했다. 그 태양은 빛을 잃고 한 마리의 세 발 달린 까마귀가 되어 지상으로 떨어졌다. 형제 중 하나가 화살에 맞아 떨어지자 남은 태양들이 갈팡질팡 도망가기 시작했다. 예는 이쯤에서 활쏘기를 멈추어도 좋았다. 한 번 혼난 천제의 아들들은 다시는 장난을 치지 않을 것이었기 때문이다. 그러나 예는 환호하는 백성 앞에서 자신의 재능을 뽐내고 싶어졌다. 도망가는 태양들을 명궁인 그가 놓칠 리 없었다. 예는 연속해서 시위를 당겼다. 두 마리, 세 마리……, 자신들을 재난에 빠뜨렸던 태양이 떨어질 때마다 백성은 갈채를 보냈고 예는 마음껏 재주를 뽐냈다. 아홉째 까마귀가 떨어졌을 때 비로소 예는 정신이 들어 활쏘기를 멈췄다. 인류를 위해 한 개의 태양은 남겨둬야 했기 때문이다. 이렇게 해서 하늘은 다시 정상으로 돌아왔다.

그러나 아직도 예에게는 할 일이 남아 있었다. 가뭄이 들어 지상이 혼란에 빠지자 그 틈을 타 사방에서 괴물이 날뛰며 백성을 괴롭히고 있었다. 예는 사람을 잡아먹거나 피해를 끼치는 알유猰貐, 착치鑿齒, 구영九嬰,

대풍大風, 파사巴蛇, 봉희封豨 등 괴물들을 죽이거나 사로잡았다. 예의 이런 행동은 결국 천제의 진노를 샀다. 궁술을 뽐내기 위해 자신의 아들 중 하나만 남기고 모두 없애버렸기 때문이다. 이로 인해 예는 다시는 하늘로 올라가지 못하는 신세가 되고 말았다.

천제로부터 버림받은 예는 실망하며 이리저리 떠돌다가 낙수洛水의 강가에서 눈부시게 아름다운 여인을 만났다. 그녀는 강의 신 하백河伯의 아내이자 낙수의 여신인 복비宓妃였다. 천하제일의 용사 예와 절세의 미녀인 복비는 사랑에 빠졌으나 복비의 남편 하백에게 발각되고 말았다. 집에 돌아온 예는 아내 항아의 싸늘한 반응을 감수해야만 했다.

죽어서 귀신의
우두머리가 되다

그러던 어느 날, 예는 불현듯 자신의 수명이 길지 않다는 것을 느꼈다. 하늘로 올라가지 못하는 그는 이제 인간과 다름없는 삶을 살아야 하기 때문이다. 그는 불사약을 가진 곤륜산의 여신 서왕모를 찾아가 사정했다. 서왕모는 예가 백성을 위해 헌신했던 공로를 인정하여 불사약을 하사했다. 예는 기쁘게 불사약을 지니고 집으로 돌아왔다. 그리고 언젠가 먹기 위해 잘 간수해두었다.

뜻하지 않은 일은 그의 아내 항아로 인해 일어났다. 남편의 실수로 하늘에 못 올라가게 되고 사랑도 배신당한 항아는 자신이야말로 불사약으로 보상 받아야 한다고 생각했다. 그녀는 기회를 노리다가 예가 없는 틈을 타 불사약을 훔쳐 먹었다. 불사약을 먹자 그녀는 몸이 가벼워져 하늘을 날 수 있게 되었다. 그녀는 그대로 지상을 떠나 달로 가서 달의 여신이 되었다. 일설에는 불사약을 훔친 죄로 달에 간 그녀의 몸이 흉측한 두꺼비로 변했다고도 전한다. 아마 후세에 유교의 가부장적 사고를 바탕으로 그녀를 괘씸하게 생각한 사람들이 덧붙인 이야기로 추정된다.

어쨌든 딱하게 된 것은 예의 신세였다. 불사약도 없고, 아내마저 잃은 예는 모든 고통을 잊고자 제자들에게 활쏘기를 가르치는 데 열중했다. 제자들 중에서 방몽逢蒙은 특히 재주가 뛰어나 예의 사랑을 받았다. 그러나 예의 불행은 아직 끝나지 않았다. 제자 방몽은 스승만 없으면 자기가 이 세상에서 최고의 궁수弓手가 될 것이라는 발칙한 마음을 품었다. 그리하여 방몽은 어느 날 예가 사냥 갔다가 돌아올 때 길목에 숨어 있다가 복숭아나무로 만든 몽둥이로 예를 때려죽이고 말았다. 천하의 영웅 예는 이처럼 어처구니없이 비극적인 최후를 맞이했다. 그러나 백성은 지난 날 예가 자신들을 위해 몸소 실천했던 위대한 업적들을 잊지 않고 그를 위해 성대한 제사를 지내며 신으로 모셨다. 중국에서는 예를 종포신宗布神으로 숭배했는데, 귀신의 우두머리로서 나쁜 귀신을 쫓는 데 효험이 있었다고 전해진다.

예 신화는 그리스 로마 신화와 비슷한 점이 많다. 우선 천제의 아들들과 태양신의 아들 파에톤이 정상적인 궤도에서 벗어나서 인류에 재앙을 초래하고 격추된다는 이야기의 발상이 비슷하다. 아들의 경거망동으로 인한 실패는 고대 가부장 사회에서 부권父權에 대한 자식의 도전을 경계하는 메시지로 들리기도 한다. 무엇보다도 예의 위대한 행적과 비극적인 최후는 그리스 로마 신화의 대표적 영웅 헤라클레스를 떠올리게 한다. 헤라클레스 역시 온갖 괴물을 퇴치하는 등 난제를 해결했고 마지막에는 아내 데이아네이라의 실수로 목숨을 잃었다가 죽은 뒤에야 신으로 추앙받는 점 등 유사한 대목이 많다.

예 신화는 우리와도 깊은 관련이 있다. 고구려 신화의 주몽朱蒙은 예·방몽 등과 함께 활쏘기의 명수였으며, 고구려 고분벽화에는 태양을 상징하는 삼족오가 그려져 있다. 제사상을 차릴 때 복숭아를 올리지 않는 것도 복숭아나무 몽둥이에 맞아 죽은 예와 관련된 민속이다. 귀신의 우두머리인 예가 가장 두려워하는 것이 복숭아나무니 조상 귀신들은 말할 나위 없기 때문이다. 무속인들이 귀신들린 사람을 고친다고 복숭아나무의 가지로 때리는 것도 여기서 유래했다.

※ 제11강 〈동양 신화의 어벤져스〉는 정재서의 《이야기 동양 신화》 일부 내용을 전제했음을 밝힙니다.

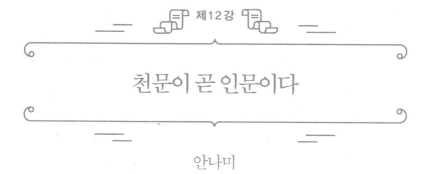

제12강

천문이 곧 인문이다

안나미

수학과 과학을 좋아하는 한문학자. 10여 년의 방송작가 경력을 접고 성균관대에서 다시 공부를
시작해 한문학 박사를 마친 후, 성균관대 초빙교수로 학생들을 가르치고 있다. 조선시대의 과학,
수학, 천문학 등에 관련된 고서를 번역하고 있다. (사)아마추어천문학회 사무처장을 지냈다.
저서로 《별자리와 우리 천문학의 역사》 외 다수가 있으며, 기상청과 함께 조선시대 천문 기록인
《성변측후단자 강희 3년, 강희 7년, 순치 18년》, 세종대왕기념사업회와 함께 조선시대 수학서인
《주서관견》을 번역했다.

별이 알려주는 내 운명, 점성술

고려 때 한 사신이 밤에 시흥군始興郡에 들어오다가 큰 별이 민가에 떨어지는 것을 보고 사람을 시켜 알아보게 했더니 한 아이가 태어났다고 했다. 그 아이가 강감찬이었는데, 나중에 송나라 사신이 강감찬을 보고 나서 자신도 모르게 두 번 절하면서 "문곡성文曲星이 오랫동안 보이지 않더니 지금 여기에 있다"라고 했다.

－《신증동국여지승람》 권10 〈경기京畿 금천현衿川縣〉

서울 지하철 2호선을 타고가다 보면 낙성대역이 나온다. 관악구 봉천동에 위치한 낙성대落星垈는 이름 그대로 별이 떨어진 곳이라는 의미다. 강감찬 장군의 어머니가 반짝반짝 빛나는 별이 품속에 살포시 떨어지는 태몽을 꾸고 아이가 태어난 날에도 집에 별이 떨어졌다고 하는데, 그 별이 바로 문곡성이다.

문곡성이라는 별 이름은 생소하다. 이 별은 북두칠성의 일곱 별 가운데 넷째에 해당하는데, 문학과 재물을 관장하는 별이다.《천문류초天文類抄》에는 임금의 명령이 순리에 맞지 않아 하늘의 도리를 밝히지 못하면 문곡성이 어두워진다고 했다.

문곡성이 우리나라에서 강감찬 장군이 되었다면 중국에서는 판관 포청천包靑天이 되었다. 중요하고 큰 별이 사람이 된다고 하는 이야기는 흔한 편이다. 북두칠성 옆에 있는 문창성文昌星은 문학을 관장하는 별이다. 그래서인지 문창성의 기운을 받고 태어난 인물들이 많다.

하늘에서 별이 떨어져 사람으로 태어나고 그 기운으로 영웅이 된다는 것은 비과학적이라 믿기 어렵다. 그럼에도 불구하고 사람들은 별의 기운이 인간 세상에 미치는 영향이 크다고 믿는다. 인터넷 포털이나 신문 등 미디어에 별점으로 하루의 운수를 점치는 것이 빠지지 않고 나오는 이유다.

천문과 점성을 바탕으로 발전한 문명

점성술astrology은 태양과 달, 그리고 별이 인간의 운명을 예고하고 결정짓는다고 믿고 별의 영향을 해석하는 의사과학疑似科學이다. 고대 중국과 인도는 물론이고 서양의 여러 문명권에서도 점성술은 인류의 오랜 신앙이자 과학이었다. 인류에게 점성술은 계절의 변화를 예측하는 근거 데이터였고, 신과 소통하는 도구이기도 했다.

서양의 점성술은 3,000년 전 메소포타미아 문명에서부터 시작해 그리스를 거쳐 인도에까지 전파되었고, 동양 점성술은 따로 발전했지만 나중에는 인도를 거쳐 들어온 서양 점성술과 만나게 되었다고 한다.

고대 문명은 천문학과 점성학을 분리해서 생각할 수 없다. 하늘에서 일어나는 일이 땅에서 일어나는 일과 관계 있다고 믿는 논리와 체계가 점성술의 기본이었다. 점성술은 천문학과 밀접하게 연결되어 있다.

천문학자이면서 점성학자로 유명한 요하네스 케플러Johannes Kepler는, 행성의 궤도 운동에 대한 이론이 발전하면서 기하학적으로 우주를 설명하던 고대 천문학을 역학적 천문학으로 발전시켰다. 케플러 초신성으로 더 유명한 그는 1601년에 《더욱 믿을 만한 점성학의 기초De Fundamentis Astrologiae Certioribus》를 출판했다. 그는 별들이 인간의 운명을 이끈다는 미신적인 관점을 거부하면서 우주와 인간의 조화를 증명하는 데 전력했다. 신앙으로 받아들여졌던 전통 점성학의 불합리성을 비판하면서 점성학의 혁신을 시도한 것이다.

점성술의 역사는 오래되었지만 21세기 첨단과학시대를 사는 우리에게 별 의미가 없을 수도 있다. 점성술에서는 동양이나 서양 모두 12개의 별자리가 있는데, 그 이유는 태양이 다니는 길, 즉 황도黃道에 해당하는 별자리를 정하기 때문이다. 황도를 30도씩 구분해서 12궁宮의 별자리로 나누는데, 태어날 때 태양이 위치한 곳에 있는 별자리가 그 사람의 운명을 결정짓는다고 믿었다.

별은 인간의 운명을 결정하고,
인간은 그 운명을 넘는다

그렇다면 정말 별이 인간의 운명을 결정할까? 영국의 엘리자베스 1세의 대관식은 세 가지를 고려해 날짜를 선택했다. 바로 태양과 별, 그리고 여왕의 생일이다. 점성술사는 태양과 그를 따르는 금성과 목성이 여왕의 생일에 나타난 행성들과 호각을 이루는 날을 선택했다. 여왕은 무려 44년이나 영국을 통치했는데, 대관식 날에 일어난 태양과 별의 영향이었다는 해석이 있다.

반면에 별자리때문에 고통을 겪은 사람도 있다. 조선 중기의 천재로 일컫는 허균과 조선 후기의 대문호 연암 박지원, 실학의 거두 다산 정약용이다. 세 사람은 우연하게도 별자리가 같다. 바로 마갈궁磨羯宮이다. 마갈궁은 서양의 염소자리Capricornus에 해당하는데, 토성의 지배를 받는다.

마갈궁의 정기를 받고 태어난 사람은 문장력이 뛰어나지만 이유 없이 비방을 당하고 좌절을 겪어야 하는 운세를 타고난다고 알려졌다. 중국 송나라 소식蘇軾*의 글에 이런 내용이 있다.

한퇴지韓退之**의 시에 "내가 태어날 적에 달이 남두南斗에 있었다"라

---

* 송나라를 대표하는 시인으로 당송8대가唐宋八大家의 한 사람. 호는 동파東坡로 소동파로 알려져 있다.
** 당나라의 문장가며 정치가인 한유다. 당송8대가의 한 사람이다. 퇴지는 한유의 호다.

고 했으니, 퇴지는 마갈을 신궁으로 삼았음을 알겠다. 나도 그만 마

갈을 명궁命宮으로 삼아서 평생토록 비방을 많이 받았으니, 아마도

퇴지와 같은 병에 걸린 것이리라.

— 《동파전집東坡全集》 권101 〈명분命分〉

마갈궁이 평생 비방 받을 별자리라는 속설은 오래전부터 알려진 듯하

다. 소동파와 한유는 물론, 정약용도 "내 일생이 마갈궁의 운명인지라,

허무虛無라는 두 글자뿐입니다"라고 말할 정도였다. 중국의 반고班固*와

사마천司馬遷**도 마갈궁 태생인데, 이들의 이름을 들으면 평생 비방 받는

고달픈 인생을 살았지만 대단한 문장가라는 사실이 떠오른다. 위대한 사

람들의 고단한 인생은 그들이 남긴 명저 뒤에 가려지기 마련이다.

박지원은 스스로 과거를 포기하고 벼슬길에 나아가지 않았으나 《열

하일기》를 남겼고, 정약용은 18년이라는 긴 세월 동안 유배를 당했지만

《경세유표》《목민심서》《흠흠신서》 등 조선시대 실학의 정수이자 조선의

사회경제사 연구에 귀중한 자료를 남겼다. 개혁을 꿈꾸던 허균은 역모를

꾀했다는 누명을 쓰고 49세의 나이에 형장의 이슬로 사라졌지만 시와 산

문을 묶은 시문집 《성소부부고惺所覆瓿藁》를 남겼다. 허균은 자신의 운명을

풀이하는 글인 〈해명문解命文〉에서 이렇게 말했다.

---

* 중국 후한의 역사가다. 철저한 고증으로 유명한 역사서 《한서漢書》를 지었다.

** 중국 최고의 역사서이자 문학서 《사기》의 저자다.

한유도 마갈궁 참소와 시기를 당하여 시대에 현달^{顯達}하지 못하고
억눌리며 버림받은 자취는 천 년이 지난 오늘날에 있어 부절^{符節}을
맞추듯이 다름이 없으니. 아! 괴이한 일이다.

"그대는 왜 운명을 원망하나. 그대의 수명 매우 길단다. 일러주노니
하늘을 원망 마오. 하늘이 그대에게 문장을 주었잖소."

허균은 인용한 이 글의 뒤에서 옥황상제에게 말해 태어난 해를 바꾸는
대신 재주를 빼앗고, 총명을 어둡게 하고, 높은 벼슬을 내려 권세를 누리
면 어떻겠냐고 자문한다. 그러나 마갈궁으로 겪어야 할 고단한 운명을
바꾸고 싶지는 않다고 말한다. 허균은 마갈궁으로 예견된 운명의 위험을
알면서도 의지대로 세상을 살았다. 세상의 버림을 두려워하지 않고 자기
뜻대로 살다간 허균의 삶을 과연 불행하다고 말할 수 있을까?

지금도 정치 지도자나 기업을 운영하는 사람 중에는 큰일을 결정하기
전에 점성가나 관상가에게 자문을 구하는 경우가 많다고 한다. 멀고 먼
옛날 나약한 인간이 하늘에 의지하며 운명을 점치던 방법이 우주선이 태
양계 너머로 날아가는 지금 시대에도 여전히 유효할까? 지금 우리의 운
명을 지배하는 것은 무엇일까? 셰익스피어는 《율리우스 시저》에서 이렇
게 단언했다.

"내 친구 브루투스여, 잘못은 우리를 지배하는 별들에 있지 않다네.
잘못이 있다면 그 힘에 굴복하는 우리 자신에게 있겠지."

동양의 하늘 vs. 서양의 하늘

여름철 밤하늘을 올려다보면 아름다운 백조자리가 하늘 가운데를 가로지른다. 가을밤에는 눈이 빨간 황소자리가 그 자리를 차지한다. 사시사철 언제나 볼 수 있는 큰곰자리의 꼬리 부분인 북두칠성도 밤하늘을 채운다. 그리스 로마 신화에서 밤하늘의 별이 된 백조와 큰곰과 황소는 어떤 존재일까?

제우스가 스파르타의 왕비 레다를 유혹하기 위해 백조로 변신한 것이 백조자리고, 강가에서 꽃을 따다가 제우스의 눈에 띄어 헤라의 질투로부터 죽음을 면하기 위해 황소로 변신한 이오는 황소자리며, 제우스의 사랑을 받아 헤라의 질투로 곰이 된 칼리스토는 큰곰자리다.

아름다운 밤하늘의 별자리 전설을 이야기하다 보면 온통 제우스의 여성 편력으로 가득 차 있다. 목성의 4대 위성의 이름도 제우스와 관계가 깊다. 목성은 제우스며 4대 위성은 이오, 유로파, 가니메데, 칼리스토다. 모두 제우스가 사랑했던 사람들이다. 이 중에는 지상에서 가장 아름다운 인간이라는 이유로 제우스가 하늘로 데려가 신들에게 지혜의 물을 따르게 한 가니메데 왕자도 있다. 가니메데 왕자는 물병자리로 남았다.

서양인들이 바라보는 밤하늘에는 제우스를 중심으로 한 그리스 로마 신화의 이야기가 펼쳐져 있다. 많은 부분이 제우스의 여성 편력과 얽혀 있어 밤하늘을 쳐다보면서 아이들에게 별자리 이야기를 하다 보면 동심을 파괴하는 느낌이 들 때도 있다.

하늘의 일이 땅에서도 일어난다고 믿었던 동양의 세계관

그렇다면 동양의 밤하늘에는 어떤 이야기가 있을까? 동양의 밤하늘에도 제왕이 나온다. 바로 하늘의 황제인 옥황상제다. 옥황상제도 전지전능하여 모든 것을 마음대로 할 수 있을까? 그렇지 않다. 옥황상제는 하늘의 신하들과 의논해서 일을 결정하고 백성의 삶을 살펴 궁극적으로 그들이 잘사는 세상을 만들기 위해 노력한다.

오랫동안 동양에서는 하늘에서 일어나는 일이 땅에도 거울처럼 그대로 반영된다고 믿었다. 하늘의 일이 땅에서도 일어나니, 인간이 살아가는 세상이나 하늘의 세상이나 다를 바가 없다. 하늘에도 강이 흐르고 그 강을 건너는 배가 있고 강물이 넘치지 않도록 감시하는 관리가 있다. 죄를 지은 사람을 벌주기 위한 감옥도 있다.

하늘의 모습이 인간 세상에 나타나기 때문에, 만약 왕의 별자리에 문제가 생기면 지상의 왕에게도 문제가 생길 거라 믿었다. 그래서 불확실성으로 가득한 세상을 살아가는 인간은 하늘을 열심히 살필 수밖에 없었다. 하늘에서 일어나는 아주 작은 변화도 놓치지 않고, 그 변화가 인간 세상에 어떻게 나타날지 생각했다. 나쁜 징조라면 재앙이 일어나지 않도록 미리 대비했다.

임진왜란이 일어나 선조가 한양을 떠나 피난하느냐 마느냐를 정할 때, 당시 영의정이던 이산해李山海는 천문을 살펴 나라의 기운이 좋지 않으니 선조가 떠나야 한다고 주장했다. 이산해는 천문을 잘 보기로 유명했다. 나중에 이 일로 파직되었지만 말이다.

하늘에도 왕이 있고 신하들과 함께 국정을 의논한다. 그리고 백성도 살아간다. 하늘에는 옥황상제와 왕실이 사는 궁궐인 자미원紫微垣과 신하들이 일을 의논하고 결정하는 태미원太微垣, 백성이 살아가는 모습을 집약해놓은 하늘의 시장 천시원天市垣이 있다. 이것이 하늘 중심에 있는 별자리 3원垣이다.

3원을 중심으로 동서남북 사방에는 각 방위를 지키는 수호신이 있다. 동쪽에는 청룡靑龍이, 서쪽에는 백호白虎가, 남쪽에는 주작朱雀이, 북쪽에는 현무玄武가 있다. 모두 네 방향에 각각 일곱 개씩이니까 $4 \times 7 = 28$, 모두 28개의 별자리가 있는데 이것을 28수宿라고 한다.

28수는 동쪽에 각角·항亢·저氐·방房·심心·미尾·기箕가, 북쪽에 두斗·우牛·여女·허虛·위危·실室·벽壁이, 서쪽에 규奎·누婁·위胃·묘昴·필벽·자^觜·삼^參이, 남쪽에 정^井·귀^鬼·유^柳·성^星·장^張·익^翼·진^軫이 있다.

28수를 외우면 행운을 불러오고 불운을 막아준다고 해서 옛날 사람들은 열심히 외우고 다녔다. "각항저방심미기~" 하면서 앞부터 외우다가 거꾸로 "진익장성유귀정~" 이렇게 외우면서 밤길을 걸을 때 귀신을 쫓고, 과거를 보러갈 때 행운을 빌기도 했다.

서양의 전갈과 오리온, 동양의 심수와 삼수

"달의 여신 아르테미스와 사냥꾼 오리온은 서로 사랑했다. 아르테미스의 오빠 아폴론은 눌의 사랑을 막기 위해 아르테미스로 하여금 오리온을 쏘아 죽이게 했다. 제우스가 이를 가엾게 여겨 오리온을 별자리로 만들었는데, 아폴론이 전갈을 보내 오리온을 뒤쫓게 했다."

"옛날 고신^{高辛} 씨에게 두 아들이 있었는데 형의 이름은 알백^{閼伯}이고 동생의 이름은 실침^{實沈}이다. 광림^{曠林}에 살았는데 서로 사이가 좋지 않아 날마다 창과 방패로 싸웠다. 상제^{上帝}가 이것을 좋지 않게 생각하여 알백은 상구^{商丘}로 옮겨 상성^{商星}이 되게 하고, 실침은 대하^{大夏}로 옮겨 삼성^{參星}이 되게 하니, 두 별이 서로 뜻이 맞지 않아 각각 다른 지방에 거한다."

첫째 이야기는 그리스 로마 신화에 나오는 오리온과 전갈의 이야기다. 헤라가 오리온을 죽이려고 전갈을 보냈다는 이야기도 있다. 아무튼 여기에서 오리온과 전갈은 살아서도 죽어서도 원수가 되어 서로를 쫓는 운명이라는 의미다. 실제로 밤하늘을 보면, 전갈자리가 떠오르면 오리온자리가 진다. 반대로 오리온이 떠오르면 전갈이 진다. 밤하늘에서 전갈과 오리온은 절대 만날 수 없다. 전갈자리는 여름을 대표하는 별자리고, 오리온자리는 겨울을 대표하는 별자리니 서로 만날 수 없는 것이다.

둘째 이야기는 《좌전左傳》*에 나오는 이야기다. 고신 씨라는 사람의 두 아들이 사이가 나빠서 매일 치고받고 싸우니, 그 꼴을 보지 못해 서로 멀리 떨어뜨려 놓았다는 이야기다. 형제면서도 다시는 서로 만나지 못했다고 한다. 형은 심수心宿가 되고, 동생은 삼수參宿가 되었다.

심수와 삼수는 일 년 내내 밤하늘에서 절대 만나지 못한다. 심수가 떠오르면 삼수가 지고, 삼수가 떠오르면 심수가 지기 때문이다. 그래서 형제가 화목하지 못하거나 친한 친구가 서로 만나지 못하는 경우 이 두 별에 비유한다.

심수는 동쪽 청룡의 심장에 해당하는 별로 여름 밤하늘에 잘 보이고, 삼수는 서쪽 백호의 앞발에 해당하는 별로 겨울 밤하늘에 또렷하게 나타난다. 그러니 이 두 별자리는 같은 하늘에서 만날 일이 없다.

서양 별자리에서 심수는 전갈자리에 해당하고, 삼수는 오리온자리에

---

* 공자의 역사서 《춘추春秋》를 해설한 주석서로, 《좌씨전左氏傳》 《좌씨춘추左氏春秋》라고도 한다.

해당한다. 결국 두 이야기는 같은 별자리에 대한 것으로 동서양의 세계
관에 따라 이야기를 풀어가는 방법은 다르다. 하지만 하늘에서 일어나는
별자리를 오래 관측한 결과 절대 만나지 못하는 두 별을 보고 만들어진
이야기라는 점은 같다.

동서고금,
인간을 행복하게
만들어주는 천문학

국제천문연맹에서 정한 별자리는 모두 88개다.
서양 별자리를 기준으로 만들어진 것이다. 동양 별자리는
몇 개일까? 28수니까 28개라고 생각하기 쉽지만 사방을
지키는 28수 외에도 북두칠성, 남두육성과 같은 많은 별자
리가 있다. 〈천상열차분야지도天象列次分野之圖〉를 기준으로 보면 밤하늘의
별자리는 모두 295개다.

〈천상열차분야지도〉는 조선이 개국하면서 만들어진 천문도天文圖다. 새
로운 나라를 세우고 새로운 천문도를 만들고 싶었던 태조는 중국의 천문
도를 그대로 가져와 쓰지 않고 조선의 천문도를 새로 만들었다. 이 천문
도는 옛날 고구려의 천문도를 바탕으로 하되 새롭게 수정했다. 고구려의
수도 평양과 조선의 수도 한양은 위도가 달라 시간차에 따라 위치가 변
하기 때문에 수정한 것이다.

태조는 왜 천문도를 새롭게 만들고 싶어 했을까. 조선은 고려의 장수

이성계가 반역하고 건립한 나라가 아니라, 하늘의 뜻에 따라 세운 나라임을 강조하고 싶었을 것이다. 또한 하늘을 잘 살펴서 백성의 삶을 풍요롭게 해줄 훌륭한 왕조라고 널리 알려 백성에게 새롭게 건립되는 나라에 대한 믿음을 주고 싶었을 것이다. 농경사회에서 백성을 잘살게 하는 방법은 농사가 풍년을 이루게 하는 데 있다. 농사를 잘 짓게 하려면 기후를 정확하게 예측해야 하니 하늘을 잘 살펴야 한다.

이제 한국은 농경사회가 아니지만 하늘을 살피는 일은 더 열심히 해야한다. 앞으로 펼쳐질 우주시대에 필요한 천문학 연구를 위해서 말이다. 과거의 천문학이 인간을 행복하게 해줬던 만큼, 미래의 천문학도 우리를 더 행복하게 만들어줄 테니까. 그런 의미에서 나는 지난 4월 10일에 미국항공우주국NASA의 태양 탐사선에 탑승할 수 있는 티켓을 신청했다. 물론 내 몸은 가지 못하고 내 이름이 대신 가는 것이지만.

불길한 별의 꼬리, 혜성

한때 별에 빠져 개기일식을 보러 세계를 돌아다닌 적이 있다. 1997년 3월 9일은 20세기 마지막 우주쇼가 열린 날이다. 개기일식이 일어나는 동안 태양 근처에 있는 혜성을 맨눈으로 볼 기회는 사상 처음이라고 했다. 당시 태양 근처에 있던 혜성은 0.8등급으로 아주 밝은 '헤일 – 밥 혜성Comet Hale-Bopp* '이었다. 지름이 헬리 혜성보다 2.7배 크고 100배 이상 밝은 초거대 혜성이었다.

살아생전 다시 볼 수 없는, 아니 죽어서 환생해도 볼 수 있을까 말까 한 이 세기의 우주쇼를 보기 위해 나는 몽골로 갔다. 당시 몽골에는 이 우주쇼를 보기 위해 영국의 엘리자베스 여왕도 갔다고 한다. 일 년 전부터 가슴이 콩콩 뛰었고 전날에는 잠도 제대로 자지 못했다.

당일 아침에 밖으로 나오니 하늘엔 구름이 가득 끼었고 심지어 눈발이

---

* 20세기에 가장 널리 관측된 혜성으로 미국의 천문학자 앨런 헤일Alan Hale과 토마스 밥Thomas Bopp이 1995년 발견했다.

날리고 있었다. 혜성은커녕 개기일식조차 보기 어려운 하늘이었다. 그런 상황에서도 일본 NHK팀은 구름 위로 올라가는 방법을 찾는다고 했다. 과연 구름 위로 올라가 그 장관을 봤는지 모르겠지만, 나의 기억 속에는 태양을 향해 달려가는 혜성 대신 몽골의 흐린 하늘만이 생생하게 남아 있을 뿐이다.

태양을 향해 달려가는
불길한 꼬리

왜 개기일식에 맞춰서 혜성을 관측해야 할까? 혜성이 태양을 향해 달려가는 모습을 직접 확인할 수 있기 때문이다. 혜성의 핵은 더러운 눈과 얼음으로 이루어져 있다. 이 더러운 눈뭉치는 태양의 중력에 끌려간다. 태양에 가까워지면 가열되면서 기체물질이 분출되는데, 태양열에 기화되어 길게 뻗은 혜성의 꼬리는 태양풍에 밀려서 항상 태양의 반대쪽을 향한다. 물론 밤에 혜성을 보고 꼬리의 반대편에 태양이 있을 것이라 예상을 할 뿐, 정말 태양을 향해 달려가는지 눈으로 확인할 수는 없다.

그런데 개기일식이 일어나는 순간은 태양이 달에 가려지면서 근처가 어두워지고 수성이나 금성 등 태양 가까이에 있는 별들이 보인다. 그때 태양 근처에 있는 혜성도 보인다. 혜성의 핵이 태양을 향해 있고 태양열로 인해 혜성의 핵에서 증발이 일어나 분출된 가스와 먼지가 꼬리를 만들면서 태양풍에 밀려 반대편으로 휘날리는 모습을 볼 수 있는 것이다.

혜성의 꼬리는 대개 푸른색 플라즈마 상태의 꼬리와 암석 성분의 노란색 꼬리 두 가지로 갈라져 나오는 경우가 대부분이다. 꼬리가 하나 뿐인 혜성이나 꼬리가 보이지 않는 혜성도 드물게 있다.

번쩍번쩍 장성의 길이 백 길이나 되고	煌煌長星長百丈
동쪽 끝에 나타나 하늘 복판 가로지르네	出自東極亘天維
혜성인가 패성인가 참창성인가	彗耶孛耶欃槍耶
사람들은 말하기를 이것이 치우기라네	人言乃是蚩尤旗
치우가 죽은 지 이미 일만 년인데	蚩尤死已一萬年
어쩌면 하늘에 정령이 아직 남아	豈有精神猶在天
깃발처럼 빛 날리고 기세 만들어	揚鋩掉旗作氣勢
하늘을 농락하는 병사가 하늘 권세를 훔치네	弄天之兵竊天權

이 시는 조선 중기 4대 문장가의 한 사람인 계곡谿谷 장유張維가 쓴 〈장성행長星行〉의 일부다. 장성은 혜성이다. 긴 꼬리 때문에 장성이라고 불렀는데, 예로부터 병란兵亂을 예고하는 요성妖星이라 해 불길한 징조로 여겼다.

이 시에는 혜성 외에도 패성·참창성·치우기가 나오는데, 모두 장성의 종류다. 혜성은 빗자루로 쓸고 다니는 별이라는 뜻으로 가장 많이 보이는 형태다. 패성은 꼬리가 넷으로 갈라진 것이고, 참창성은 전쟁을 예고하는 혜성이다. 치우기는 꼬리 뒷부분이 구부러져 깃발처럼 보인다. 치우가 전쟁을 일으키기 좋아한 제후라서 치우기가 나타나면 전쟁이 일어난다고 믿었다.

옛날 사람들은 혜성을 종류에 따라 패·혜·참창·치우기·순시^{旬始}·왕시^{枉矢} 등으로 나누었는데, 21가지로 세분하기도 했다.

불길한 머리카락을 가진 사악한 별에서 우주쇼의 주인공으로

왜 이렇게 혜성을 자세하게 구분했을까? 옛날에는 서양과 동양 모두 하늘의 별을 보면서 앞날의 징조를 찾았다. 그중에서 가장 예기치 못하게 나타나는 혜성은 특히 불길한 징조로 여겼다. 그래서 혜성이 나타나면 그것을 어떻게 해석할지 고민했다.

바빌로니아시대에서부터 로마시대까지 사람들은 혜성이 불운을 가져온다고 믿었다. 점성술사 마릴리우스는 율리우스 시저의 죽음과 내란을 혜성의 영향이라 보았고, 아우구스투스 황제는 혜성이 나타난 후 14년 만에 죽었다. 1314년 프랑스 왕 필리프 4세는 말에서 떨어져 죽었는데 멧돼지가 말을 향해 돌진해오는 바람에 일어난 사고였지만, 혜성 때문이라는 기록이 남았다.

혜성은 불길한 머리카락을 가진 사악한 별이었다. 왜 혜성은 이런 억

울한 누명을 써야 했을까? 혜성은 규칙적인 하늘의 움직임에 느닷없이 나타나는 존재였기에 그 사실 자체가 주는 공포가 컸다.

혜성은 일정한 주기를 가진 정주기 혜성과 불규칙적인 비주기 혜성으로 나뉜다. 정주기 혜성은 다시 단주기 혜성과 장주기 혜성으로 구분된다. 200년 이내에 다시 태양으로 돌아오는 것이 단주기 혜성이고, 태양 주위를 한 바퀴 도는 데 200년 이상인 경우 장주기 혜성이다.

우리가 알고 있는 정주기 혜성의 대명사는 핼리 혜성이다. 영국의 천문학자 핼리Edmund Halley는 불길한 별, 재앙을 가져오는 별인 혜성을 과학적으로 분석하기 시작했다. 그는 과거 혜성의 관측 기록을 검토하고 궤도를 계산했는데 혜성의 위치 변화를 기록하지 않았기 때문에 참고할 자료가 별로 없었다. 그러다가 1531년, 1607년, 1682년에 나타난 혜성의 관측 기록이 동일하다는 것을 확인하고 이 세 기록이 약 75년의 주기를 가진 같은 혜성일 것이라고 예측했다. 핼리는 1705년에 쓴 《혜성 천문학 총론Synopsis Astronomia Cometicae》에서 "나는 감히 예언한다. 그것은 1758년에 다시 돌아올 것이다"라고 했다. 핼리는 1742년에 세상을 떠났지만 1758년 크리스마스 밤에 혜성이 돌아왔다고 한다.

> **인조 17년 기묘(1639) 10월 2일(을유) 맑음**
>
> 밤 2경에 객성客星이 삼성參星 좌족左足 아래로 자리를 옮겼는데, 3·4척 정도 되는 거리를 두고 아래로 무명성無名星을 덮고 점차 남쪽으로 이동했다. 크기가 금성 같았고 모양이 날리는 솜(紛絮)과 같았다. 4경에

유성이 삼성 아래와 호성孤星 위에서 나왔는데, 모양이 사발 같았고 꼬
리의 길이가 6, 7척 정도며, 붉은색이고 빛이 땅을 비추었다.

이 내용은 《조선왕조실록》에 기록된 혜성 관찰기다. 혜성이 나타난 시
간은 물론 모양, 크기, 꼬리의 길이, 위치, 그리고 이동 방향까지 상세히
나타나 있다. 《조선왕조실록》에 기록된 혜성의 출현과 소멸에 관한 기사
는 1천150여 건이다. 혜성의 관측 기록은 혜성이나 초신성 등과 같이 하
늘에서 나타난 변이 현상을 기록해놓은 《성변등록星變謄錄》과 《천변등록天
變謄錄》에 정리되어 있다.

혜성이 재앙을 가져다주는 불길한 별이었기 때문에 이를 자세히 기록
하고 연구해야만 했다. 밤하늘에 느닷없이 나타나 꼬리를 휘날리는 별.
그 존재만으로도 불길한데, 특히 왕을 상징하는 태양을 향하고 있다는
것은 위험하고 두려운 현상이었다.

꼬리가 달렸고 태양을 향한다고 해서 불길한 징조를 상징하던 혜성이
이제는 멋진 우주쇼의 주인공이 되었다. 1994년 7월 16일 슈메이커 - 레
비 혜성은 목성과 충돌했다. 태양을 향해 달려가다 목성의 중력에 의해
진주 목걸이 모양으로 분해되면서 충돌한 것이다. 7월 22일까지 일주일
동안 이어진 이 충돌은 1천 년에 한 번 볼까 말까한 장관이었다. 이 우주
쇼는 천문 관측에 관심 있는 일반인들에겐 신기한 볼거리였고, 과학자들
에게는 중요한 연구 과제를 제공했다.

우주의 여러 존재 중 하나에 불과한 혜성은 오랜 기간 재앙을 예고하는 불운의 상징이었지만, 천문 과학자들에 의해 억울함을 벗고 이제는 멋진 볼거리로 환영받고 있다. 76년마다 나타나 악명을 떨쳤던 핼리 혜성은 2062년 다시 지구로 접근해 멋진 우주쇼를 펼칠 것으로 기대된다. 그 사이 밤하늘을 가로지르며 멋진 꼬리를 휘날리는 또 다른 혜성을 기다리는 것도 즐거운 일이다.

태양 기록의 비과학과 과학

"떡 하나 주면 안 잡아먹지!" 전래동화 《해와 달이 된 오누이》에서 호랑이가 오누이의 엄마를 협박하며 한 말이다. 떡을 다 뺏어 먹은 호랑이는 엄마를 잡아먹고 오누이마저 잡아먹으려 집으로 간다. 호랑이를 피해 달아나던 오누이는 하늘에서 내려온 동아줄을 잡고 올라가 오빠는 해가 되고 누이동생은 달이 된다. 그랬다가 누이동생이 밤이 되면 무섭다고 해 오빠가 달이 되고 누이동생이 해가 된다는 이야기. 우리나라의 해와 달에 관한 대표적인 전설이다.

그리스 로마 신화에서는 제우스의 아들 아폴론이 태양의 신이고, 아폴론의 쌍둥이 여동생 아르테미스가 달의 여신이다. 해와 달을 남매로 엮은 상상력은 동서양이 일치한다.

동양에서는 해가 뜨는 동쪽에 신성한 뽕나무 부상이 있는데, 이 부상의 가지에 열 개의 태양이 달려 있다고 보았다. 태양은 함지咸池에서 목욕하고 탕곡暘谷에서 나와 부상의 꼭대기 위로 솟아오른다고 했다. 한 개의

태양이 오면, 다른 한 개의 태양이 나가는데 태양새가 해를 운반한다고
보았다. 그리스 로마 신화에서 헬리오스는 날개 달린 천마 네 마리가 끄
는 불의 수레를 타고 매일 새벽 동쪽에서 출발해 하루 종일 하늘을 가로
질러 서쪽으로 가는 여행을 한다고 했다. 해가 동쪽에서 떠서 서쪽으로
지는 모습을 이야기로 만든 것이라 서로 비슷할 수밖에 없어 보인다.

갈릴레이보다 500년 앞선
고려의 태양 관측 기록

태양은 태양계의 중심이다. 태양계의 모든 행성
과 위성, 그리고 소행성과 혜성은 태양의 중력에 영향을 받아 돌고 있다.
태양은 지구보다 100배나 크며 표면 온도는 섭씨 6천 도가 넘는다. 태양
은 거대한 가스 덩어리인데, 수소 원자의 핵융합반응으로 엄청난 에너지
를 쏟아낸다. 이런 태양이 뿜어내는 빛 에너지와 열 에너지를 적절하게
받는 행성은 태양계에서 지구뿐이다. 너무 가깝지도, 너무 멀지도 않은
거리에서 생명이 존재하기에 적당한 환경이 만들어진 것이다.

고려 신종 7년 갑자(1204) 1월 1일

을축에 태양 속에 흑점이 있었는데, 크기가 오얏만 했고, 무릇 3일
동안이나 있었다. 태사太史가 진晉나라 성강成康 8년 정월에 태양 속
에 흑점이 있더니 여름에 제帝가 붕崩했으므로, 그 징조를 싫어하여

감히 바른 대로 지적하여 말하지는 못하고 다만 아뢰기를, "태양은
임금의 상징이니, 만약 흠이 있으면 반드시 그 재앙이 드러납니다"
했다.

이 내용은 《고려사절요高麗史節要》에 기록된 태양 표면에 나타나는 흑점
을 관측한 기록이다. 갈릴레이가 1610년 자신이 고안한 망원경으로 태
양 흑점을 발견했다고 하는데, 고려시대의 태양 흑점 관측 기록은 이보
다 500년이나 앞선 셈이다. 물론 삼국시대에도 태양 흑점 관측 기록이
있지만, 꾸준히 기록된 것은 아니다.

태양 흑점은 태양의 표면에 나타나는 검은 반점으로 오래전부터 관측
되었다. 흑자黑子 혹은 일중흑자日中黑子 또는 일중흑기日中黑氣라고도 했다.
여기에서는 흑점의 크기가 오얏만 하다고 표현했는데, 다른 기록을 보면
복숭아만 하다, 계란만 하다, 새알만 하다는 등 그 크기를 구별해놓았다.
이 흑점은 자기장이 강하며 온도가 주변보다 낮기 때문에 어둡게 보인다.

태양 흑점은 임금의 상징인 태양에 검은 점이 생긴 것으로 재앙을 예
고한다고 믿었다. 세종 때 이순지가 편찬한 《천문류초天文類抄》에는 태양
속에 흑점이 있으면 신하가 임금의 밝음을 가린다고 했다. 조선 후기의
문신인 허목許穆은 문집 《기언記言》에서 태양에 대해 자세히 기록해놓았는
데, 흑점에 대해서도 상세히 서술했다.

해 가운데 흑점이 있거나 흑기黑氣가 있어 세 개였다가 금방 다섯 개

가 되면 신하가 임금을 폐위시키고, 해가 피처럼 붉으면 임금이 죽고 신하가 반란하고, 해가 밤에 나오면 병란이 일어나고 큰물이 지고, 햇빛이 사방으로 흩어지면 임금이 어둡고 가려져 있고, 해에 삐쭉삐쭉한 이빨이 생기면 적신賊臣이 있는 것이다.

과학적으로 접근한 것은 아니지만, 조선시대에도 태양 흑점을 꾸준히 관찰해 기록했음을 알 수 있다.

한반도에
오로라가 나타났다

그렇다면 태양의 흑점을 왜 이렇게 열심히 관찰했던 걸까? 흑점이 커지면 재앙이 일어난다며 두려워했기 때문이다. 별을 관찰하는 목적이 비과학적이라고 생각할 수도 있다. 그러나 실제로 흑점이 커지고 숫자가 늘어나면 지구의 기후에 영향을 미친다.

태양 흑점의 크기가 커지고 숫자가 늘어가는 현상은 11년을 주기로 한다. 태양 흑점의 11년 주기는 다른 의미에서 중요하다. 지금도 태양 흑점이 극대화되면 지구에 자기 폭풍이나 오로라 또한 극대화된다. 분명히 어떤 변화가 있었기에 태양 흑점을 꾸준하게 기록했을 것이다.

그렇다면 태양 흑점은 어떻게 관측했을까? 해가 뜨거나 질 때, 빛이 약해졌을 때 주로 관측하는데 대야에 물을 떠놓고 태양을 비춰 관측하기도 했다. 조선시대의 태양 흑점 기록은 고려시대보다 간략한 편이다.《조선왕조실록》태종 2년의 기록을 보면 "태양 속에 흑점이 있었다. 소격전昭格殿에서 태양독초太陽獨醮*를 지내며 빌었다"고 했다. 태양독초는 일종의 액막이 제사인데, 태양·금성·달 등 다양한 성신星辰에 제사를 지냈다.

> 한 필의 베를 하늘에 펼쳐놓은 것과 같다. 나타나면 병란이 일어난다. 또 이르기를 "광망이 곧게 뻗어 하늘까지 닿기도 하고, 10길을 뻗기도 하고, 30길을 뻗기도 하는데, 전쟁을 가리킨다"고 했다.

혜성의 일종인 장경長庚에 대한 설명이다. 그러나 혜성의 꼬리가 30길까지 뻗었다는 것이 이상하다. 1길은 여덟 자에서 열 자 정도로 2.4미터 혹은 3미터 정도인데, 혜성의 꼬리가 10길이나 30길을 뻗었다는 것은 예사로운 혜성이라 보기 어렵다. 특히 베를 펼쳐놓은 것 같다는 표현으로 보면 오로라를 말하는 것 같다.

조선시대에 오로라를 볼 수 있었다니? 어처구니없는 소리처럼 들린다. 오로라는 지구의 자기장과 태양풍이 만나 대기에서 충돌하면서 나타나는 빛이다. 따라서 지구 자기장이 강한 북극이나 남극에서 나타나는 현상이다. 한반도에서는 불가능한 일이다.

일본 오사카대 하야카와 히사시早川尚志 교수팀이 1770년 9월 조선의 밤

---

* 독초獨醮란 왕실의 안녕과 천재지변 등을 물리치기 위해 행해졌던 초제醮祭의 일종이다. 성신星辰, 즉 별에 지내는 제사로 종류가 다양하다.

하늘에 붉은 오로라가 나타났다는 연구 결과를 2017년 국제학술지 〈천체물리학 저널 레터스The Astrophysical Journal Letters〉에 발표했다. 조선과 청나라, 일본 세 나라에 걸쳐 관측되었다는 이 내용은 붉은 오로라가 역사상 가장 거대한 규모의 태양 자기폭풍의 결과로 생겼다는 설명이다. 연구팀은《조선왕조실록》과《승정원일기》, 그리고 청나라 왕조의 기록 등 고문서 111건을 분석한 결과, 붉은 오로라가 1770년 9월 10일부터 9일간 나타났다는 사실을 알아냈다.

이 연구에서 중요한 자료로《조선왕조실록》과《승정원일기》의 기록이 사용되었다는 것은 새삼스럽지 않다. 영국 과학자들은 한국의 천문 관측 사료를 높이 평가해왔다. 하늘에 나타난 이상 현상을 보이는 그대로 기록했지만, 현대에 사용하는 용어로 표현되지 않아 정확하게 해당 현상의 기록인지 알 수 없는 경우가 많다. 그럴 때 태양 흑점 극대기와 맞추어보면 정확도를 높일 수 있다고 한다.

태양에 삼족오가 산다, 태양에 검은 점이 커지면 왕에게 재앙이 생긴다, 병란이 일어날 것을 예고하는 빛이 나타났다 등의 기록을 보면 무척 비과학적이라는 느낌이 든다. 그러나 비과학적이고 비합리적으로 보이는 기록은 자세하고 꾸준히 지속되었다. 그리고 현대에 이르러 이 기록을 바탕으로 과학적인 연구 성과가 이뤄질 것이다.

죽어야 다시 태어나는 별, 초신성

　낮에도 하늘에는 별이 가득하다. 그러나 볼 수는 없다. 왜냐하면 별빛보다 햇빛이 더 강해서 묻히기 때문이다. 어쩌다 낮에도 별빛이 반짝하고 나타날 때가 있다. 잠시나마 햇빛보다 강렬한 빛을 뿜어내기 때문이다. 언제 별이 태양보다 강한 빛을 뿜어낼까? 그것은 별이 죽을 때다. 별이 죽으면서 폭발하는데, 그때 순간적으로 엄청난 에너지가 발생한다. 그 밝기가 평소의 수억 배에 이르기 때문에 해가 떠 있는 낮에도 별이 반짝 빛난다.

　어느 날 낮에, 혹은 밤에 갑자기 반짝거리는 별이 나타났다. 없던 별이 새로 생겼다고 생각해서 서양에서는 '신성新星'이라고 불렀다. 신성보다 더 크게 번쩍이는 별은 '초신성超新星'이라고 했다. 동양에서는 손님처럼 잠깐 왔다 가는 별이라고 생각해서 '객성客星', 손님별이라 불렀다. 물론 객성에는 초신성만 포함되는 것은 아니다. 갑자기 나타난 별이니 혜성이나 유성, 변광성變光星 등도 객성의 범위에 넣을 수 있다.

죽어가는 별의 이름은
'새로운 별, 신성'

신성과 초신성은 어떤 차이가 있을까? 신성은 별의 껍질만 폭발하는 것이라 여러 차례 반복할 수 있고, 초신성은 별의 마지막 폭발로 별 자체가 폭발해서 분해되어버린다. 신성이나 초신성은 사실 별이 죽을 때 나타나는 현상이므로 새로운 별은 아니다. 죽어가는 별에 '새로운 별'이라는 이름을 붙였으니 역설적이다. 원래 그 자리에 있었지만 어두워서 보이지 않다가 죽을 때 에너지를 모두 폭발시켜 빛을 낼 뿐인데 없던 자리에 새로운 빛이 나타났다고 해서 신성이라는 이름을 붙인 것이다.

선조 37년 갑진(1604) 9월 21일(무진)

1경(更)에 객성이 미수(尾宿) 10도의 위치에 있었는데, 북극성과는 110도의 위치였다. 형체는 세성(歲星)보다 작고 황적색이었으며 동요했다. 5경에 안개가 끼었다.

선조 37년 갑진(1604) 11월 11일(정해)

동틀 녘에 객성이 동쪽에 나타나 천강성(天江星) 위에 있다가 미수 11도로 들어갔는데, 북극성에서는 109도의 위치였다. 심화성(心火星)보다 크고 황적색이었는데 동요했다. 사시에 태백(太白)이 오지(午地)에 나타났다.

《조선왕조실록》 선조 37년(1604년) 음력 9월 21일과 11월 11일의 기록
이다. 객성이 1604년 9월 21일에 처음 나타났고 다음해인 1605년 4월까
지 있다가 사라졌다. 하나의 객성이 7개월 동안 계속 관측되었다. 이 객
성은 무엇일까? 7개월 동안 존재감을 발휘한 이 객성은 당시 금성 다음
으로 빛났던 별로 아주 유명하다. 바로 케플러 초신성이다. 독일의 유명
한 천문학자 케플러가 관찰하고 연구해 케플러 초신성이라 부른다.

《선조실록》에 남아 있는 상세한 관측 기록은 케플러의 관측보다 4일이
빠른데, 당시 유럽에서는 날씨가 흐렸기 때문이라고 한다. 이 기록은 현
재 케플러 초신성의 주요 연구 자료로 채택되었다. 특히 초신성의 시작
부터 끝까지 정밀하게 기록해 초신성의 구체적인 특성을 파악하는 데 꼭
필요한 자료라고 한다.

보이지 않는다고
없는 것은 아니다

초신성의 기록은 일곱 번뿐이라고 한다. 초신성
은 빛이 약해서 보이지 않던 별이 갑자기 폭발하면서 엄청난 빛을 뿜어
낸다. 그러나 아무 별이나 폭발하는 것은 아니고 질량이 태양의 열 배 이
상 되는 무거운 별이 죽을 때 발생한다.

넓고 넓은 이 우주에 별이 얼마나 많은데 초신성 폭발의 기록은 왜 이
렇게 적은 것일까? 일단 초신성 폭발은 매우 드문 현상이다. 질량이 무

거워야 하고 별의 진화 마지막 단계에서 죽음을 맞이해야만 한다. 그래서 맨눈 관측한 초신성은 17세기가 마지막이었다고 한다. 그러나 기록되지 않았다고, 보지 못했다고 해서 초신성 폭발이 없었던 것은 아닐 것이다. 날씨가 흐리거나 폭발 당시 두꺼운 먼지 구름에 가려 보이지 않았을 수도 있다.

하늘의 별은 영원히 빛날 것 같다. 먼 옛날부터 빛났고 내가 죽고 나서도 계속 빛나고 있을 테니까. 그래서 영원히 변하지 않을 불변의 존재를 밤하늘의 별에 비유하는지도 모른다. 그러나 세상의 모든 것에는 생명이 있다. 태어나면 죽는다는 말이다.

별도 태어나서 어린 별, 청소년 별, 늙은 별의 단계를 거쳐 죽음에 이른다. 별은 태어나는 순간부터 자신을 유지하기 위해 에너지를 계속 방출하는데 이렇게 에너지를 다 쓰고 나면 죽는다. 질량이 큰 별일수록 에너지가 많지만 아주 밝은 빛을 내기 위해 에너지를 빨리 소모한다. 그래서 별이 클수록 수명은 짧다.

태양처럼 질량이 작은 별의 수명은 평균 100억 년 정도인데, 태양은 현재 50억 년 정도 되었으니 앞으로 50억 년 후면 사라질 것이다. 그러나 태양은 에너지가 부족해 초신성이 될 수 없다. 그렇다면 어떤 최후를 맞이할까?

태양은 질량이 작아 50억 년 후에는 지금보다 지름이 50배에서 100배 정도 늘어나고 밝기도 1천 배나 늘어 적색거성赤色巨星이 된다고 한다. 그러면 태양과 가까운 수성과 금성은 커져버린 태양 속으로 삼켜지고 지구도 사라질 것이다. 물론 50억 년 후에 벌어질 일이다. 적색거성으로 지내다가 작고 하얗게 오그라드는 백색왜성白色矮星을 거쳐 서서히 희미해지다가 흑색왜성黑色矮星이 되어 마지막을 맞을 것이라고 한다.

태양이 죽고 그에 따라 지구도 죽고……. 조금 슬픈 마음이 들지도 모르겠다. 봄에는 꽃이 피고 가을엔 열매를 맺다가 겨울에 나뭇잎마저 다 떨어지고 나면 마치 모두 끝난 것만 같다. 그러나 봄이 오면 떨어진 나뭇잎은 거름이 되고 열매의 씨앗이 다시 싹을 틔운다. 죽음에서 다시 삶이 시작되는 것이다.

어느 별에서
다시 만날까

초신성이 폭발한 후 핵반응에서 다양한 화학 원소들이 만들어진다. 암석과 금속, 그리고 생명에 필요한 여러 원소들은 거의 별의 내부에서 만들어졌다가 초신성이 폭발하면서 우주 공간에 흩어진다. 터지면서 먼지와 가스를 남긴다.

별이 죽으면서 남긴 잔해 속에는 새로운 별이 탄생할 요소가 마련되어 있다. 별에서 나온 먼지는 가스와 함께 섞이고 에너지가 발생하면서 새로운 별들이 탄생한다. 태양도 지구도 다 이런 과정을 거쳐 태어났다.

별은 태어나서 성장하다가 죽고, 다시 태어나는 과정을 반복한다. 별은 영원히 살지 못하지만 다시 생을 반복한다. 같은 별로 태어나지 않더라도 다시 새롭게 태어난다.

아마추어 천문학회에서 활동할 때 동호회 이름이 '별부스러기'였다. 회원들은 이름이 너무 볼품없다며 멋있는 이름으로 바꾸자고 했다. 어떤 사람들은 '별싸라기'니 '별찌끄러기'라고도 잘못 부르기도 했다. 굳이 폄하하고 싶어서가 아니라, 별부스러기라는 이름이 작고 하찮은 느낌을 주었기에 그렇게 부르곤 했을 것이다.

나는 끝까지 '별부스러기'라는 이름을 고수했다. 우리는 별의 부스러기에서 태어난 존재다. 그리고 죽음과 함께 다시 별의 부스러기로 돌아갈 것이다. 우리의 존재 자체가 별부스러기니 그 의미는 남다르다.

우리는 넓고 넓은 우주의 아주 작은 일부다. 우리는 모두 같은 별의 부스러기에서 태어났다. 길가의 가로수나, 내가 사용하는 가구나, 지나오며 밟았을 돌멩이 하나도 어느 별의 부스러기에서 갈라져나와 다시 뭉쳐서 태어난 존재다.

광대한 우주에서 길고 긴 시간을 거쳐 함께 한 이 모든 존재는 얼마나 대단한 인연인가. 삶과 죽음을 반복하며 이 순간을 살아가는 나는 더 나은 삶을 살아야 하고 나와 함께 하는 존재를 아껴주어야 한다고 생각하지 않을 수 없다.

제3강 • 차*로 읽는 중국 경제사 | 신정현 |

- 로즈, 세라(2015). 초목전쟁. 이재황 번역. 산처럼.
- 신정현(2010). 보이차의 매혹. 이른아침.
- 육우(2017). 육우 다경. 일빛.
- 호혜네거, 베아트리스(2012). 차의 세계사. 열린세상.

제4강 • 치유의 인문학 | 최옥정 |

- 강상중(2009). 고민하는 힘. 사계절.
- 강상중(2016). 구원의 미술관. 사계절.
- 고미숙(2012). 동의보감 몸과 우주 그리고 삶의 비전을 찾아서. 북드라망.
- 구사나기, 류순(2016). 반응하지 않는 연습. 류두진 번역. 위즈덤하우스.
- 맹난자(2015). 본래 그 자리. 북인.
- 베른트, 크리스티나(2014). 번아웃. 유영미 옮김. 시공사.
- 소로우, D. 헨리(2011). 월든. 강승영 번역. 은행나무.

제5강 • 동양 고전에서 찾은 위로의 한마디 | 안하 |

- 정약용(2009). 유배지에서 보낸 편지. 박석무 번역. 창비.

- 정약용(2008). 다산의 마음. 박혜숙 편역. 돌베개.
- 이정귀(2003). 국역 월사집. 이상하 번역. 한국고전번역원.
- 옌리에산 · 주지엔구오(2005). 이탁오 평전. 홍승직 번역. 돌베개.

제6강 • 내 마음 나도 몰라 | 전미경 |

- 곽호완(2017). 사이버 심리와 인터넷 스마트폰 중독. 시그마프레스.
- 김지나(2017). 스마트폰과 함께 태어난 아이들. 유레카엠앤비.
- 네틀, 대니얼(2009). 성격의 탄생. 김상우 번역. 와이즈북.
- 디지털중독연구회(2015). 인터넷 중독의 특성과 쟁점. 시그마프레스.
- 민경환(2002). 성격심리학. 법문사.
- 박원명 · 민경준(2018). 우울증. 시그마프레스.
- 송후림(2015). 우울증을 부탁해. 황소걸음.
- 쉐퍼드, 케이(2013). 음식 중독. 김지선 번역. 사이몬북스.
- 신의진(2013). 디지털 세상이 아이를 아프게 한다. 북클라우드.
- 오트쿠베르튀르, 미셸(2006). 완벽한 다이어트가 있을까. 김희경 옮김. 민음인.
- 윤미선(2016). 디지털 사회의 인터넷 윤리. 앤아이컴즈.
- 최삼욱(2017). 행위중독. 눈출판그룹.
- 케이건, 제롬(2011). 성격의 발견. 김병화 번역. 시공사.
- 한덕현 외(2015). 우리아이가 하루 종일 인터넷만 해요. 시공사.

제8강 • 창의력의 해답, 예술에 있다 | 박원주 |

- 스미, 시배스천(2010). 프로이트. 김소라 번역. 마로니에북스.

제10강 • 지도를 가진 자, 세계를 제패하다 | 이정선 |

• KBS 문명의 기억 지도 제작팀(2012). 문명의 기억 지도. 중앙북스.

• 김혜정(2012). 고지도의 매력과 유혹. 태학사.

• 디딤 편저(2011). 상식으로 꼭 알아야 할 세계지도 지리 이야기. 삼양미디어.

• 레니쇼트, 존(2009). 지도 살아있는 세상의 발견. 김희상 번역. 작가정신.

• 송봉규(2011). 세상을 읽는 생각의 프레임 지도. 21세기북스.

• 이기봉(2011). 근대를 들어 올린 거인 김정호. 새문사.

• 이정선(2016). 고려시대의 삶과 노래. 보고사.

제11강 • 동양 신화의 어벤져스 | 정재서 |

• 정재서(2004). 산해경. 민음사.

• 정재서(2010). 이야기 동양 신화(중국편). 김영사.

• 조현설(2006). 우리 신화의 수수께끼. 한겨레출판사.

• 주호민(2017). 신과 함께 : 신화편(전3권). 애니북스.

제12강 • 천문이 곧 인문이다 | 안나미 |

• 코르넬리우스, 제프리(1996). 점성학. 한원용 번역. 이두.

• 파슨즈, 폴(2002). 혜성 유성 소행성. 이충호 번역. 다림.

카테 고리	강의 주제	월	화	수	목	금
생존과 공존	생태계에서 배우는 삶의 원리	어설픈 변신, 그래도 나는 나다	극한의 압박에서 피어나는 처절한 생명력	암컷은 약자인가	뭉쳐야 산다	전문가들의 고군분투
	너를 이해해	진짜 정의는 무엇인가	그들은 누구인가 : 사이코패스	멀고 먼 무지개 깃발 : 동성애	삶을 원하면 죽음을 준비하라 : 안락사	인권이 없는 곳에서 인권을 논하다 : 학교와 인권
	너와 나 그리고 우리	누구도 그럴 권리는 없다 : 《더 헌트》	말없이 실천하는 한 사람의 힘 : 《나무를 심은 사람》	쉿! 없는 사람처럼 : 《아무도 모른다》 《자전거 탄 소년》	어린 왕자는 동화가 아니다 : 《어린 왕자》	그들은 왜 남자로 살았을까 : 《앨버트 놉스》
대중과 문화	스크린으로 부활한 천재들	'작업'의 신 피카소	고흐가 남쪽으로 간 까닭은?	전쟁 중에 예술을 한다는 것 : 르누아르	세기말, 분열된 정신을 장식한 화가 : 클림트	제자, 연인 그리고 조각가 : 까미유 끌로델
	연극의 발견	당신과 연극 사이를 가로막는 4개의 장벽	부유하면 죽고 가난하면 사는 연극의 비밀	키워드로 읽는 연극의 매력 1 공감·사건·사고	키워드로 읽는 연극의 매력 2 분위기·소통·선택	연극의 기원에서 만난 인간의 본성
	조선의 대중문화	임진왜란, 한류의 시작	조선시대 인어 이야기 : 유몽인의 《어우야담》	조선의 백과사전 : 이수광의 《지봉유설》	조선 최고의 식객 : 허균의 《도문대작》	선비, 꽃을 즐기다
경제와 세계	쉽게 풀어보는 경제원리	첫사랑이 기억에 오래 남는 이유 : 한계이론	이유 없는 선택은 없다 : 기회비용과 매몰비용	전쟁, 금융의 발달을 재촉하다	물류, 도시를 만들다	나도 모르는 사이에 나의 선택에 개입하는, 넛지효과
	역사에 남은 경제학자의 한마디	화폐가치 : 악화가 양화를 구축하다	시장 : 보이지 않는 손	버블 : 비이성적 과열	균형 : 차가운 머리, 뜨거운 가슴	혁신 : 창조적 파괴
	무기의 발달과 경제	전쟁이 무기 기술의 혁명을 가져오다	전쟁의 판도를 바꾼 개인화기의 출현과 진화	제1차 세계대전 승리의 주역, 전차	산업과 숫자로 보는 제2차 세계대전	현실로 다가온 미래무기
철학과 지혜	한국의 사상을 말하다	한국인의 사상적 DNA, 풍류	화쟁의 세계에서 마음을 묻다	마음 수양의 비결, 돈오점수	유교를 통해 배우고 묻다	이치에 다다르다
	철학하며 살아보기	생각에 대한 생각	잘못된 생각을 고치는 철학	전제를 비판해야 하는 이유	생각의 앞뒤 짜 맞추기	철학이 세상을 바꾸는 방식
	고전의 잔혹한 지혜	막장 드라마는 어떻게 고전이 되었나	비극의 원천은 아트레우스 가문의 저주	잔혹복수극 《오레스테스》 3부작 읽기	미스터리 추적 패륜드라마 《오이디푸스 대왕》	비극 속 악녀 《메데이아》를 위한 변명

카테고리	강의 주제	월	화	수	목	금
문학과 문장	문장의 재발견	벌레가 되고서야 벌레였음을 알다 : 프란츠 카프카 《변신》	마음도 해부가 되나요? : 나쓰메 소세키《마음》	겨울 나무에서 봄 나무로 : 박완서 《나목》	사진사의 실수, 떠버리의 누설 : 발자크 《고리오 영감》	일생토록 사춘기 : 헤르만 헤세 《데미안》
	괴물, 우리 안의 타자 혹은 이방인	인간의 경계는 어디까지인가 : 괴물의 탄생	우리 안의 천사 혹은 괴물 : 메리 셸리 《프랑켄슈타인》	내 안의 친밀하고도 낯선 이방인 : 루이스 스티븐슨 《지킬박사와 하이드 씨의 기이한 사례》	공포와 매혹이 공존하는 잔혹동화 : 브람 스토커 《드라큘라》	괴물이 던져준 기묘한 미학적 체험
	나를 찾아가는 글쓰기	말과 글이 삶을 바꾼다	독서, 글쓰기에 연료를 공급하는 일	소설가의 독서법	어쨌든 문장이다	마음을 다잡는 글쓰기의 기술
건축과 공간	가로와 세로의 건축	광장, 사람과 건축물이 평등한 가로의 공간	철강과 유리, 세로의 건축을 실현하다	근대 건축을 이끈 사람들	해체주의와 자연중심적 건축의 새로운 시도	인간이 주인이 되는 미래의 건축
	시간과 공간으로 풀어낸 서울 건축문화사	태종과 박자청, 세계문화유산을 건축하다	조선 궁궐의 정전과 당가	대한제국과 정동 그리고 하늘제사 건축	대한제국과 메이지의 공간 충돌, 장충단과 박문사	궁궐의 변화, 도시의 변화
	건축가의 시선	빛, 어둠에 맞서 공간을 만들다	색, 볼륨과 생동감을 더하다	선, 움직임과 방향을 제시하다	틈과 여백, 공간에 사색을 허락하다	파사드, 건물이 시작되다
클래식과 의식	클래식, 문학을 만나다	작곡가의 상상 속에 녹아든 괴테의 문학 : 〈파우스트〉	셰익스피어의 언어, 음악이 되다 : 〈한여름 밤의 꿈〉	자유를 갈망하는 시대정신의 증언자, 빅토르위고 : 〈리골레토〉	신화의 해석, 혁명의 서막 : 오르페우스와 프로메테우스	바이블 인 뮤직 : 루터와 바흐의 수난곡
	오래된 것들의 지혜	오래되어야 아름다운 것들 : 노경老境	겨울 산에 홀로 서다 : 고봉孤峰	굽은 길 위의 삶, 그 삶의 예술 : 곡경曲徑	고요해야 얻어지는 : 공허空虛	마지막 잎새가 지고 나면 : 박복剝復
	시간이 만든 완성품	스토리텔링과 장인 정신으로 명품이 탄생하다	그 남자가 누구인지 알고 싶다면 : 말과 자동차	패션, 여성을 완성하다	시간과 자연이 빚은 최고의 액체 : 와인	인류를 살찌운 식문화의 꽃 : 발효음식
융합과 이상	조선의 과학과 정치	백성의 삶, 시간에 있다	모두가 만족하는 답을 구하라 : 수학	억울한 죽음이 없어야 한다 : 화학	하늘의 운행을 알아내다 : 천문학	빙고로 백성의 고통까지 얼리다 : 열역학
	'나'는 어디에 있는가	별에서 온 그대	우주에서 나의 위치는?	나는 어떻게 여기에 왔을까?	나의 조상은 누구인가	마음은 무엇일까?
	제4의 물결	평민이 왕의 목을 친 최초의 시민혁명 : 영국혁명	천 년 넘은 신분 제도를 끝장낸 대사건 : 프랑스대혁명	빵·토지·평화를 위한 노동자의 혁명 : 러시아혁명	나라의 주인이 누구인지 보여준 독립 혁명 : 베트남혁명	민주주의 역사를 다시 쓰다 : 대한민국 촛불혁명